**우리는
그들을
신화라
부른다**

우리는 그들을 신화라 부른다

2012년 1월 17일 초판 1쇄 발행 | 2012년 2월 1일 2쇄 발행
지은이 · 조미나(IGM세계경영연구원 교수) 외

펴낸이 · 박시형
책임편집 · 김민영 | 디자인 · 박보희

경영총괄 · 이준혁
마케팅 · 권금숙, 장건태, 김석원, 김명래, 탁수정
경영지원 · 김상현, 이연정, 이윤하
펴낸곳 · (주)쌤앤파커스 | 출판신고 · 2006년 9월 25일 제313-2006-000210호
주소 · 서울시 마포구 동교동 203-2 신원빌딩 2층
전화 · 02-3140-4600 | 팩스 · 02-3140-4606 | 이메일 · info@smpk.kr

ⓒ 조미나 외
(저작권자와 맺은 특약에 따라 검인을 생략합니다)
ISBN 978-89-6570-052-4 (03320)

이 책은 저작권법에 따라 보호받는 저작물이므로 무단전재와 무단복제를 금지하며, 이 책 내용의 전부 또는 일부를 이용하려면 반드시 저작권자와 (주)쌤앤파커스의 서면동의를 받아야 합니다.

• 잘못된 책은 바꿔드립니다. • 책값은 뒤표지에 있습니다.

> 쌤앤파커스(Sam&Parkers)는 독자 여러분의 책에 관한 아이디어와 원고 투고를 설레는 마음으로 기다리고 있습니다. 책으로 엮기를 원하는 아이디어가 있으신 분은 이메일 book@smpk.kr로 간단한 개요와 취지, 연락처 등을 보내주세요. 머뭇거리지 말고 문을 두드리세요. 길이 열립니다.

예측불허 전략으로
세계를 깜짝 놀라게 한
22개 회사 이야기

우리는 그들을 신화라 부른다

조미나 (IGM세계경영연구원 교수) 외 지음
IGMP 700인 **클럽** 후원

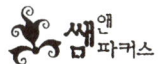

들어가며 • 6

I. 혁신의 제왕
: 과거의 옷을 벗고 전혀 새로운 모습으로 탈바꿈하다

1. 전 세계 밀폐용기 시장 3위, 글로벌 기업 락앤락 • 10
   - 심플 & 스피드 조직 전략, 시장 맞춤화 전략으로 세계 시장 공략
2. 하청업체에서 밥솥의 절대강자가 되기까지, 쿠쿠의 1등 전략 • 24
   - 과감한 공격적 마케팅과 차원이 다른 고객 관리로 업계 석권
3. 1,000원에 누리는 소비 감동, 다이소아성산업 • 50
   - 가격 대비 품질력과 독수리형 인재 관리로 고객 만족 추구
4. 약주의 부흥, 백세주 신화를 일군 국순당의 비밀 • 70
   - 최첨단 설비와 게릴라 마케팅으로 전통주 시장의 한계 극복
5. 26년간 부엌가구 시장 부동의 1위, 한샘 • 88
   - 한발 앞선 공략과 즉각적 니즈 반영으로 시장 선두 차지
6. 병아리 10마리로 시작해 매출 1조 원의 대기업이 된 하림 • 104
   - 농장·공장·시장을 통합한 상생시스템으로 수익 증대

II. 트렌드세터
: 트렌드 창조로 고객이 원하는 것 이상을 선사하다

7. 스와로브스키, 115주년 장수 기업의 비밀 • 122
   - 다양한 판로 구축과 혁신 DNA로 경쟁력 확보
8. 고양이 하나로 세계를 사로잡은 기업, 산리오 • 134
   - 생명력 있는 캐릭터와 소비자와의 교감으로 사업 영역 무한 확장
9. 비즈니스 상식 깨부순 '히피 기업' 러쉬 • 152
   - '오감 자극' 컬트 마케팅으로 마케터 없이도 고객 만족 극대화
10. 상식을 파괴한 못생긴 고무신 크록스 • 172
    - 단일품목에 대한 선택과 집중, 독특한 개성으로 마니아층 형성
11. 설립 3년 만에 매출 50억 원을 기록한 탐스슈즈 • 184
    - 사회적 책임기업의 의무와 제품 자체 경쟁력을 동시에 추구
12. 레드오션 가운데 새로운 시장을 개척해낸 EXR • 194
    - 독창적 스타일과 생산과 운영의 현지화로 세계 패션계 장악
13. 동네 상권 거미줄처럼 장악한 패션그룹 형지 • 206
    - 중장년층 배려한 타깃 마케팅으로 브랜드 가치 향상

III 온라인 사냥꾼
: 고객 접근성을 점령하는 자가 세상을 장악한다

14. 10년째 해마다 200%씩 성장한 오케이아웃도어닷컴 • 218
   - 현금 완사입과 소비자 만족 서비스로 협력업체·고객·직원의 신뢰 확보
15. 소로스도 두말 않고 베팅한 알리바바닷컴의 저력 • 238
   - 수익보다 진정성 우선한 가치관 경영으로 독보적 경쟁력 유지
16. '업'의 패러다임을 뒤바꾸며 업계 선두 차지한 듀오 • 252
   - 젊은 세대 공략한 감성 마케팅으로 업종 자체의 부정적인 인식 전환
17. 앞선 시각으로 사교육 시장의 룰 깬 메가스터디 • 270
   - 온라인과 오프라인 최상의 조화로 스타 강사들의 꿈의 무대 등극

IV 오리진 테크니션
: 독보적 기술력으로 세계인의 마음을 사로잡다

18. 한국 치과 치료기술의 수준을 향상시킨 오스템 임플란트 • 284
   - 선구자적 교육 투자와 브랜드 마케팅으로 임플란트 시장 자체 확장
19. 100% 현지화 진출로 외국에서 더 유명한 기업 휴맥스 • 302
   - 유연한 순발력, 준비된 기술력, 탁월한 대응력으로 글로벌 기업 설립
20. 26년간 평균 성장률 25%, 흑자경영 지속해온 벨킨 • 316
   - '연결'의 철학으로 주변기기 시장에만 집중하여 디자인 강자로 등극
21. 명품으로 부활한 '꿈의 모터사이클' 할리데이비슨 • 328
   - 양보다 질, 제품보다 경험을 제공하여 마니아층 확대
22. 3,000억 원 규모 건설사업관리 시장을 이끄는 한미글로벌 • 348
   - 신뢰를 바탕으로 한 지식경영시스템으로 건설사업의 선진화 리드

감사의 글 • 362
그림·표 목차 • 363

들어가며

CEO들이 직접 배우고 공유하는 성공기업 벤치마킹

이 책에 언급된 국내외 기업들의 사례 연구는 'IGMP 700인 클럽'의 요청과 후원으로 시작되었다. 2003년 시작된 IGM의 최고경영자 과정인 IGMP는 글로벌 스탠더드와 민족의 뿌리라는 시대적 가치를 공유하며, 매 기수 70여 명의 CEO 졸업생을 배출했다. 10기 졸업생까지 배출한 후, 졸업 후에도 평생 학습을 이어가기 위해 700명의 CEO가 의기투합해서 만든 모임이 IGMP 700인 클럽이다. 무엇보다 21세기 지식 사회에 대비한 회원들의 지식과 지식 커뮤니티 형성에 기여하고자 결성된 이 모임에는 국내외 강소기업들의 사례를 배우는 'IGMP Plus'라는 프로그램이 있다. 매월 1개의 기업을 선정해서 IGM의 전문 연구진이 그 기업의 성공 비결을 분석, 발표하고 해당 기업의 CEO가 직접 참석해서 질문에 답하는 형식으로 진행한다. 현업에 바로 활용할 수 있는 비즈니스 전략과 경영학적 인사이트를 제공하면서 장안의 명물 강의로 자리 잡고 있다. 이 프로그램에 아낌없는 지원과 도움을 주신 IGMP 700인 클럽에 감사드린다.

100년 장수 글로벌 기업부터 상식 파괴 괴짜 기업까지

설립 3년 만에 연 매출 50억 원을 달성한 기업, 해마다 200%씩 성장을 거듭하는 기업, 수십 년간 업계 1위 자리를 내주지 않는 기업들에게 '중소기업'이라는 말은 어울리지 않는다. 규모는 비록 작을 수 있지만 위대한 성과를 보여주는 기업이 바로 '강소기업'이다.

기존 시장의 한계를 벗어난 비법, 거래 업체의 신뢰를 얻는 법, 조직 구성원들의 의식 변화를 이끌어낸 인재 관리 시스템, 소비자의 만족과 효율적인 개발 시스템, 기획 과정의 합리성, 과감한 투자와 직원 교육, 차별화된 홍보 전략 등 고객의 신뢰를 이끌어낸 그들만의 스토리는 그 어떤 드라마보다 흥미진진하고 감동적이다.

1등 CEO의 경영 노트엔 무엇이 적혀 있나

특히, 이 연구는 책이나 문헌 조사만으로는 불가능했다. 해당 기업의 CEO를 비롯한 주요 실무자들을 일일이 찾아다니며 인터뷰하고, 그들이 일하는 모습을 직접 현장에서 관찰했다. 유통회사를 연구할 때는 물류센터에 찾아가 상품 분류 작업을 지켜봤고, 주류회사의 경우 공장에 가서 술 만드는 작업에 참여했다. 연구하는 기업의 제품은 반드시 사용해보고 소비자의 입장에 서보려고 애썼다. 그 기업의 직원들은 물론 필요하면 경쟁사, 협력사 직원들도 만나서 인터뷰했다. 이처럼 발로 뛰는 연구가 생생함과 신뢰감을 더해주었다.

업계의 판도를 바꾼 작지만 위대한 22개 기업의 경영 노트에서, 독자 여러분도 빛나는 인사이트를 발견할 수 있기를 바란다.

IGM 교수실에서 조미나
공저자 신철균, 권상술, 김용성, 문달주, 이우창, 조훈현을 대표하여 대일밴드, 에프킬라, 포스트 잇post-it의 공통점은 뭘까? 정답은 브랜드명 자체가 아예 제품을 통칭하는 대명사로 사용된다는 것이다. 그럼 '반찬통' 하면 무엇이 가장 먼저 떠오르는가? 대부분의 주부들이 아마 '락앤락'이라고 답할 것이다. 국내 시장점유율 60%, 능률협회 선정 6년 연속 국내 밀폐용기 부문 브랜드 파워 1위에 빛나는 락앤락. 전 세계 103개국에 진출한 락앤락은 러버메이드Rubbermaid, 타파웨어Tupperware 등 세계적인 생활용품 기업의 뒤를 이어 세계 밀폐용기 시장점유율 3위를 차지하고 있다.
작은 반찬통 하나로 국내는 물론 세계를 제패할 수 있었던 이유는 무엇일까? 이들이 걸어온 길을 되돌아보면 '작지만 강한 기업'의 성공 비결을 알 수 있다.

CHAPTER 1

전 세계 밀폐용기 시장 3위, 글로벌 기업 락앤락

심플 & 스피드 조직 전략, 시장 맞춤화 전략으로 세계 시장 공략

락앤락

업종 생활 밀폐용기 제조 및 판매
설립 1978년 ('국진유통'으로 설립)
대표자 김준일
매출액 3,879억 원 (2010년 기준)
직원 수 5,365명
업적
- 국내 시장점유율 60%
- 전 세계 100여 개국 이상 진출, 세계 시장점유율 3위
- 6년 연속 국내 밀폐용기 브랜드 파워 1위

기업 인사이트
- 주력 제품에 집중하여 혁신적인 제품을 개발하라.
- 제품의 특성을 살려 적합한 홍보를 하라.
- 시장 상황에 맞는 현지화 전략을 펼쳐라.

기업의 미래를 책임질
단 하나의 제품에 집중하다

"월급쟁이는 싫다!"

1978년, 꿈 많던 20대 중반의 한 젊은이가 사업에 뛰어들기로 결심한다. 김준일 락앤락 회장의 이야기다. 그는 '국진유통(락앤락의 전신)'이라는 무역회사를 차린 뒤 10여 년을 발로 뛰며 부지런히 일했고, 사업은 순조로웠다. 하지만 어느 순간에 이르자 매출이 정체되기 시작했고, 그때 그는 무역업의 성장에는 한계가 있다는 사실을 깨달았다.

'진정한 사업은 제조'라고 생각한 그는 또 다른 도전을 시작하기로 마음먹고 1985년 '국진화공'을 만들어 플라스틱 제조에 뛰어들었다. 야심차게 시작한 사업이었지만 사정은 여의치 않았다. 작은 규모의 제소업체이다 보니 돈이 되는 제품은 뭐든 만들어야 했고, 다양한 제품을 소량으로 만들다 보니 재고 관리 등에 어려움이 많았다. 결국 매출도 일정 수준에서 정체되는 지경에 이르렀다.

  1996년에 사업차 방문한 중국에서 그는 또다시 한국 중소 제조업체의 한계를 실감한다. 2만여 개에 달하는 중국 제조업체들은 저렴한 인건비를 기반으로 급속하게 성장하고 있었고, 김 회장은 더 이상 평범한 제품과 가격으로는 그들을 상대할 수 없다는 것을 느낀다.

  한국으로 돌아온 그는 '선택과 집중만이 살 길'이라 여기며 하나의 제품에 주력하기로 결정한다. 국진화공은 당시 600여 종의 생활용품을 생산하고 있었는데, 이 중에서 회사의 미래를 책임질 하나의 제품을 선택하는 일이란 결코 쉽지 않았다.

  김 회장은 먼저 제품선별의 기준 20여 개 목록을 하나하나 작성했다. 첫째, 전 세계 어느 곳에서도 사용할 수 있을 것. 둘째, 1년 내내 사용 가능할 것. 셋째, 국가나 문화적 차이가 없을 것, 사이즈나 컬러가 어디서나 통용될 수 있을 것 등이었다. 그 조건들을 모두 충족하는 제품으로 그 종류를 줄여나가다 보니 남는 것이 바로 반찬통이었다. 600여 종의 제품을 하나로 추려내는 작업도 어려운 일이었지만, 진짜 어려움은 이때부터 시작됐다.

100% 밀폐하는 반찬통을 만들어라

  반찬통은 언제 어디서나 사용되는 생필품인 만큼 그 종류도 경쟁자도 무척 다양했다. 그중에서 확연히 차별화되는 제품을 만들기 위해 김준일 회장은 주부들의 의견을 모으기 시작했다. 당시 많은 반찬통들이 있었지만 대부분 플라스틱 뚜껑을 덮는 반 밀폐용기였다. 그렇다 보니 국물이 새거나 냉장고 냄새가 반찬에 스며들어 낭패를 보는 일이 잦았다. 이 같은 단점을 보완해 100% 밀폐가 가능하다면 얼마든지 승산이 있었다. 하지만 '완전 밀폐' 제품을 만드는 일이란 결코 쉽지 않았다.

먼저 기존 용기들의 단점을 보완하는 것부터 시작했다. 당시 용기들은 뚜껑과 몸체의 재질이 달라, 냉장고에 오래 보관할 경우 뚜껑 제품이 뒤틀리는 경우가 자주 발생했다. 락앤락은 뚜껑과 몸체를 같은 재질로 만들어 이 문제를 해결했다.

더 완벽한 밀폐를 위해서 2중 실리콘을 사용해 밀폐력을 높이려 했는데, 단순히 뚜껑을 덮는 방식으로는 실리콘의 저항력을 견디기 어려웠다. 이 점을 보완하기 위해선 날개를 만들어 본체에 밀착되도

[그림1] 락앤락 밀폐용기

록 만들어야 했다.

하지만 날개의 두께가 또 문제였다. 얇으면 너무 쉽게 부러지고, 부러질 것을 우려해 두껍게 만드니 용기를 잠그기가 어려웠다. 김 회장은 수십 번의 실험을 거듭한 끝에 결국 0.4mm라는 가장 이상적인 두께를 찾아내게 된다. 그 외에도 제품의 품질에 대한 각고의 노력 끝에 드디어 100% 밀폐력을 자랑하는 제품이 탄생했다.

그렇다면 락앤락이라는 입에 착착 붙는 브랜드명은 어떻게 탄생했을까? 제품의 특성을 가장 잘 나타내면서도 해외시장까지 공략할 수 있는 브랜드명을 찾다가, '날개로 2번 잠근다'는 의미에서 만들어진 이름이 바로 락앤락Lock & Lock이다. 간단한 영어 단어의 조합으로 기억하기 쉬울 뿐 아니라 부르기도 쉬웠다.

완벽한 밀폐력으로 무장한 락앤락이었기에 회사 측에서는 엄청난 히트를 예상하고 제품을 출시했다. 하지만 시장에 나가기만 하면 날개 돋친 듯 팔릴 것이라는 기대와 달리 소비자들은 락앤락을 외면했다. 당시 소비자들은 반찬통이라고 하면 그저 싼 것만 찾았고, 100% 밀폐가 가능하다는 것이 어떤 의미인지 알지 못했기 때문이었다.

락앤락은 이 같은 냉대에 그저 낙담만 하고 있지는 않았다. 그들은 '밀폐에 대한 인식이 앞서 있는 해외에서는 분명히 락앤락이 통할 것이다'라는 생각으로 해외시장에 제품을 알리는 데 주력하기 시작했다.

미국에서 먼저 히트 친
락앤락

락앤락은 홍콩, 프랑크푸르트, 시카고, 동경 등 세계적인 가정용품 박람회에 두루 출품하며 제품의 우수성을 알리기 위해 노력했다. 그러던 중 캐나다에서 온 한 바이어가 락앤락의 제품 특성을 살릴 수 있는 마케팅 기법으로 '인포머셜 마케팅Informercial Marketing'을 제안했다. 당시 생소한 개념이었던 인포머셜 마케팅은 인포메이션information과 커머셜commercial의 합성어로, 제품에 대한 정보를 제공해 제품을 알리고 판매하는 것을 말한다. 100% 밀폐력이라는 우수한 성능을 알리기 위해서는 딱 맞는 방법이었다.

드디어 락앤락은 미국의 최대 홈쇼핑채널인 QVC를 통해 화려한 데뷔를 하게 된다. 쇼호스트가 밀폐력을 증명하기 위해, 방송 내내 락앤락 안에 카메라를 넣고 수조에 담그거나 용기 안에 케첩 등을 넣어 위아래로 마구 흔들어댔다. 첫 방송은 대성공이었다. 5,000세트를 단번에 매진시킨 것이다. 이때부터 락앤락은 미국 주부들의 뜨거운 사랑을 한몸에 받기 시작했다.

이처럼 미국에서 먼저 성공을 이루자, 환영받지 못했던 한국시장에서도 러브콜이 쇄도하기 시작했다. 2001년에 처음으로 LG 홈쇼핑에서 판매를 시작한 락앤락은, 방송 30분 만에 2,000세트가 매진됐다. 그 후의 방송들도 연이어 5번이나 매진을 기록했다.

밀폐력을 직접 눈으로 확인한 주부들은, 망설임 없이 제품을 주문하고 주변에까지 선물하기 시작했다. 그야말로 '락앤락 붐'이었다. 이후 2003년까지 락앤락의 매출은 꾸준히 증가해 연 매출이 1,138억 원까지 올랐다. 시장점유율 또한 80%를 웃돌며 밀폐용기 시장을 석권하다시피 했다.

그러나 이때, 이 성공을 불안하게 바라보는 한 사람이 있었다. 다름 아닌 김준일 회장이었다. 락앤락 자체 조사에 따르면 당시 한국 밀폐용기 시장의 규모가 약 800억 원이었기 때문에, 이 계산이 맞다면 그들은 내년, 내후년의 매출을 미리 올린 것뿐이었다. 즉 시장의 한계가 분명히 존재했던 것이다. 그들의 예상은 맞아 떨어졌고, 2003년 이후 매출이 하락세로 돌아서게 된다. 그러자 락앤락은 더 넓은 해외 시장을 향해 본격적으로 발을 뻗기 시작했다.

고급화 전략으로 중국 진출, 4년 만에 매출 117배

락앤락은 처음부터 해외시장에 대한 꿈을 키웠고 2000년부터는 미국, 캐나다, 중국 등지에 총판과 판로를 가지고 있었다. 하지만 직접 판매를 하지는 않았기 때문에 매출이 정체되거나 일부 상품에만 판매가 집중되는 등의 한계가 있었다. 전략적으로 시장을 확장하기 위해 락앤락은 직접적으로 진출을 준비하기 시작했다. 여러 후보국 중 그들이 가장 먼저 선택한 국가는 중국. 인구 13억 명의 최대 소비국이자 생산국으로서의 가치, 한류열풍과 문화의 유사성 등 진출에 유리한 조건을 고려한 선택이었다.

중국 진출에 있어 락앤락은 3가지 전략을 세웠다.

첫째는, 중국에서 생산하고 그와 동시에 중국 내수시장까지 공략한다는 것이었다. 대부분의 기업들이 중국에 생산법인을 세워 운영하면서도 그들에게 팔 생각은 하지 못하는 경우가 많다. 제품의 특성에 따라 차이는 있겠지만, 중국 대도시의 경우 우리나라와 생활수준이 비슷하기 때문에 한국에서 잘 팔린 제품은 얼마든지 그곳에서도 팔 수 있다. 게다가 밀폐용기는 문화, 기후, 지역 등의 요소에 제약을 받지 않기 때문에 더 유리했다. 락앤락은 2004년부터 3년간 웨이하이(威海)에 2곳, 쑤저우(苏州)에 1곳의 생산법인을 설립했다. 이와 더불어 상하이와 베이징을 중심으로 하는 주변도시 12곳에 판매법인을 설립했다.

중국 진출의 두 번째 전략은 마케팅을 철저하게 현지화하는 것이

[그림2] 락앤락 중국 상하이 법인

[그림3] 락앤락 중국 쑤저우 생산공장

었다. 중국 시장을 분석한 결과, 중국 국민들은 자국 생산품에 대한 강한 불신을 갖고 있는 반면 한국 제품에 대해서는 무조건적인 신뢰를 보이고 있었다. 이 같은 특징을 이용해 락앤락은 한국 제품이라는 점을 최대한 이용하기로 했다. 중국에서 생산한 제품은 수출용으로 쓰고, 한국에서 만든 제품을 중국에서 '메이드 인 코리아made in Korea'라는 이름을 달고 판매했다.

중국인들은 브랜드 충성도가 높다. 게다가 대도시 주변은 전 세계 어느 도시와도 견줄 만한 높은 소비력을 가지고 있다. 이 같은 점에 착안해 락앤락은 '고급화 전략'을 세웠다. 상해의 명품거리인 화이하이루(淮海路)에 직영점을 세워 고급 브랜드라는 이미지를 심어줬다. 한국에서 역수입해 판매하는 관계로 제품 가격도 기존 제품에 비해 1.5배 비쌌다. 월 2,000만 원의 임대료를 내고 처음 이곳에 매장을 냈을 때 많은 사람들은 '미친 짓'이라 했다.

하지만 차차 광고나 홈쇼핑 등을 통해 락앤락을 알게 된 중국 소비자들 사이에서 '락앤락은 고급 제품'이라는 이미지가 자리잡았다. 현재 화이하이루 매장은 월 1~2억 원의 매출을 올리는 효자 매장이 되었고, 락앤락은 2008년 중국에서만 1억 달러의 매출을 올렸다. 이는 처음 중국에 진출했던 2004년 매출액의 117배에 해당하는 수치다.

하지만 여기서 끝이 아니다. 중국 진출의 마지막 전략은, 바로 중국을 주변 동남아 국가로 진출하기 위한 교두보로 삼은 것이다. 현재 락앤락은 중국에서 거둔 성공 경험을 기반으로 태국, 베트남, 인도 등에 진출하고 있다. 베트남에서도 한국 제품이라는 것을 강조하고, 한국 제품을 역수입해 고급 브랜드 이미지로 판매하는 등 중국에서의 성공 공식을 그대로 적용하고 있다. 베트남 역시 내수시장 공략과 생산기지 역할을 동시에 수행하고 있다. 동남아 국가 간에는 낮은 관세가 부과되기 때문에, 이러한 전략은 이후 주변 국가로의 진출에 유리한 환경을 만들어줄 것이다.

2008년 3,000억 원의 매출 중 3분의 2를 해외에서 올리는 글로벌 기업으로 성장한 락앤락. 누구나 성공한 기업이라 칭하는 지금도 락앤락은 한계에 도전하며 끊임없이 변화하고 있다.

밀폐용기 제조업체를 넘어 생활용품 전문 기업으로

어느 기업이든 자신들만의 강점이 오히려 약점이 되어 돌아오는 경우가 종종 있다. 락앤락의 경우도 그랬다. '밀폐용기'의 대명사라는 점이 락앤락은 '밀폐용기만 만드는 기업'이라는 한계를 만들어냈다. 조사에 따르면 현재 한 가정에서 보유하고 있는 밀폐용기 수는 40여 개. 실제로 구매해 사용하는 제품도 있지만 각종 사은품으로 받은 제품들도 많아, 밀폐용기 수요는 이미 포화상태에 이르렀다고 한다. 실제로 대부분의 가정에서 수납장이 밀폐용기로 꽉 차 있는 모습을 쉽게 발견할 수 있다.

이 같은 한계를 극복하기 위해 락앤락은 용기의 용도와 소재를 다

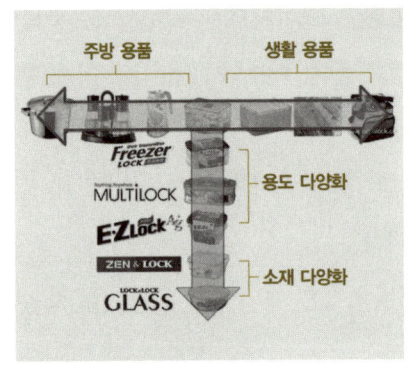

[표1] 락앤락의 T자형 확장 전략

양화하기 위해 노력하고 있다. 냉장 보관용 전문용기인 프리저락Freezer Lock, 냉장과 냉동 동시에 사용 가능한 듀얼락Dual Lock 등 용도를 다양화해 새로운 수요를 만들어내고 있다. 또 도자기, 유리 등 다양한 소재를 개발해 반찬통을 넘어 테이블 웨어table ware로도 거듭나려 노력한다.

더불어 밀폐용기 전문 업체라는 한계를 극복하기 위해 최근 주방 및 생활용품으로 그 영역을 확장하고 있다. 아직은 '락앤락=밀폐용기'라는 인식이 강해 락앤락을 내세워 판매하기보다는 개별 브랜드 전략을 구사하는 점을 고려하는 중이다. 밀폐용기를 더욱 전문화하는 동시에 생활용품으로 그 영역을 넓히는 'T자형 성장'을 펼쳐 세계 시장을 장악하는 것이 락앤락의 꿈이다.

'심플&스피드' 조직 전략

그 꿈을 이루기 위해 락앤락은 조직을 좀 더 효율적으로 운영하고 좋은 인재를 채용하는 데도 많은 노력을 기울이고 있다. 먼저 '심플

& 스피드simple & speed'를 핵심 가치로 삼고 업무와 조직을 효율적으로 운영하려 노력한다. 책임 임원제를 운영하기 때문에 각 임원은 자신이 맡고 있는 조직과 관련된 모든 권한을 가지고 있으며 회장에게 일일이 보고할 필요가 없다. 그 결과 일의 진행 속도가 눈에 띄게 빨라졌고 결재 또한 기안자, 팀장, 임원의 3단계 내에서 끝이 난다.

2009년, 락앤락은 불경기임에도 130명을 채용하는 과감함을 보였다. 불황일수록 우수 인재의 이동이 많다는 점을 이용해, 해외 진출을 위한 인원을 늘려 본격적인 해외시장 장악에 나서려는 것이다.

600여 종의 제품 중 밀폐용기를 선택해 집중하며 국내시장에서의 한계에 좌절하지 않고 발빠르게 해외 공략에 성공한 락앤락은, 현실에 안주하기보다는 미래를 내다보고 준비하는 기업의 전형을 보여주고 있다.

'자사 브랜드 출시 1년 3개월 만에 시장점유율 1위 점령', '밥솥 시장점유율 약 70%', '가전업체의 꿈 1,000만 대를 넘어 1,500만 대 판매 달성'. 이 모든 것이 쿠쿠를 설명하는 수치다. 1970~1980년대 주부들 사이에 인기가 하늘을 찔렀던 '코끼리 밥솥'을 제치고 밥솥시장의 절대강자가 된 '쿠쿠'. 하지만 이렇게 큰 성공을 이뤄내기까지 쿠쿠가 겪은 위기는 상상을 초월한다. 1978년 OEM 업체로 시작한 성광전자가 어떻게 30년 만에 자사 브랜드를 출시하여 성공하게 됐을까? 이들의 이야기는 브랜드도 없었던 작은 기업이 시장을 이끄는 리딩 브랜드로 진화하게 된 모범 답안을 보여준다.

CHAPTER 2

하청업체에서 밥솥의 절대강자가 되기까지, 쿠쿠의 1등 전략

과감한 공격적 마케팅과 차원이 다른 고객 관리로 업계 석권

CUCKOO 쿠쿠 홈시스

업종 밥솥 제조, 판매
설립 1998년(1978년 설립된 '성광전자'가 전신)
대표자 구본학
매출액 3,438억 원(2010년 기준)
직원 수 800여 명(R&D 분야 연구 인력 70명)
업적
- 국내 시장점유율 70%
- 7년 연속 생활가전제품 브랜드파워 1위
- 450여 건의 특허, 실용신안 보유

기업 인사이트
- 누구나 인정하도록 제품의 수준을 향상하라.
- 유통과 마케팅에 집중해 브랜드 인지도를 높여라.
- 고객 관리에 집중하여 리딩 브랜드로 거듭나라.

CUCKOO

그 많던 코끼리 밥솥은 어디로 갔을까?

코끼리 밥솥을 기억하는가? 조지루시Zojirushi 사의 코끼리 밥솥은 1970~1980년대 대한민국 주부들에게 풍요로움과 편리함의 상징이었다. 누군가 일본에 출장이라도 가면, 너도나도 코끼리 밥솥을 사다달라고 부탁하기 일쑤였다. 하지만 30년이 지난 지금 코끼리 밥솥은 한국에서 고작 2% 남짓한 시장을 차지하고 있을 뿐이다. 1998년 혜성처럼 등장한 쿠쿠가 코끼리를 쓰러뜨렸기 때문이다.

쿠쿠는 수많은 위기를 딛고 지방 하청업체에서 자사 브랜드를 거쳐 리딩 브랜드로 진화해왔다. 쿠쿠가 겪어온 위기와 진화 과정은 총 세 단계로 나눌 수 있다. 1단계는 대기업의 OEM 업체 시절이었던 1978년부터 1998년까지다. 2단계는 OEM에서 벗어나 자사 브랜드를 출시해 시장에서 1위를 차지하게 된 1년 3개월간의 시기다. 3단

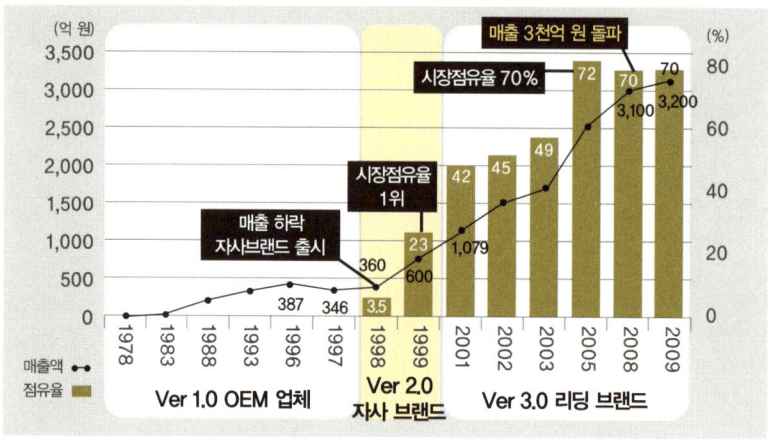

[표2] 쿠쿠홈시스의 매출액과 시장점유율

계는 시장 1위를 차지한 이후부터 지금까지로 리딩 브랜드로 거듭나기 위해 노력한 시기다. 먼저, 신뢰받는 OEM 업체가 되기 위해 쿠쿠가 쏟았던 노력을 살펴보자.

첫 번째 위기 : 밥솥 때문에 불이 났다고?

쿠쿠의 시작은 1978년 설립된 대기업 납품업체 '성광전자'로 거슬러 올라간다. 구자신 회장은 당시 대기업들의 OEM 계약을 먼저 따내고, 공식적으로 성광전자를 설립했다. 시작은 무난했지만 안정적인 시기는 오래가지 않았다.

납품을 시작한 지 3년쯤 지난 1981년, 청천벽력 같은 일이 생겼다. 한 가정집의 화재 원인으로 성광전자가 납품한 전기밥솥이 지목된 것이다. 명확한 증거는 없었다. 다만 전기밥솥은 열을 가장 많이 쓰는 가전제품 중 하나였고, 불이 난 집의 전자제품 중 유일한 OEM 제품이 성광의 제품이었을 뿐이다. 납품한 대기업조차 진상을 규명해주지 못했다. '성광전자 제품에 불량이 많다'는 소문은 삽시간에 퍼졌고, 결국 그 해 9월, 성광전자는 시중에 나간 6,000여 대의 밥솥을 전량 회수한다. 당시로선 3개월 치 매출과 맞먹는 액수였다.

첫 번째 진화 :
과감한 투자로 고유의 제품력을 확보

억울한 소문과 제품 전량 회수. 시장에서 사라질 수도 있는 위기의 상황을 성광은 또 다른 진화의 계기로 받아들인다. 구 회장은 당시를 회상하며 이렇게 말한다. "시장에서 다시 인정받기 위해서는 최고의 제품력을 갖춘 기업이 되는 수밖에 없었다." 성광은 '시키는 대로 물건을 만들어 파는 OEM 업체'가 아니라 '제품력을 바탕으로 사업 제안까지 할 수 있는 파트너 같은 OEM'으로 진화하기로 했다. 그는 회수한 6,000대의 밥솥을 3년 동안 그대로 공장 마당에 쌓아뒀다. 소문이 사라지고, 대기업 납품이 다시 시작된 뒤에도 그때 일을 기억하고 계속해서 제품력을 갖추자는 상징적인 조치였다.

제품력 확보 1 • 과감하게 R&D에 투자한다

성광전자는 제품력을 높이기 위해 과감하다 싶을 정도로 R&D 투자를 늘렸다. 매출액 대비 R&D 투자액 비율은 그때부터 지금까지 평균 7%가 넘을 정도다. 한국 대기업은 평균적으로 매출액의 5%, 중소기업은 2.5% 정도를 R&D에 투자하고 있는데, 쿠쿠가 한창 혁신적인 제품을 개발하는 데 집중했던 1990년대 중반에는 R&D 투자액의 비율이 15%에 이를 정도였다. 1989년부터 자체 부설 연구소를 운영하고, 전체 직원의 20% 정도의 비율로 R&D 인력도 확충했다.

'전기밥솥 만드는 데 제품력이 필요해봤자 얼마나 필요하겠어'라고 생각할 수도 있다. 그러나 전기밥솥은 생각보다 기술집약적인 제품이다. 작은 밥솥 하나에 400여 개의 부품이 들어가며, 온도조절, 뚜껑개폐 등 밥솥 전체를 통제하는 '마이콤 칩Micro Computer Chip'이라는 부품은 크기가 엄지손가락만 할 정도로 정교하다. 또 이론상으로 잘 만들어졌다 해도, 직접 밥을 해보면서 최고의 밥맛을 낼 때까지 수백, 수천 번의 시행착오를 반복해야 최고의 밥솥을 만들 수 있다.

그런 의미에서 성광의 R&D 투자는, 위기를 기회로 만드는 토대가 된 동시에 훗날 다른 기업들의 시장 진입장벽도 높이는 결정적인 역할을 했다고 말할 수 있다.

제품력 확보 2 • 업계의 고질적인 문제를 해결하라

1982년 당시 업계의 화두는 단연 '코끼리 잡기'였다. 당시 대통령까지 나서서 가전업계를 독려했다. 국산 밥솥이 코끼리 밥솥보다 뒤

처지는 가장 큰 원인은 밥통 내부의 솥(내솥)에 있었다. 일본의 코끼리 밥솥은, 세계에서 유일하게 불소수지 코팅 기술을 가진 스미모토Sumimoto 사에서 내솥을 쉽게 조달했다. 코팅된 내솥은 밥알이 달라붙지 않고, 밥을 오래 보존해도 밥알의 수분이 유지되기 때문에 경쟁력의 원천이 될 수 있었다. 당시 한국 가전업계는 이러한 내솥을 구하려면 스미모토에서 수입하는 수밖에 없었고, 그대로라면 코끼리 밥솥의 열풍을 잠재우는 일은 요원했다.

성광전자는 1982년부터 자사의 사활과 한국 밥솥시장의 패권까지 걸려 있는 '내솥 문제'를 해결하는 데 연구를 집중했다. 실패가 거듭됐다. 새로운 기술인데다, 스미모토가 가진 특허 기술에도 저촉되지 않아야 했기 때문이다.

구자신 회장은 회사 안에서 "우리가 개발하려는 기술은 우리나라 전기밥솥 시장을 일본에 내주느냐 마느냐가 걸린 문제"라며 직원들을 격려했고, 회사 밖으로는 한국기계연구소라는 정부기관과 파트너십을 맺고 공동연구를 추진하기도 했다. 마침내 1998년 8월, 성광은 스미모토와 품질은 같고 가격은 싼 시제품을 출시하게 된다. 그 후 국내시장에서 불소수지 코팅 내솥은 전부 성광의 제품만을 사용하기 시작했다. 성광으로서도 당연히 좋은 일이었지만, 대일무역에서 수입 대체효과를 얻은 국가 차원에서도 큰 이익이었다.

제품력 확보 3 · 혁신적인 제품 개발에 도전하라

제품력을 높이기 위한 성광의 노력은 여기서 멈추지 않았다. 내솥

개발을 성공적으로 마친 성광은 1991년, 당시로서는 혁신적이었던 '전기압력밥솥'이라는 제품을 개발하기 위해 도전한다.

그 당시 집집마다 밥을 짓는 방식은 크게 2가지였다. 전기밥솥과 가스를 사용한 압력밥솥. 전기밥솥은 빠르고 간편하게 밥을 지을 수 있는 반면 밥에 찰기가 부족했고, 반대로 압력밥솥은 밥맛은 좋지만 밥 짓는 내내 옆을 지켜야 했다. 두 도구의 장점만을 따 만든 전기압력밥솥은 사용의 편리함과 밥맛, 양쪽 모두를 얻을 수 있는 혁신적인 제품이었다.

하지만 전기압력밥솥을 개발하려면 2가지 험난한 고비를 넘어야 했다. 먼저 찰기 있으면서도 쌀알이 일그러지지 않는 밥을 짓기 위해 적당한 압력을 찾아야 했고, 다음으로는 압력을 사용할 때 혹시라도 생길지 모르는 사고를 막아야 했다. 즉 밥맛과 안전성을 동시에 확보해야 했던 것이다.

성광의 직원들은 밤낮을 잊고 함께 노력했다. 직원들은 '적정압력 찾기'라는 고비를 넘기 위해 80kg짜리 쌀을 무려 50가마니만큼이나 밥을 지었고, 가장 맛있는 밥을 지을 수 있는 압력을 찾아냈다. 사실 압력밥솥의 열쇠는 최적의 압력에 있다고 해도 과언이 아니다. 적정한 압력을 찾기 위해 압력을 달리해 밥을 지어 먹어보고 또다시 지어 먹어보았다. 압력의 크기를 0.1~1.5kg까지 가변시킨 다음, 밥을 지어 먹어보는 과정을 반복했다. 압력이 0.7kg 이상이면 압력 기능이 유지된다는 것을 밝혀냈고 1.0kg 이상으로 압력이 올라가면 밥알이 뭉개진다는 사실도 알아냈다. 그러기를 수백 번, 고단한 과정이 이어졌다. 그리고 마침내 적정한 압력을 찾아냈다. 0.9kg의 압력을 주었을 때 가장 찰지고 맛있는 밥이 지어졌던 것이다.

더 큰 고비인 안전성 또한 마찬가지였다. 높은 압력을 사용하는 전기압력밥솥은 압력이 배출되는 곳이 조금이라도 막히면 바로 폭발로 이어질 수 있다. 성광 직원들은 만에 하나 발생할 수 있는 사고에 대비하기 위해 일부러 극한 조건을 만들어 안전성 시험을 했다. 시험 도중 일어난 사고로 개발 팀장이 병원 신세를 질 정도였다. 결국 1997년 성광은 10중 안전장치를 장착한 전기압력밥솥을 개발한다. 오직 자신들의 독자적인 힘으로 말이다.

이렇게 노력한 결과 성광전자는 OEM 업체이지만 제품력은 누구에게도 뒤지지 않는, 신뢰받는 기업으로 자리 잡을 수 있었다. 1991년에는 기술혁신을 인정받아 장영실상과 중소기업 대상까지 수상하게 된다. 제품력이 알려지자 매출도 날개를 달았다. 1982년의 화재 사고로 인해 14억 3,600만 원으로 곤두박질쳤던 매출은 1996년에 387억 원까지 상승한다.

두 번째 위기 :
IMF 된서리가 가져온 매출 급락

꾸준히 성장하던 그들에게 또 다른 위기가 찾아왔다. 1996년부터 1998년까지 불과 2년 사이에, 387억 원이던 매출이 296억 원으로

뚝 떨어진 것이다.

1997년 IMF 외환위기 시절, 대한민국 전체가 생필품도 아껴 쓰며 소비를 줄이고 있었다. 한껏 위축된 소비자들이, 고장이 나지 않는 한 바꿀 필요가 없는 밥솥을 사지 않는 건 당연했다. 게다가 1998년 일본 상품을 견제하기 위해 만들어졌던 '수입선다변화제도'가 폐지되고, 그 동안 수입이 금지됐던 일본 밥솥의 수입이 재개된 것이다. 그해 일본 밥솥은 그 이전 해보다 수입량이 3배나 늘었다.

밥솥 시장 자체가 축소됐고, 막강한 경쟁자인 일본 제품이 시장을 파고들었다. 대기업은 주문량을 줄였고, 성광의 매출도 하강곡선을 그렸다. 제품력으로 시장의 인정을 받기 시작한 그들로서는 또 다시 절체절명의 위기가 찾아온 셈이었다.

당시 구 회장이 선택할 수 있는 길은 크게 3가지였다. 첫째, 직원들에게 퇴직금이라도 챙겨줄 수 있을 때 회사를 정리하는 것. 둘째, 기존 대기업과의 관계를 유지할 수 있는 스위치 부품회사로 업종을 바꾸는 것. 셋째, 수익은 물론 생존도 장담할 수 없지만 자사 브랜드로 전환해 전기압력밥솥을 출시하는 꿈을 실현하는 것.

사실 구 회장은 직원들을 생각하면서 첫 번째나 두 번째 길을 택할까도 고민했었다고 한다. 그런데 이러한 회장의 고민을 헤아린 직원들이 찾아와 이렇게 말했다. "월급 안 받아도 좋습니다. 살아도 함께 살고 망해도 함께 망할 겁니다." 당시 해외영업팀장이었던 구본학 대표이사도 "지금은 어떤 기업이든 똑같이 위기가 아닙니까? 오히려 자사 브랜드를 출시하기에 좋은 시기입니다."라며 직원들과 뜻을 같이 했다. 결국 성광은 모두가 웅크리는 시기에 자사 브랜드 출시를 결심했다. 위기를 맞이해 또 한 번의 진화를 결심한 것이다.

두 번째 진화 :
시장을 놀라게 한 브랜드의 탄생

남의 브랜드를 달고 시장에 나갈 제품을 납품하는 OEM 업체에게 자사 브랜드 출시는 꿈만 같은 일이다. 제품 개발에만 집중하는 OEM 업체로서는 브랜드를 만들어 성공하기 위해 유통, 마케팅 등 넘어야 할 장애물들이 워낙 많기 때문이다. 그런 점에서 쿠쿠의 브랜드 출시 계획은 크나큰 모험이었다.

브랜드명은 쿠쿠Cuckoo로 지었다. 요리를 뜻하는 '쿡Cook'과 뻐꾸기를 뜻하는 '쿡쿠Cuckoo'라는 단어를 조합해 '제때 제때 맛있는 밥을 짓겠다'는 의지를 담았다. 또 쿠쿠의 '쿠Koo'만 따로 떼어 놓으면 창업주의 성姓인 '구'가 된다. 자기 이름을 걸고 제품을 만든다는 막중한 책임감이 녹아든 브랜드명인 셈이다. 이후에 성광전자는 리딩 브랜드 이미지를 강화하기 위해 회사명도 쿠쿠홈시스로 바꾸게 된다. 이미 제품력을 갖춘 성광이었기에 새로운 이름을 걸고 제품을 출시하는 것 자체는 어렵지 않았다. 마침 오랜 세월을 투자하여 개발해 낸 전기압력밥솥이라는 비장의 무기도 있었다.

하지만 문제는 그 다음이었다. 제품을 출시한 이후 약 4개월 동안

전기압력밥솥을 단 1대도 팔지 못했다. 아무리 제품의 장점을 설명해도 유통업체나 소비자들은 이름도 들어보지 못한 작은 기업의 제품을 사려고 하지 않았다. 제품력은 남부럽지 않았지만 유통력과 마케팅 능력이 전무했기 때문이다. 수많은 중소기업이 자사 브랜드로 전환할 때 겪는 어려움을 쿠쿠도 맞닥뜨리게 된 것이다.

쿠쿠는 제품이 좋다고 다 팔리는 게 아니라는 사실을 겸허히 인정했다. 그리고 자사 브랜드로 진화하려면 유통력을 확보하고 마케팅을 강화해야 한다는 것도 깨달았다.

유통력 확보 1 · 제품력을 살리는 영업 원칙, 선수금거래와 현금거래

유통을 장악하려면 영업이 필수다. 그런데 당시에는 유통점이 먼저 물건을 받고 제품을 판 다음에야 물건 값을 주는 외상거래가 관행이었다. 이때 이들이 내세운 영업원칙은 '선수금거래, 현금거래'였다. 지금도 그렇지만 쿠쿠처럼 처음 시장에 나온 작은 기업은 관행을 따라 외상으로 물건을 맡겨도 유통점이 받아줄까 말까 하는 상황이었다. 그런데 관행을 깨고 유통점에 물건을 주는 동시에 돈을 받겠다고 한 것이다. 그것도 현금으로 말이다. 도대체 무슨 생각으로 이런 과감한 원칙을 내세운 것일까?

구 회장은 힘들어하는 영업직원들에게 다음과 같이 말했다. "자식 같은 우리 제품을 외상으로 주면 막 다룰 것 아닌가? 품질을 믿고 발품 팔아보세. 몇 대 팔았느냐는 묻지 않겠네. 몇 번 찾아갔느냐고만 묻겠네." 그는 피땀 흘려 만든 제품이 고객의 손에 전달될 때까지 어디서든 소중하게 다뤄지길 원했다. OEM 시절 내내 제품력을 높이기 위해 노력한 그들에게, 이와 같은 원칙은 제품에 대한 자존심이자 제품력을 지키기 위한 방어막이었던 셈이다. 무조건 '제품이 최우선'이라는 경영철학에서 비롯된 전략이었다.

유통력 확보 2 • 내부직원으로 꾸려진 영업팀

이렇게 관행을 벗어난 영업원칙을 수립한 쿠쿠는 이 원칙대로 제품을 팔 수 있는 영업직원이 필요했다. 처음에는 외부에서 전문 영업인력을 데려오려고 했다. IMF로 인한 구조조정이 한참 일어나던 시절이었기 때문에 영업에 잔뼈가 굵은 전문인력들이 쿠쿠의 광고를 보고 찾아왔다. 하지만 아무리 전문인력들이라 해도 소위 IMF 사태와 같은 대형 위기는 처음 겪는 일이었고, 제품에 대한 사랑과 경영철학에 대한 이해도는 오히려 내부직원에 비해 현저히 떨어졌다.

결국 쿠쿠는 외부 전문인력이 아닌 내부직원들로 영업팀을 구성했다. 내부직원들은 제품을 개발하던 길고 더딘 과정부터 출시되는 순간까지 함께했기 때문에, 제품에 대한 애정이 깊었다. 또 유통점에게는 어이없는 요구로 비춰질 수 있는 선수금거래와 현금거래 고수 원칙을 충분히 이해할 수 있는, 영업의 최적임자들이었다. 내부직원 10명으로 구성된 영업팀은 열심히 발로 뛰며 유통점을 공략했다. 제품력을 점장들이 알 수 있도록 대리점에서 직접 밥을 지어보이기도 했다. 대전의 한 유통점에서는 끈질기게 찾아오는 쿠쿠의 영업직원을 쫓아내려고 소금까지 뿌릴 정도였다고 한다.

유통력 확보 3 • 단계별 유통망 공략

첫 번째 공략 대상은 서울을 포함한 수도권이 아니라 경남지역이었다. 본사와 공장이 경남 양산에 있었기 때문에, OEM 업체 시절에 쌓아둔 쿠쿠의 명성을 활용하려 한 것이다. 경남지역 전자대리점에서는 성광전자 시절부터 쿠쿠가 만든 제품은 반품이 없다는 사실을 알고 있었으므로 성광의 제품력을 인정했다.

영업직원들은 경남지역 대리점들의 신뢰를 바탕으로 '현금거래와 선수금거래라는 영업원칙이 제품에 대한 굳은 신념과 사랑에서 나왔다'는 점을 설명했다. 또한 '마진율을 높이고 거점거래 방식을 채택해 현금거래와 선수금거래를 따라야 하는 유통점의 부담을 상쇄한다'는 점을 강조했다. 시간이 흐르면서 이들의 발품이 하나둘 효과를 보기 시작했다. 특히 쿠쿠의 밥솥을 사간 소비자가 대리점에 직접 전화를 걸어 제품을 칭찬하는 등 여기저기서 쿠쿠를 찾기 시작했다.

이제 경남지역을 넘어 전국을 대상으로 쿠쿠를 알릴 차례였다. 이때 쿠쿠는 당시 주목받기 시작하던 암웨이Amway와 같은 방문판매망, 하이마트 같은 전자제품 전문점, 그리고 홈쇼핑 등의 신유통망과 손을 잡는다. 윈-윈 전략의 시작이었다.

쿠쿠가 자사 브랜드로 전환한 1998년에, 한국 암웨이는 '원 포 원One For One' 프로그램을 실시했다. 암웨이 제품을 하나 출시할 때마다 품질 좋은 한국의 중소기업 제품 하나를 발굴해 판매하는 프로그램이었다. 암웨이가 먼저 쿠쿠의 밥솥에 관심을 보였고, 쿠쿠는 당시 14만 명에 달하는 암웨이의 판매 조직망을 얻을 수 있었다. 1999년에 갓 출범한 하이마트나 1995년 연 매출액이 34억 원에 불과했던 홈쇼핑도, 쿠쿠의 뛰어난 제품력으로 공략할 수 있었다.

예상대로 신유통망은 기존 대리점 유통이 가졌던 한계를 뛰어넘어 쿠쿠의 이름을 전국적으로 알리는 데 큰 도움을 줬다. 입소문의 영향이 큰 암웨이에서는 판매를 시작한 지 1개월이 지나자 하루에 200여 대 가까이 팔렸고, 이는 다른 시장에서도 마찬가지였다.

이처럼 유통망의 변화는 매우 급격하게 일어났다. 1998년 당시 밥솥 10대 중 9대가 대리점에서 팔렸지만 그 비중이 점점 줄어 현재는 약 1.5대만 대리점에서 팔리고 있다. 반대로 당시 신유통망으로 떠올랐던 방문판매, 전자제품 전문점, 홈쇼핑의 판매 비중이 훨씬 늘어났고, 이 밖에도 인터넷 판매 등의 새로운 유통망이 속속 늘어나며 대리점 판매의 비율은 점점 더 낮아지고 있다.

마케팅 전쟁에 뛰어들다

그런데 쿠쿠가 한창 유통력을 높이고 있던 어느 날, 대리점에서 볼멘소리가 들려오기 시작했다. 아무리 제품이 좋아도 지금처럼 소비자들을 붙들고 일일이 설명하기는 힘들다는 말이었다. 대리점들은 '사은품을 줘서 소비자를 사로잡든지, 광고로 브랜드 인지도를 높이든지 뭐라도 조치를 취해달라'고 했다. 당시 마케팅본부장이었던 구

본학 대표이사는 '광고는 생산성을 높이기 위한 20억 원짜리 기계'
라는 생각으로 대대적인 광고를 하기로 마음먹었다. 제품력에 자신
있는 쿠쿠로션 사은품으로 소비자를 현혹하기보단, 이름을 알려 자
사 브랜드로서의 입지를 굳히기로 결정한 것이다.

마케팅 전략 1 • 모두가 몸을 사릴 때 공격적으로 광고한다

하지만 당시는 IMF 직후라는 사상 초유의 불황기였고 대부분의 기
업이 광고를 비롯한 마케팅 비용을 대폭 줄이던 시기였다. 아무리 제
품력이 좋고, 이름을 알리기로 마음을 먹었다고 해도 마케팅 비용을
마련하기란 쉽지 않았다. 하지만 쿠쿠는 오히려 마케팅에 대대적인
투자를 감행한다. 무엇이 이들을 움직이게 만들었을까?

먼저 불황일수록 광고 효과가 크다는 점에 주목했다. 미국 맥그로
힐McGraw-Hill 연구소의 조사에서도 불황기에 공격적으로 광고한 기업
들은 그렇지 않은 기업보다 경기 회복 후 256% 더 많은 매출을 기
록했다고 한다. 한국 기업들도 당연히 당시에는 광고를 축소하고 있
었고, 이 시점에 공격적으로 광고를 하기로 결정한 쿠쿠는 평소의 절
반 가까운 가격에 지면 광고는 물론 TV광고까지 펼칠 수 있었다. 그
것도 쿠쿠가 타깃으로 한 25~49세 여성들의 TV 시청률이 높은 오
전 9시부터 10시 반까지나 오후 9시부터 11시까지와 같은 '황금시
간대'를 공략했다. 쿠쿠의 전략은 대성공이었다.

1998년 쿠쿠의 마케팅 비용은 15억 원, 1999년에는 35억 원, 2000
년에는 42억 원이다. 당시 매출액의 약 5%에 달하는 비용이다. '여

유 자금이 있었으니 가능했던 것 아니냐'고 반문할 수도 있다. 하지만 주목할 점은 그들이 그 돈을 사은품이나 설비 확충이 아닌 광고에 투자하기로 결정했다는 점이다.

마케팅 전략 2 • 중소기업에 맞는 콘셉트를 찾다

또한 쿠쿠의 광고는 중소기업이 주는 불안감을 없애는 데 초점을 맞췄다. 일단 광고모델로 아침 프로그램을 진행하던 이상벽 아나운서를 내세웠다. 주방가전 광고에 남자 모델을 내세우는 일은 드물었지만, 주부들 사이의 신망이 두터운 이상벽 아나운서의 이미지를 통해 '믿을 수 있는 기업'이라는 이미지를 전하고자 했다. 또 '가치 있는 제품, 가치 있는 가격'이라는 광고문구를 통해 그간 쿠쿠가 쌓아온 제품력을 강조하면서, 경쟁사인 대기업들과의 차별점을 부각시켰다.

OEM 업체 시절 쌓아둔 탄탄한 제품력과 이를 바탕으로 한 유통력, 그리고 남들이 움츠릴 때 오히려 더 적극적으로 펼친 마케팅. 삼박자의 조화는 가히 폭발적이었다. 1999년 7월, 쿠쿠는 자사 브랜드 출시 1년 3개월 만에 시장점유율 1위를 달성한다. 그 후로 지금까지 '쿠쿠' 하면 누구나 '밥솥'을 떠올릴 정도로 성장했다. 지방의 중소 규모 OEM 업체였던 쿠쿠가 성공적으로 자사 브랜드로 진화한 감격적인 순간이었다.

[그림4] 쿠쿠의 전기압력밥솥

세 번째 위기 :
공공의 적이 된 쿠쿠

　출시한 뒤 1년 3개월 만에 시장점유율 1위를 차지하자 이제는 시장 전체가 쿠쿠를 견제하는 상황이 벌어졌다. 대기업 L사는 29만 원에 달하던 전기압력밥솥을 9만 9,000원 대까지 떨어뜨리는 덤핑 판매로 쿠쿠를 위협했고 중소기업들도 너도나도 쿠쿠의 성공을 재현하고자 밥솥시장에 뛰어들었다. 소비자들도 변하긴 마찬가지였다. 쿠쿠가 처음 출시됐을 때는 원하지 않던 부분들까지 요구하기 시작했다. 자사 브랜드로의 진화에만 만족하고 있다간 경쟁업체들의 공략에 쉬이 무너질 수도 있었다.

　쿠쿠는 여기에서 또 한 번의 진화를 결정해야 했다. 그것은 바로 밥솥 시장을 이끄는 리딩 브랜드로의 도약을 꿈꾸는 것. 수많은 위기를 극복하고 성공적으로 자사 브랜드를 출시한 쿠쿠가 어떻게 지금과 같이 밥솥 시장의 리딩 브랜드로 진화할 수 있었을까?

　당시 구자신 회장의 말을 들어보자. "과거 소비자와 유통업계는 약자였던 쿠쿠에게 동정심을 가졌다. 하지만 지금은 우리가 1등이다. 유통업계는 비싸다고 불만이고, 소비자는 우리에게 더 많은 책임을 요구한다." 쿠쿠는 스스로 1등에 걸맞은 역할을 하며 시장을 이끄는 브랜드로 진화하기 위해 '고객 관계 구축'과 '브랜드 이미지 강화'라는 두 엔진을 장착하기 시작했다.

세 번째 진화 :
대기업을 능가하는 철저한 고객 관리

이미 쿠쿠가 시장점유율에서 1등을 한 상황이기 때문에 쿠쿠의 제품력에 대해서 의심하는 이는 드물었다. 하지만 고객들은 여전히 중소기업인 쿠쿠가 애프터서비스를 비롯한 고객 관리에 소홀할 것이라는 편견을 가지고 있었다. 이것은 쿠쿠가 리딩 브랜드로 진화하는 데 가장 큰 걸림돌이었다. 쿠쿠는 이러한 편견을 없애기 위해 고객과의 관계를 새롭게 구축하기 시작했다.

고객 관리 1 · 완벽한 사후관리로 고객의 불안감을 없애라

쿠쿠는 1999년 7월 대기업 못지않은 서비스팀을 발족하고, 같은 해 11월 서비스센터를 전국에 걸쳐 28개 지점으로 늘렸다. 그 수는 꾸준히 늘어나서 2011년 현재는 국내에만 총 92개의 서비스센터를 운영 중이다. 2010년 6월 각각 밥솥 시장의 2, 3위를 다투다가 하나로 통합한 쿠첸과 리홈 두 업체의 서비스센터를 합해도 78개에 불과하다.

한발 더 나아가 쿠쿠는 '홈 닥터 서비스'를 개시했다. 문제가 생긴 고객의 집에 직접 찾아가는 서비스다. 중소기업은 엄두도 내지 못하고, 대기업은 귀찮아했던 출장서비스를 소형가전업체 최초로 시도한 것이다.

고객의 집을 방문한 쿠쿠의 '홈 닥터'들은 고객의 마음을 사로잡기 위해 1인 3역을 마다하지 않았다. 고장 난 제품을 고치는 수리기

사가 되기도 했고, 최고의 밥맛을 낼 수 있도록 쌀의 수분 함유량 등까지 챙기는 밥맛 도우미로도 활약했다. 또한 새어나가는 에너지를 잡아내는 에너지 전도사를 자처하기도 했다. 이러한 활동은 중소기업 서비스에 대한 소비자들의 불안감을 없애는 데 일조했다.

고객 관리 2 • 즉시 반응하라

그럼에도 불구하고 고객들의 불만은 언제 어떤 방향에서 터질지 모르는 법. 쿠쿠는 고객의 불만에 즉각 대응할 수 있도록 '온라인 불편 처리 시스템'을 개발했다. 쿠쿠에 불만이 생긴 고객이 웹사이트에 자신의 의견을 접수하면, 그것이 바로 담당 직원에게 자동으로 전송되는 시스템이다. 이 불만 사항을 전달받은 담당자들은 24시간 안에 답해야 하는 것이 규칙이다. 여기까지는 여느 기업과 비슷하다.

즉각적인 대응을 가능케 하는 쿠쿠만의 결정적인 조치가 하나 더 있다. 바로 고객의 불만이 담당직원은 물론 CEO에게까지 자동으로 전송된다는 점이다. 구본학 대표의 일과는 고객의 불만 이메일을 확인하는 것으로 시작한다. 고객의 목소리에 신속하게 대응하기 위한 CEO의 의지를 알 수 있는 대목이다. CEO까지 열과 성을 다해 확인하는 불만 사항에 어떤 직원이 늑장을 부리며 답할 수 있겠는가.

고객 관리 3 • 사소한 목소리조차 놓치지 않는다

쿠쿠는 또한 고객의 사소한 목소리도 놓치지 않으려 노력했다. 이는 고객 상담실을 서울과 양산으로 이원화시킨 대목에서 다시 한 번 확인할 수 있다. 대부분의 기업들은 전화로 연결되는 고객 상담실을 한 곳에서 운영한다. 쿠쿠도 처음에는 그랬다.

그런데 쿠쿠의 브랜드가 서울을 비롯한 전국으로 확대되면서 문제가 생기기 시작했다. 경남 사투리를 쓰는 양산의 고객 상담실 직원들이 다른 지역 고객들과 전화로 의사소통을 하는 과정에서 종종 의도치 않은 마찰이 생겼던 것이다. 일례로 서울의 고객들은 '그기 이 말인기라요'라는 식의 경남 사투리를 제대로 이해하지 못했다.

쿠쿠는 지역별로 다른 고객의 요구에 충분히 응하고 문화적 공감대를 형성하기 위해 고객 상담실을 서울에 하나, 양산에 하나 이원화했다. 민감하고 까다로운 서울권 고객들을 위한 별도의 상담실을 마련한 것이다. 상담원의 말투 하나까지 신경 쓰는 쿠쿠의 고객에 대한 정성이었다.

또 1년에 2차례 1주일간 정기 시장조사를 벌인다. 특히 이 작업에는 영업, 마케팅뿐 아니라 연구개발이나 품질혁신부 직원들까지 동참한다. 제품을 만들고 개선하는 사람들이 고객의 요구를 직접 확인할 때 고객이 원하는 제품을 만들어낼 수 있다는 취지에서다. 평소에 고객을 직접 만날 일이 없는 직원들이 고객을 만나면서 새로운 관점에서 고객들을 바라볼 수 있기 때문에, 쿠쿠 제품 중에는 유난히 고객의 의견이 반영된 부분이 많다. 허리를 꼿꼿이 세우고 버튼을 누를 수 있게 한 '톱 컨트롤Top Control 방식'의 디자인, 쌀밥과 콩밥을 동시에 지을 수 있게 경계를 나눠주는 도구 '나누미', 전기밥솥 내부의 커버를 떼어내 씻을 수 있게 만든 '분리형 커버'가 그 대표적인 예다.

시장을 이끄는
리딩 브랜드로의 진화

구본학 대표는 "아무리 경쟁자가 많고, 시장이 포화상태여도 좋은 브랜드가 있다면 기회는 반드시 온다"며 좋은 브랜드 이미지를 쌓는 데 공을 들였다. 다음은 시장을 선도하는 리딩 브랜드로서의 입지를 강화하기 위한 쿠쿠의 다양한 전략들이다.

리딩 브랜드 전략 1 • 회사명을 대표 브랜드로 통일하라

우선 리딩 브랜드 이미지를 강화하기 위해 쿠쿠는 사명을 통일하는 작업을 시작했다. 쿠쿠㈜, 성광전자, 성광화학, 성광금속이란 이름으로 운영되던 쿠쿠의 계열사들은 2004년 7월을 기점으로 대표 브랜드명인 '쿠쿠'로 통일됐다.

이와 더불어 품질과 합리적인 가격을 내세웠던 커뮤니케이션 전략도 시장의 대표 이미지를 부각하는 쪽으로 바꿨다. 김희애 씨를 내세운 광고에서 크게 히트를 친 카피 "쿠쿠하세요, 쿠쿠!"도 그 일환이다. 자신의 브랜드를 '맛있는 밥을 지어먹다'는 뜻으로 대명사화시킨 것이다. 시장 1등 브랜드라는 자신감이 바탕에 깔려 있었기에 가능한 일이었다.

리딩 브랜드 전략 2 • 프리미엄 유통망을 확대하라

쿠쿠는 백화점이나 자체매장과 같은 프리미엄 유통망도 함께 갖추며 리딩 브랜드의 이미지를 만들어나갔다. 쿠쿠가 백화점에 단독으로 입점하기 전, 백화점 소형가전제품 매장은 외국제품들의 홍수였다. 소비자들은 필립스, 테팔과 같은 외국의 유명 소형가전제품의 브랜드숍을 가장 먼저 만났고, 우리나라 제품은 '국산 소형가전'이라는 코너에서만 찾아볼 수 있었다.

이러한 상황에서 쿠쿠는 2005년 롯데백화점에 최초로 브랜드숍을 열었다. 국산 소형가전의 무너진 자존심을 세우는 동시에, 자연스럽게 쿠쿠의 브랜드 이미지까지 강화하는 일석이조의 효과를 거둔 전략이었다. 국산 소형가전제품의 낙후된 이미지 때문에 쿠쿠 브랜드숍 입점을 거부하던 백화점 측을, '애국심'이라는 명목으로 1년간 설득한 결과였다.

반응은 예상보다 뜨거웠다. 롯데백화점 본점과 잠실점에 시범적으로 설치했던 매장에서, 2004년 1년 동안 약 1만여 대의 전기밥솥이 팔렸다. 이 수치는 지속적으로 늘어나 백화점 브랜드숍의 판매량이

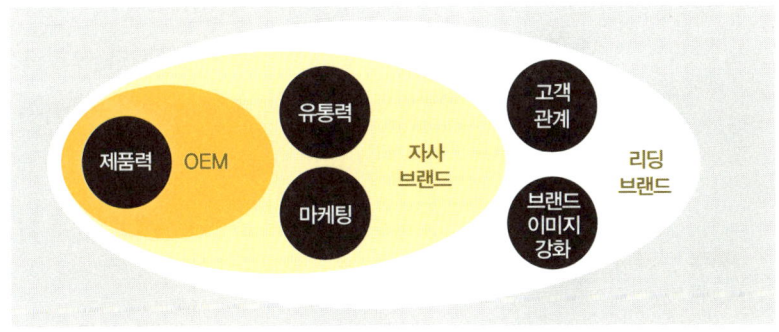

[표3] 시장을 이끄는 리딩 브랜드로의 진화

2007년에는 7만 1,908대로 늘어났다. 이는 쿠쿠의 전체 판매액 중 약 5%를 차지한다. 10가지가 넘는 전체 유통망 숫자에 비해 상대적으로 적은 백화점 브랜드숍의 수를 감안하면 꽤 높은 수치다.

또한 2006년에는 자체매장인 쿠쿠전문점을 오픈하면서 브랜드 이미지를 높였다. 쿠쿠전문점은 2011년 현재 102곳까지 늘어났으며 대부분의 매장은 판매점과 서비스센터라는 2가지 역할을 동시에 하고 있다. 쿠쿠전문점의 매출 비중은 현재 전체 유통망의 6.7%(2008년 기준)를 차지할 정도로 선전하고 있다.

쿠쿠의 끊임없는 노력은 결국 달디 단 열매를 맺었다. 한국능률협회컨설팅이 조사한 한국 산업의 브랜드파워 조사결과에서 7년 연속 '생활가전부문 브랜드파워 1위'라는 쾌거를 이룩한 것이다. 매출 역시 안정적인 성장세를 유지해 회사 설립 30주년이었던 지난 2008년, 매출액이 3,000억 원을 넘어섰다.

시장의 리딩 브랜드로 자리 잡은 쿠쿠의 진화는 현재진행형이다. 쿠쿠는 이제 전기밥솥 시장을 넘어서 한국을 대표하는 종합생활가전 대표기업으로 발돋움하기 위해 노력 중이다. 열과 관련된 소형가전제품 위주로 제품을 확장하고, 일본과 중국을 비롯한 세계 시장을 노리며 또 한 번의 도약을 꿈꾸고 있다.

물론 이제까지 지켜온 품질에 대한

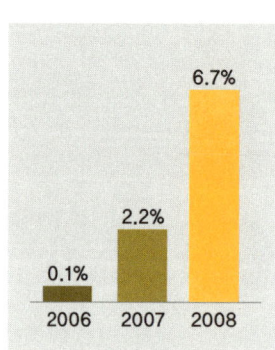
[표4] 쿠쿠전문점 매출 비중

고집만큼은 조금도 양보하지 않으며 지금까지 쌓은 브랜드 이미지를 해치지 않기 위해 노력한다. 아무리 시장성 있는 신제품이라 할지라도 지금까지 내놓은 제품들과 비교할 때 만족할 만한 수준이 아닌 경우, 시장 출시를 늦추기도 한다.

이름만 대면 누구나 "아, 전기밥솥!" 하고 떠올리는 쿠쿠는 '텐 밀리언셀러' 대열에 합류한 지 오래다. '1,000만'은 모든 기업에게 꿈의 숫자다. 조용필의 통산 음반 판매량, 영화 '괴물'의 관객 수, LG전자의 '휘센 에어컨', '초콜릿 폰'의 판매량이 바로 1,000만이다. 텐 밀리언셀러는 한마디로 '이름만 대면 알 수 있는 대박 상품'이 됐다는 것을 뜻한다. 쿠쿠는 사실 1,000만을 넘어 1,500만 대가 팔렸으니 '피프틴 밀리언셀러'다. 전기밥솥 시장에서 쿠쿠의 브랜드 파워가 어느 정도인지 알 수 있는 기록이다.

"어? 이렇게 좋은 게 어떻게 1,000원이지?"
싼 게 비지떡으로 여겨지던 '1,000원 숍'은 잊어라. 도저히 믿을 수 없는 가격과 높은 품질, 2만여 종에 달하는 다양한 상품, 대형 마트를 연상시키는 깔끔한 인테리어, 돌아서면 또 보고 싶을 정도로 친절하고 열정적인 직원들로 소비자들을 유혹하는 업체가 있다.
우리나라 전국에 720개 매장을 거느린 다이소아성산업이 그 주인공. 2010년 매출만 4,600억 원에 달한다. 언뜻 봐도 1,000원짜리 제품을 팔아서 거둔 성과라고는 믿기 어렵다. 하지만 그보다 더욱 놀라운 것은 바로 소비자들이 1,000원짜리 제품에 거는 기대를 뛰어넘기 위한 이 회사의 열정과 노력이다.

CHAPTER 3

1,000원에 누리는 소비 감동, 다이소아성산업

가격 대비 품질력과 독수리형 인재 관리로 고객 만족 추구

다이소아성산업

업종 균일가 제품 유통 및 판매
설립 1992년('아성산업'으로 설립 후 2002년 사명 변경)
대표자 박정부
매출액 4,600억 원(2010년 기준)
직원 수 800여 명
업적
- 설립 후 10년간 평균 매출 성장률 50%
- 최단 시간 500호점 돌파
- 균일가 시장 독보적 1위

기업 인사이트
- 고객이 기대하는 가치, 그 이상을 제공하라.
- 직원들에게 기회와 권한을 부여하여 독수리형 인재를 키워라.
- 미래를 내다보고 가치 있는 인프라에 과감히 투자하라.
- 강점을 강화하여 1등 자리를 고수하라.

싸고 좋은 제품을 찾아
전 세계를 헤매다

    우리나라 '1,000원 숍'의 시초격인 다이소아성산업은 일본 '100엔 숍'의 대명사인 다이소와 국내업체인 아성산업의 합작기업이다. 1,000원 숍이란 취급하는 상품의 대부분이 1,000원으로 맞춰진 균일가 매장을 말한다. 스페인에서 처음 시작한 개념의 상점이며, 개발도상국보다는 경제 수준이 일정 단계 이상에 도달한 국가에서 성공할 가능성이 높다. 소비자들이 '제품의 다양성'과 '가격 대비 품질'의 가치를 알아야 하기 때문이다. 가까운 일본에서는 약 6조 원의 시장 규모를 이루고 있으며, 백화점과 양판점(한 분야에 전문화된 마트), 편의점과 함께 4대 유통채널의 하나로 손꼽힌다. 국내에서는 1997년 IMF 전후로 처음 문을 열었다.

    다이소의 CEO인 박정부 회장은 원래 유통업과는 거리가 먼 사람이었다. 공대를 나와 형광등 제조업체인 풍우실업에 11년간 근무하면서 공장장을 지낸 뒤, 1988년에 퇴사하여 '한일맨파워'라는 회사를 차렸다. 그 후 박 회장은 우연한 기회에 100엔 숍의 선두주자인 일본 다이소에 제품을 공급하게 되면서 인생의 제2막을 열게 된다.

일본 다이소의 야노 회장은 매우 괴팍한 사람이었다. 100엔짜리 제품이라도 품질이 뒤떨어지는 제품을 가져오면 눈앞에서 가차 없이 집어 던지곤 했다. 많은 업체들이 납품을 시도했지만 야노 회장의 높은 기준을 통과하지 못해 되돌아오기 일쑤였.

박정부 회장은 싸고 좋은 제품을 찾아 전 세계를 직접 발로 뛰었다. 남들은 싼 제품을 찾기 위해 중국으로만 향할 때, 박 회장은 해당 제품을 전 세계에서 가장 잘 만드는 나라를 찾아 20여 개국을 돌아다녔다. 이런 노력은 점차 빛을 발해 야노 회장의 신임을 얻게 되었고, 급기야 한일맨파워는 일본 다이소 해외 물량의 3분의 1을 공급할 정도로 성장했다.

그로부터 5년 후인 1992년, 박정부 회장은 국내로 눈을 돌린다. 당시 우리나라도 국내총생산(GDP) 1만 달러를 눈앞에 둔 상황이었기 때문에, 균일가 매장이 자리 잡을 만한 경제 규모가 되었다고 판단한 것이다. 박 회장은 '아성산업'이라는 회사를 세우고 1997년 5월 천호동에 첫 매장인 '아스코 이븐 프라자'를 열었다. 그리고 일본 다이소와 지난 5년간 거래하면서 쌓은 노하우를 하나하나 정리하기 시작했다.

당시만 하더라도 1,000원 숍이라는 개념이 생소했던 터라, 소비자들은 모든 제품이 1,000원이라는 사실에 신기해하면서도 선뜻 구매를 꺼렸다. 그러던 찰나 IMF가 터졌고, 1,000원 숍이 대호황을 맞으면서 우후죽순처럼 생겨나기 시작했다. 이때 한국에서 균일가 생활용품 시장의 성공가능성을 예감한 일본 다이소가 박정부 회장에게 합작을 제의했다. 이후 박 회장은 사명을 '다이소아성'으로 바꾸고 브랜드도 '다이소'로 바꾸며 본격적인 확장경영에 나선다.

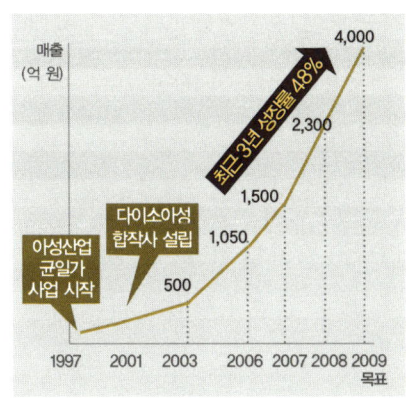

[표5] 다이소아성산업의 매출 추이

그로부터 10여 년이 흐른 지금, 그 많던 1,000원 숍들은 다이소를 제외하고 대부분 문을 닫았다. 그 이유가 무엇일까? 모두가 망할 때 다이소는 어떻게 꾸준히 성장할 수 있었을까?

저렴한 가격, 높은 품질, 제품의 다양성으로 승부하다

3년 차 주부 선영 씨는 시장에 가다가 '1,000냥 백화점'이라는 간판 앞에서 발걸음을 멈췄다. '모든 제품이 1,000원이라고? 그럼 어디 한번 들어가볼까?' 그 상점은 손톱깎이나 빗자루 같은 생활용품에서부터 플라스틱 물통, 그릇, 요리용 집게 등 주방용품까지 다양한 제품을 취급하고 있었다. 선영 씨는 싼 맛에 여러 개를 집어 들고 뿌듯한 마음으로 가게를 나왔다.

그런데 이게 웬 일? 집에 와서 막상 제품을 써보니 엉망이었다. 빗자루는 바닥을 한 번 쓸 때마다 털이 한 움큼씩 빠졌고, 물통은 뚜껑을 몇 번 열었다 닫았다 하니 금세 부러졌다. '에휴… 싼 게 다 그렇지 뭐. 내가 거길 또 가나 봐라.' 그 많던 1,000냥 백화점들은 이렇게 망해갔던 것이다.

하지만 다이소의 상품은 본질적으로 다르다. "같은 1,000원이지만 소비자들에게 그 이상의 가치를 줘야 한다!"는 박 회장의 강한 신념이 2만여 종이 넘는 제품 하나하나에 그대로 배어 있기 때문이다. 그 결과 저렴한 가격과 높은 품질, 상품의 다양성이라는 가장 중요한 차별점을 만들어낼 수 있었다.

성공 전략 1 · 어떻게 1,000원이 가능할까?

먼저 가장 주목할 만한 부분은 1,000원이라는 가격을 맞추는 비결이다. 유리컵 제조업체인 A사가 개당 1,100원짜리 제품을 만들어 납품을 의뢰하는 상황을 예로 들어보자. 보통 유통업체들은 제조업체가 제시한 가격에 이윤을 더해 판매 가격을 정한다. 하지만 다이소에서는 판매가가 이미 1,000원으로 정해져 있다. 제조업체가 제시하는 가격을 그대로 받아들일 수 없는 것이다. 다이소는 A사에게 개당 500원으로 맞춰오라는 주문을 한다.

다이소의 요구를 들은 A사는 '말도 안 되는 소리'라며 펄쩍 뛴다. 제품 원가가 1,000원이 넘는데 무슨 수로 500원짜리 제품을 만드냐며 화를 낸다. 방법을 찾기 위해 다이소는 직접 제조공장으로 찾아간다.

"당신네 공장은 현재 가동률이 80% 정도인 것 같군요. 어차피 비싼 돈 주고 산 설비인 만큼 가동률은 높을수록 좋을 겁니다. 남는 20%로 우리 제품을 만드세요. 대신 우리 제품 원가에는 직접비(재료비, 노동자 인건비 등 제품을 만드는 데 직접적으로 들어가는 비용)만 계산하는 겁니다."

A사는 '그런 계산이면 제품 원가를 800원까지는 낮출 수 있겠네'라고 생각한다. 하지만 여전히 500원을 맞추기에는 무리가 있다. 이때 다이소로부터 또 하나의 매력적인 제안이 들어온다.

"그 대신 남들이 1만 개 주문할 때 우리는 10만 개를 주문하겠습니다. 그것도 몽땅 현금으로. 앞으로 차차 알게 되겠지만, 우리는 결코 어음거래를 하지 않습니다. 한일맨파워를 통해 일본 다이소와 한국 다이소 모두에 제품을 동시 공급할 테니, 그렇게 알고 10만 개를 다음 달까지 납품해주세요."

500원에 10만 개면 5,000만 원이다. 그것도 현금거래, 일시불이다. A사와 같은 중소 제조업체에게 이런 거래는 흔치 않다. 안 그래도 현금 유동성이 딸리는 A사의 사장은 마음이 흔들린다. 하지만 그렇다고 모든 문제가 해결된 것은 아니다. 여전히 500원이라는 가격은 팔수록 밑지는 것이기에 계속 망설인다. 이때, 다이소의 박회장은 또 다른 제안을 한다.

"당신이 뭘 고민하는지 우린 잘 알고 있습니다. 제품을 좀 봅시다. 가격을 낮추는 세 번째 비결을 알려드리지요."

A사 사장이 가져온 크리스털 컵을 보며 박 회장은 이렇게 말한다.

"우리는 제품의 본질적인 기능을 중요하게 생각합니다. 일단 소비자들이 집에 가져가자마자 바로 버리는 포장을 없애주세요. 중요한 건 제품 그 자체입니다. 또 여기 표면에 무늬가 많이 들어가 있는데, 이런 부분도 제거해주세요. 물론 그렇다고 디자인을 무시하라는 건 아닙니다. 단지 과도하게 들어간 장식을 제거해달라는 말이지요. 그리고 마지막으로 같은 유리라도 좀 더 단단하면서 싼 재료가 있다면 그걸로 바꿔주세요. 크리스털 잔을 사는 소비자들이 기대하는 것은 결국 예쁘면서도 잘 깨지지 않는 제품이니까요."

A사 사장은 결국 흔쾌히 제안을 수락하고 결국 계약서에 서명을 한다. 박 회장이 일러준 대로라면 제품 단가를 450원까지 낮출 수 있다. 이제 남은 것은 제시간 내에 제품을 만드는 것뿐이다.

이 같은 방식으로 다이소는 대부분의 제품 원가를 원하는 가격에 맞출 수 있다. 하지만 다이소라고 해서 처음부터 이런 노하우가 있었던 것은 아니다. 1,000원에 제품을 팔겠다는 소비자와의 약속을 지키기 위해 지난 20년간 발로 뛴 결과 나름대로의 방식을 찾아낸 것이다.

성공 전략 2 · 검증, 또 검증, 품질을 사수하라!

하지만 단지 가격이 1,000원이라는 것만으로는 다이소 제품의 차별성을 설명할 수 없다. 소비자들에게 '싼 게 비지떡'이라는 느낌을 주지 않기 위해서는 품질을 높이려는 노력이 반드시 뒤따라야만 한다.

그 첫 번째 노하우는 '질 좋은 제품을 찾아 전 세계를 누비는 열정'이다. 소비자들이 다이소에 가서 제품을 보고 깜짝 놀라는 것 중 하나는 '메이드 인 차이나'가 생각보다 많지 않다는 것이다. 많은 기업들이 제품 단가를 낮추기 위해 제조공장을 중국으로 이전한다. 인건비가 싸기 때문이다. 하지만 다이소에서 취급하는 수입품 중에 중국산은 50%가 채 되지 않으며 나머지 제품들은 전 세계 28개국에 퍼져 있는 2,000여 개 공장에서 들여온다.

이유가 뭘까? '해당 제품을 가장 잘 만들 수 있는 나라'를 찾기 때문이다. 대나무 제품은 필리핀에서, 스테인리스는 인도에서, 접시는 브라질에서 공급받는 식이다. 각 나라별로 기후와 환경이 다르기 때문에 특정 재료의 공급과 제품 생산 비용이 다르다.

이 점을 간파한 박 회장은 한일맨파워가 일본 다이소에 제품을 공급하던 시절부터 꾸준히 해외 제조업체들을 개척해왔다. 지금도 그는 1년 중 절반 가까이를 해외에서 보내며 꾸준히 해외 업체들을 발굴하기 위해 노력을 기울이고 있다.

두 번째 노하우는 다이소 내부의 '제품 검증 프로세스'다. 다이소에 처음 들여오는 제품은 총 4단계의 검증 프로세스를 거친다. 가장 아래 부분에는 해당 카테고리를 담당하는 직원이 있고, 그 위에는 담당 팀장이, 그 위에는 17년 경력의 제품 총괄 상무가, 마지막으로는 20년 이상의 경력을 가진 박정부 회장이 있다. 매달 새롭게 추가되는 제품은 400~500개 정도인데, 이 모든 제품을 박 회장이 직접 최종 결정한다.

이처럼 4단계 검증 프로세스를 거치는 것만으로도 신제품이 실패할 확률은 거의 없다. 하지만 다이소는 자만하지 않고 여기에 하나를 더했다. 바로 소비자의 반응을 지켜보는 것이다. 실제로 담당 직원이 판단하기 어려운 제품의 경우 3~5개의 매장에서 보름간의 테스트 판매를 거친다. 테스트에서 일정 수준 이상의 소비자 반응을 이끌어낸 제품만 살아남아 다음 단계로 올라간다. 내놓는 제품마다 소비자의 뜨거운 반응을 불러일으키는 것은 바로 이러한 체계적인 노력 덕분이다.

품질을 높이는 마지막 노하우는 '제조업체가 실수를 통해 배우게 하는 것'이다. 다이소에 납품하는 제조업체는 줄잡아 수천 개. 업체가 실수를 저질렀을 때 한두 군데쯤 잘라버려도 다이소는 전혀 타격을 받지 않는다. 하지만 박 회장은 이렇게 말한다.

"한 번 실수할 때 잘 가르치면 다음에는 절대로 같은 실수를 하지 않습니다. 세상에 그렇게 좋은 공부를 했는데 왜 쳐냅니까?"

실제로 몇 년 전, 한 제조업체에서 납품한 플라스틱 물통의 뚜껑이 파손되는 하자가 발생했고, 제품을 구매해간 소비자들의 불만이 속출했다. 다이소는 홈페이지와 매장을 통해 '판매한 물통을 전부 새 것으로 교체해주겠다'는 공지를 내보냈다. 그러고는 제조업체를 찾아가 문제의 원인을 찾아보니 금형에서 미세한 오류가 발견됐다. 다이소는 업체와의 거래를 끊는 대신 금형을 교체하도록 지시했다. 감격한 해당 업체의 사장은 지금까지도 다이소와 좋은 관계를 유지하며 양질의 제품을 공급하고 있다.

성공 전략 3 · 다양성의 비밀

파격적인 가격과 기대를 뛰어넘는 품질. 이 두 가지만으로도 다이소의 제품은 충분히 강력한 힘을 지닌다. 하지만 다이소는 소비자들에게 더 높은 가치를 주기 위해 여기에 다양성이라는 가치를 추가했다. 소비자들이 쇼핑을 하면서 재미를 느낄 수 있도록 '오직 다이소에서만' 볼 수 있는 제품들을 마련한 것이다.

다이소에서 취급하는 제품은 20개 카테고리에 2만여 종이 넘는다. 이 중에는 원예용품이나 펫pet용품, 파티용품처럼 다이소가 직접 국내에 도입해 시장을 개척한 경우도 있다. 어떻게 이런 시도가 가능했을까?

바로 여기서 한일맨파워의 오랜 경험이 빛을 발했다. 오랫동안 일본 다이소에 제품을 납품해온 박 회장은 일본에서 유행한 트렌드가 평균적으로 5년 후에 우리나라에 들어온다는 것을 간파했다. 몇 년 전부터 신도시나 목동, 강남 주부들 사이에서 불고 있는 DIY(Do-It-Yourself, 가구나 인테리어 소품 등을 사용자가 직접 만들어 쓰는 것) 바람도 일본에서는 이미 2000년대 초반부터 유행했던 것이다. 또한 최근 젊은 층의 관심이 높아지고 있는 펫문화나 파티문화도 일본에서는 이미 5년 전부터 인기를 끌었다.

그렇다고 일본 트렌드를 무조건 받아들이는 것은 아니다. 다이소는 일본 트렌드 중에서 국내 실정이나 문화에 맞는 요소들을 선별한다. 그리고 그중에서 '가격 대비 높은 품질'이라는 다이소의 차별점이 가장 강력하게 부각되는 상품을 우선적으로 고른다.

예를 들어 파티용 모자의 경우 일반 팬시점에 가면 3,000~4,000원을 줘야 살 수 있다. 그런데 한 번 쓰고 버리는 종이 모자를 이 값에 사기에는 좀 아까운 생각이 든다. 이런 제품을 선별해 1,000원에 파는 것이다.

다양성을 높이기 위한 또 하나의 시도는 '수입품과 국산품 간 최적의 비율을 찾는 것'이다. 일반적으로 제품 자체에 차별화 요소가 거의 없는 일상용품들은 국내에서 조달한다. 매장에 제품이 떨어지지 않게 하는 것이 가장 중요하기 때문이다. 하지만 기발한 아이디어 상품이나 아기자기한 인테리어 소품, 특이한 향을 내는 초 등 재미 위주의 제품들은 대부분 해외에서 수입한다.

다이소는 둘 중 어느 한 쪽도 포기할 수 없었다. 수입품의 경우 소비자들에게 쇼핑의 재미를 주기 위해 반드시 필요하지만, 작년처럼 환율변동이 극심할 때는 큰 손해를 볼 수도 있다는 문제점도 있다. 다이소는 오랜 고민 끝에 국산품 대 수입품의 비율을 '6 : 4'로 결론 냈다. 이 비율을 유지할 때 가장 안정적으로 제품을 공급할 수 있다는 판단이 섰기 때문이다.

성공 전략 4 • 배려가 깃든 매장, 쇼핑이 즐거워진다

소비자들에게 쇼핑의 즐거움을 주겠다는 다이소의 철학은 매장에도 고스란히 반영되어 있다. 기존 1,000원 숍에서는 좁은 공간에 제품을 그냥 쌓아놓았기 때문에 원하는 제품을 쉽게 찾을 수 없었다. 반면, 다이소에서는 제품을 115개의 세부 카테고리로 분류하고 각 카테고리별로 판매대를 따로 구성하여 소비자의 동선을 고려했다. 그렇기 때문에 비록 1,000원짜리 제품을 파는 곳이지만 소비자들은 마치 대형마트에 온 것 같은 느낌을 받는다.

제품들이 대체로 크기가 작고 아기자기하기 때문에 매장이 어두우면 쇼핑하는 사람들의 눈이 쉽게 피곤해지기 때문이다. 소비자들에게 즐거운 쇼핑 경험을 주려고 노력하는 다이소의 세심한 배려를 엿볼 수 있다.

이런 차이를 만든 것은 다름 아닌 매장 직원들이었다. 매장 오픈 전에는 본사에서 많은 노력을 기울이지만 오픈 이후의 관리는 전적으로 점장과 매장 직원들의 몫이다. 일선에서 일하는 직원들이 아이디어를 내고 자발적으로 실행하기 때문에 이런 노력들이 쌓여서 차이점으로 드러나는 것이다.

[그림5] 다이소 매장 내부

성공 전략 5 · '독수리형 인재'가 최고의 자산

다이소 매장 직원들의 가장 큰 특징은 업무를 정말 '내 일'로 여긴다는 점이다. 행여나 손님이 찾는 제품이 없는 경우, 온갖 방법을 동원해서라도 대체품을 마련해준다. 요란한 CS(Customer Satisfaction, 고객 만족) 교육을 받지는 않았지만 늘 에너지 넘치는 목소리로 손님들을 맞이한다. 또한 매일 아침 머리를 맞대고 이번에는 무슨 이벤트로 손님들께 재미를 선사할까 고민한다.

다이소가 이렇게 열정적이고 자발적으로 일에 헌신하는 직원들을 갖게 된 것은 남다른 인력 관리 방법에 답이 있다.

대부분의 회사의 채용 공고를 보면 마치 슈퍼맨을 연상케하는 스펙을 요구한다. 토익 900점 이상, 기타 언어 우수자 우대, 좋은 학벌, 전략적 사고, 커뮤니케이션 능력 탁월, 수준급의 오피스 프로그램 능력, 기타 자격증 소지자….

다이소는 채용부터 다르다. 생각해보자. 다이소 매장에서 일하는 사람에게 가장 필요한 능력은 뭘까? 일단 주로 다루는 상품이 생활용품인 만큼 그에 대한 지식과 경험이 필요하다. 거기에 아기자기한 인테리어 감각과 깔끔함, 성실함이 더해지면 금상첨화일 것이다. 이런 역할에 가장 가까운 사람은 누구일까? 자연스럽게 '주부'가 떠오르지 않는가? 실제로 다이소의 점장은 여성이 98% 이상 차지하고 있으며 매장에서 일하는 일반 직원도 주부사원의 비율이 매우 높다.

업무에 알맞은 사람을 뽑는 것만으로 끝나는 게 아니다. 이들이 스스로의 일에 만족하고 더 노력할 수 있도록 만들어야 한다. 그러기 위해서는 성장의 기회를 주어야 한다.

다이소에서는 비록 임시직 사원이라고 하더라도 뛰어난 능력을 보이면 곧 정사원이 될 수 있다. 또 우수한 사원은 점장으로 승진할 수 있으며, 점장 중에서도 눈에 띄는 성과를 내는 직원은 여러 개의 매장을 관리하는 파트장으로 승진할 수 있다. 학벌이나 외국어 능력 같은 조건은 중요하지 않다. 오로지 업무에 필요한 능력과 성과만을 볼 뿐이다.

실제로 신촌 일대의 매장을 담당하는 서북지역 파트장은 30세 정도의 여성인데, 맨 처음 아르바이트 직원으로 다이소에 입사했지만, 꾸준히 성과를 보인 덕에 10년 만에 10개 매장을 담당하는 본사 파트장으로 승진했다. 이런 직원들의 성공 스토리는 매장에서 일하는 다른 직원들에게 큰 동기를 부여한다. 열심히 일한 만큼 인정해주는데 어느 직원이 열심히 하지 않겠는가?

이렇게 점장이 된 직원들은 자연스럽게 주인의식에 불타오른다. 정말 '내 가게'처럼 일할 수 있는 조건이 갖춰져 있기 때문이다. 실제로 매장 인테리어와 상품 진열에서부터 직원 교육, 상품 주문 및 재고 관리, 매출 관리까지 모두 점장의 몫이다. 높은 수준의 권한과 책임, 자신의 창의성을 마음껏 발휘하고 실제로 실행에 옮길 수 있는 시스템, 목표 매출을 달성했을 때 초과 수익의 일부를 받게 되는 인센티브 제도 등을 통해 점장은 스스로 고민하고 성장한다.

이 방식은 또한 본사의 매장 관리 비용을 절감시켜준다는 장점이 있다. 전국 720개 매장을 일일이 본사에서 통제하고 관리하려면 그 비용이 만만치 않기 때문이다. 다이소는 자율적인 통제와 권한위임을 통해 이 문제에 영리하게 대처하고 있다.

하지만 단점 역시 존재한다. 점장 개인의 능력에 따라 매장 간 매출이나 관리 상태가 천차만별인 것이다. 특히 균일가 사업의 특성상 소비자들은 걸어서 갈 수 있는 거리에 있는 매장을 주로 찾는다. 1,000원짜리 제품을 사려고 차를 타고 멀리까지 가는 경우는 거의 없기 때문이다. 따라서 소비자들에게는 자신의 동네에 있는 매장이 '다이소의 전부'로 인식되기 쉽다. 그래서 다이소 매장 간 편차를 줄이는 것이 시급한 문제인 것이다.

이를 해결하기 위해 다이소는 매달 점장들의 노하우를 공유하는 모임인 '하나데이Hana Day'를 만들었다. 전국 720개 매장의 점장들은 한 달에 한 번 경기도 기흥에 있는 다이소 본사에 모두 모여, 매번 '이달의 베스트 매장' 3곳을 선정하고 해당 점장의 노하우를 배운다.

재미있는 것은 베스트 매장의 선정 기준이다. 단지 매출이 높은 매장이 아니라, 스스로 문제를 찾은 다음 직원들과 머리를 맞대 해결책을 찾아 실행한 뒤 성과를 보인 매장을 선정하는 것이다. 이 때문에 입지나 규모 등 외형적인 조건이 취약한 매장도 베스트에 선정될 수 있다. 이것은 또 다른 동기부여가 된다. 그리고 나머지 점장들은 자신의 매장에서 비슷한 문제가 발생했을 때 베스트 매장의 해결책을 벤치마킹 할 수도 있다.

직원에는 두 종류가 있다. 하나는 높이 날아 스스로 먹이를 찾는 독수리형이고, 다른 하나는 먹이를 줄 때까지 꽥꽥거리며 기다리는 오리형이다.

다이소는 직원들을 '독수리'로 만든다. 해당 업무에 알맞은 직원을 뽑고, 모두에게 평등한 성장의 기회를 주며, 높은 수준의 권한과 책임을 통해 스스로 고민하며 성장하게 한다. 또한 이 과정에서 발생하는 문제를 해결하기 위해 동료 간의 긍정적인 경쟁을 유도한다. 이처럼 보이지 않는 많은 노력들이 오랜 기간 쌓여 다이소의 문화가 되고, 다이소를 찾는 소비자들 또한 행복한 쇼핑 경험을 얻을 수 있게 된다.

성공 전략 6 • 효율성 100%의 물류 시스템

가격 대비 뛰어난 품질력을 갖춘 제품과 주인의식에 불타는 친절한 직원들이 만든 밝고 쾌적한 매장은, 지금의 다이소를 이룬 원동력이었다. 하지만 다이소는 유통회사다. 아무리 제품과 서비스가 좋다 하더라도 소비자가 원하는 제품이 원하는 장소에 있지 않으면 아무런 의미가 없다.

이러한 문제를 예방하기 위해 다이소는 장기적인 관점을 가지고 일찍부터 시스템에 투자해왔다. 2004년에는 매장과 물류센터를 연결하는 전사적 자원관리(ERP, Enterprise Resource Planning) 시스템을 직접 개발했다. 매장에서 바닥난 상품을 일방적으로 주문하던 과거에는 본사에 재고가 없는 경우 배송 자체가 불가능했다. 하지만 시스템 도입 후 상품 주문 시 본사의 재고 물량을 한눈에 확인할 수 있고, 재고가 없는 경우 대체품을 주문할 수 있게 되었다.

[그림6] 다이소의 물류센터

 이후 점차 상품과 매장이 늘어나자, 2007년에는 물류 창고의 업무 효율성을 높이기 위해 디지털 피킹 시스템(DPS, Digital Picking System)을 도입했다. 일반적으로 다이소처럼 많은 종류의 상품을 취급하는 유통업의 경우, 물류 작업은 기계보다 사람이 직접 하는 것이 더욱 효율적이다. 그러나 예상과 달리 다이소의 DPS는 이 작업의 효율성을 극적으로 높였다. 기존에 장부를 들고 다니면서 맞는 번호를 찾아 상품을 꺼내던 방식에서, 별도의 장부 없이 빨간 불이 들어오는 곳의 상품을 꺼내는 방식으로 바뀌었기 때문이다. 이 시스템으로 인해 업무 효율성은 133%나 높아졌으며, 신입직원들은 별도의 교육 없이도 쉽게 업무에 적응할 수 있게 되었다.
 여기서 더 나아가 올해 안으로 배송중인 차량의 위치를 추적하는 운송관리시스템(TMS, Transportation Management System)과, 창고 재고 현황을 납품업체에게 실시간으로 보여주고 상품 재고가 하루 판매 분만 남았을 때 자동적으로 상품을 공급받는 공급망관리(SCM,

Supply Chain Management)도 실시할 예정이다.

소비자에게 최고의 가치를 선사하겠다는 열정

초저가 상품을 만들어내는 노하우와 품질경쟁력을 확보하기 위한 노력, 다양한 제품과 살아 움직이는 매장, 주인의식이 넘치는 직원들. 이 모든 것을 통해 소비자에게 최상의 쇼핑 경험을 제공하는 다이소의 사례에서 소비자들에게 최고의 가치를 주기 위해 모든 면에서 노력하는 한 기업의 열정과 철학을 엿볼 수 있다.

독일에는 맥주, 프랑스에는 와인, 일본에는 사케가 있다. 그렇다면 한국의 술은? 바로 막걸리다. 여기 우리 전통주의 부활을 외치며 한국을 대표하는 술을 만들겠다는 올곧은 고집 하나로 한길을 걸어온 기업이 있다. 바로 국순당이다. 누구도 관심 갖지 않던 우리 술에 대한 고집, 국순당의 성공신화와 위기, 그리고 제2의 전성기를 맞게 된 국순당의 다양한 한계 극복 전략과 성공 요인을 다각도로 파헤쳐본다.

CHAPTER 4

약주의 부흥, 백세주 신화를 일군 국순당의 비밀

최첨단 설비와 게릴라 마케팅으로 전통주 시장의 한계 극복

국순당 국순당

업종 전통주류 제조업, 외식사업
설립 1992년(1983년 설립된 '배한산업'이 전신)
대표자 배중호
매출액 922억 원(2010년 기준)
직원 수 242명(2000년 상장)
업적
- 전통주 시장의 70% 점유
- 생쌀발효법, 술지게미 증류식 소주 제조기술, 막걸리 발효 제어기술 등 12개의 발효 및 세소 관련 특허기술 획득

기업 인사이트
- 가치관을 정립해 직원들과 사명감을 공유하라.
- 후발 주자로서의 독자적인 기술, 마케팅, 유통망을 개척하라.
- 위기에도 좌절하지 말고 끊임없이 미래를 대비하라.

국순당

막걸리 열풍의 뒤에는 국순당이 있었다

 2009년에 삼성경제연구소가 발표한 '한 해 동안 소비자에게 가장 사랑 받은 10대 히트 상품'에 막걸리가 1위로 선정됐다. '값싸고 몸에 좋은' 우리 술 막걸리의 국내시장은 2010년 5,500억 원 규모로 전년 대비 무려 30% 이상 성장했다. 국세청이 발표한 '2010년 주류 출구 동향'에 따르면, 지난해 막걸리는 전년 대비 58.1% 늘어난 41만 2,000킬로리터가 출고됐다. 지난 1994년 막걸리 점유율 10.26%를 기록한 뒤 16년 만에 다시 10%를 넘어선 것이다. 농식품부에 따르면, 국내 막걸리 시장규모는 2008년 3,000억 원 규모에서 2009년 4,200억 원으로 40% 가량 성장했으며 오는 2012년에는 무려 1조 원대 시장이 형성될 것으로 예상되고 있다. 세계 경기이 불황을 감안하면, 그야말로 '막걸리 대열풍'인 셈이다.

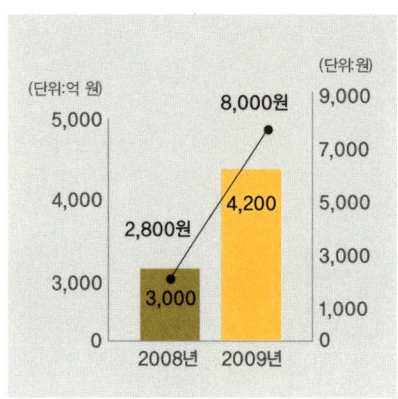
[표6] 막걸리 시장 규모와 국순당 주가

이러한 막걸리 열풍의 수혜자는 단연 막걸리 제조업체들이다. 그런데 특이한 점이 있다. 막걸리 시장점유율이 10%도 채 되지 않는 국순당이, 서울막걸리·이동막걸리 등 대표적인 막걸리 제조업체들보다 더 큰 수혜주로 평가받고 있다는 것이다.

국순당 하면 '백세주'를 먼저 떠올리는 사람들이 많겠지만, 실제로 국순당의 주가는 막걸리 열풍에 힘입어 연일 최고기록을 갱신하며 호조를 보이고 있다. 2011년 7,750원으로 마감됐는데, 이것은 꽤 높은 수치다. 놀라운 사실은 이 수치가 국순당의 주가가 3만 원 가까이 올랐던 2003년에 비하면 4분의 1 수준에 불과하다는 것이다.

대를 이은 전통주 사랑, 국순당의 뿌리가 되다

국순당의 시작은 60년 평생을 전통주 연구에 바친 창업주 배상면 회장 시절로 거슬러 올라간다. 1952년에 처음 주조업에 종사하기 시작한 그는 5,000년 역사 동안 600여 종이나 되던 우리 고유의 술이 거의 다 사라지고 겨우 명맥만 유지하고 있는 현실에 개탄했다. 배 회장은 자신이라도 전통주를 지켜야겠다는 생각으로 1970년 한국 미생물 공업연구소를 세워 누룩을 연구, 제조하기 시작했다. 그 후 1973년에는 '탁·약주 연구소'를, 1983년에는 '배한산업'을 설립해 본격적으로 전통주 사업에 뛰어들었다. 이것이 바로 국순당의 전신이라 할 수 있다.

배 회장은 자신의 호를 '누룩'의 한자어인 '우곡又麴'으로 지을 만큼 우리 술을 사랑했으며, 자녀들 역시 배상면 회장의 전통주 사랑을 이어받아 전통주 업계에 종사하고 있다. 국순당과 배상면주가는 이들 형제가 각각 운영하는 회사다. 국순당은 장남인 배중호 대표가, 배상면주가는 차남인 배영호 대표가 맡고 있으며, 장녀 배혜정 대표는 배혜정도가를 운영하고 있다. 동종업계에서 경쟁구도를 펼치면서도 삼남매가 '같은 길을 간다'는 자부심을 동시에 가지고 있는 셈이다.

배중호 대표가 처음부터 가업을 이어받을 생각은 아니었다. 술 산업에 대한 부정적인 인식을 갖고 있었을 뿐더러, '왜 이 일을 해야 하는가'란 근본적인 질문에 대해 스스로 답을 찾지 못했기 때문이다. 배 대표는 단순히 선친의 뜻에 따라 가업을 이어받는 것 이상의 가치를 찾기 위해 노력했고, 고민 끝에 '몸에 좋은 우리 술을 만들자'라는 가치관을 탄생시켰다. 그는 무엇보다 이러한 가치관이 직원들에게 공유될 수 있도록 노력했다.

배 대표는 먼저 '좋은 누룩과 술을 빚는 집'이란 의미를 갖는 '국순당'으로 상호를 변경하고, 직원들의 아이디어를 모아 미션 헌장을 만들었다. 전 직원에게 개량 한복을 유니폼으로 입도록 한 뒤, 직접 가치관 교육에 나섰다. 그 결과 사라져가는 우리 고유의 술을 지켜내겠다는 사명감은 직원들에게도 뿌리 깊게 자리 잡게 되었다.

술이 가져다주는 해악을 줄이고 '몸에 좋은' 술을 만들겠다는 노력은 현재까지도 쭉 이어져, 국순당은 20도 이하의 저도주만 생산하고 있다.

한계 극복 전략 1 · 한국 최고의 주류 기술을 갖다

이렇듯 남다른 자부심으로 만들어낸 술 '백세주'가 바로 오늘날의 국순당을 만든 주인공이다. 물론 쉬운 과정은 아니었다. 백세주는 고古문서에서 발견한 주조법으로 한약재를 우려 빚은 전통 약주였는데, 국순당은 이 술로 우리 술의 중흥을 꿈꿨지만 당시의 전통주 시장은 너무도 열악했다. 대부분 소규모 양조장 단위로 제품이 생산됐고, 공급구역 제한 등 관련 법규도 엄격해 전통주의 보급과 대중화가 가로막혀 있었기 때문이다. 뿐만 아니라 전통주는 소비자들에게 '머리 아프고 저급한 술, 차례 지낼 때나 쓰는 술'로 인식되며 외면받았던 것이 현실이다. 국순당은 이 모든 것을 뛰어넘기 위해 '전통을 오늘에 맞게'란 캐치프레이즈를 내세우고 차별화된 전략으로 전통주 시장의 틀을 바꿔가기 시작했다.

배 회장이 가장 먼저 시작한 일은 기술 개발이었다. '전통주를 만드는 데 무슨 기술이 필요해?'라고 생각한다면 큰 오산이다. 국순당의 모태가 누룩 연구소이며 창업주와 현 대표 모두 연구소 출신이라는 사실만 봐도, 국순당이 연구개발에 절대적인 투자를 한다는 것을 알 수 있다.

배상면 회장은 조선시대에 어숙권이 기록한 《고사찰요》를 읽다가 '생쌀을 발효시킨 술, 백하주'의 주조법을 우연히 발견했는데, 이후 그에 따라 술을 빚어내기까지 수만 번의 실패를 맛봐야 했다. 보통 전통주는 쌀로 밥을 지어 누룩을 넣고 발효시키는 '발효주'인데, 백하주처럼 생쌀을 발효시키기 위해선 특별한 '누룩 곰팡이'가 필요했던 것이다. 이곳의 연구원들은 각고의 노력 끝에 '라이조 푸스 균'을 발견했고, 생쌀 발효 기술을 완성해 1982년에 특허를 취득했다. 이 생쌀 발효법은 영양소 파괴가 적어 맛도 좋고, 생산 시간을 단축할 수 있어 비용 절감 효과가 클 뿐 아니라 친환경적인 기술이다.

이런 생쌀 발효 기술을 이용해 탄생한 술이 바로 백세주다. 특히 백세주는 12가지의 한약재를 넣고 발효시킨 13도의 저도주로 몸에 좋으면서 쓰지 않은 약주다. 출시 후 백세주는 전통주 시장 전체의 70% 이상을 차지할 정도로 소비자에게 큰 사랑을 받았으며, 2004년 항암효과가 있다는 연구결과까지 발표된 명주다. 이는 국순당의 뛰어난 기술력이 뒷받침되어 있었기에 가능한 일이었다.

이외에도 국순당은 현재까지 12개의 특허기술을 획득하고 2000년에는 벤처인증을 받았으며, 현재 전체 직원의 10%에 해당하는 20명의 석·박사급 연구인력이 전통주 연구에 매진하고 있다.

한계 극복 전략 2 • 생산 및 물류관리는 첨단 자동화 시스템으로

그러나 뛰어난 기술로 좋은 술을 만드는 것만으로는 부족했다. 아무리 좋은 술이라 하더라도 소규모 양조장 수준의 열악한 시설에서는 제대로 된 술을 동일한 품질로 생산해내기 힘들기 때문이다.

국순당은 2003년에 강원도 횡성에 하루에 77만 병, 연간 2억 병 이상 생산할 수 있는 대규모 공장을 짓고 지하 35m에서 끌어올린 천연 암반수로 술을 빚기 시작했다. 무엇보다 '담금-발효-압착-숙성-여과-병입' 등의 전 제조과정을 터치스크린 모니터로 제어할 수 있는 첨단 자동화 시스템을 갖추며 전통주 생산의 현대화를 이뤄냈다.

국순당은 생산뿐 아니라 판매 및 물류 관리도 체계적인 시스템을 갖추기 위해 노력했다. 2002년에는 경영정보시스템(MIS)을 도입해, 영업직원들이 PDA를 활용해 실시간으로 주문을 관리할 수 있도록 했다. 또 해마다 2억 원 이상을 기업 IT 인프라 구축에 투자하고, 2006년에는 매출액의 5%인 37억 6,000만 원을 프로세스 혁신(PI : Process Innovation)과 전사적 자원관리시스템 구축을 위해 과감히 투자하기도 했다.

맥주나 소주를 만드는 일반 주류 기업들은 이미 오래 전에 마련한 시스템이었다 해도, 전통주 시장에서 국순당의 체질 개선 노력은 그야말로 '틀을 깨는' 혁신이었던 셈이다.

한계 극복 전략 3 • 규제를 없애는 유통 구조

좋은 제품을 개발하고 생산했지만, 막상 제품을 팔 곳이 없다면 얼마나 곤란할까? 처음 국순당의 상황이 딱 그랬다. '탁·약주 공급구역 제한제도' 때문에 주조 공장 외에서는 판매를 할 수 없었고, 당연히 전국적인 유통이 불가능했던 것이다.

아무리 좋은 술을 만들어도 공장이 위치한 강원도 내에서만 판매해야 한다면 지방의 군소 주류업체로 남을 수밖에 없는 상황이었다. 국순당은 당장 손해를 보더라도 '악법을 바꾼 후 다시 도전하겠다'는 각오로 1990년부터 '탁·약주 공급구역 제한제도 철폐운동'을 벌였다. 자유경쟁을 두려워한 기존 주류업체의 반발도 있었지만, 결국 국순당의 끊임없는 노력 끝에 1994년에 약주 공급구역 제한이 폐지되었고, 1995년에는 탁주 공급구역 제한도 폐지되었다.

그러나 문제는 거기에서 그치지 않았다. 당시에는 제도상으로 종합주류 도매면허를 가진 사람만이 독점적으로 술을 판매할 수 있었는데, 기존 도매상들이 국순당이라는 낯선 기업의 새로운 술을 팔려고 하지 않았던 것이다. 이번에도 국순당은 규제를 철폐하기 위해 정공법을 시도했고, 그 결과 '특정 주류 도매 면허제도'가 신설되었다. 결국 국순당은 자신들의 제품만 판매하는 직영 도매점을 낼 수 있었고, 이후 국순당의 비전에 공감하는 사업자들이 하나둘 늘어나 어느덧 75개의 직영 도매점을 낼 수 있게 되었다.

한계 극복 전략 4 · '동에 번쩍 서에 번쩍' 게릴라 마케팅

술의 최종 소비자는 결국 사람이다. 아무리 좋은 술도 소비자가 찾지 않으면 사라지기 때문에, 무엇보다 소비자에게 제품을 알리는 것이 중요했다. 소주와 맥주가 90% 이상을 장악한 기존 주류시장에서 국순당이 여느 메이저 주류업체들처럼 '물량 공세'를 펼칠 수는 없었다. 대신 백세주의 '약주' 이미지를 소비자에게 각인시키기 위해 '정성 공세'를 펼쳤다.

 국순당 직원들은 제품을 업소에 납품하기 위해 영업 상담에서부터 청소, 설거지 등 궂은일도 마다 않고 도왔다. 각종 박람회에서 판촉활동을 벌이는 것은 물론, 새로운 술을 맛볼 의향과 여유가 있는 서울 외곽지역 음식점들 위주로 시음회를 열며 소비자에게 다가갔다. 직원들 스스로 '좋은 술 백세주'에 대한 확신이 있었기에 기꺼이 발품을 팔았던 것이다.

 그렇게 직접 고객과 접하는 영업직원들의 아이디어에서 시작된 것이 바로 '차림표 마케팅'이다. 제대로 된 차림표가 없는 식당이 생각보다 많은 것을 알고, 국순당에서 이를 직접 제작해주며 광고를 싣기 시작한 것이다. 제작비용도 만만치 않았고 업소마다 개별적으로 제작해줘야 하는 번거로운 작업이었지만, 고객의 니즈를 맞춰주는 획기적인 마케팅 방법이었다. 이것은 평소 개별업소와 긴밀한 관계를 형성해왔기에 가능한 일이었다. 차림표 마케팅을 시작하자 국순당의 매출은 그야말로 폭발적으로 증가했다. 차림표 마케팅은 현재도 자체 제작팀을 꾸려 운영할 정도로 활발하

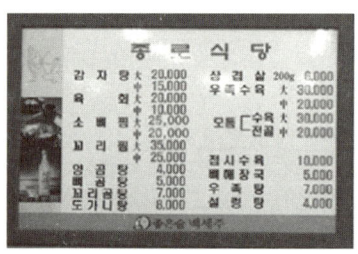
[그림7] 국순당이 직접 제작해준 한 영업점의 차림표

게 이루어지고 있다.

광고도 여성 톱스타를 전면에 내세우는 다른 주류업체와 차별화했다. 광고에 스토리를 입혀 '백세주 이야기'를 소개하거나, 한창 보신탕 논란이 있을 때 '보신탕, 떳떳이 먹읍시다'라는 다소 도발적인 문구를 넣어 이목을 끌기도 했다.

위기에 좌절 않고 '전통주 부흥' 위한 플러스알파를 찾다

이처럼 온 직원들이 정성을 다한 덕에 백세주는 그야말로 공전의 히트를 기록하게 된다. 1998년 1,000만 병을 판매했고 4년 만에 7,000만 병을 더 팔았다. 계산해보면 하루 5만 병씩 팔린 셈이다. 매년 각종 기관이 선정한 히트 상품에 뽑히고, 2000년 코스닥에 상장되며 전통주 시장의 95%를 차지하기도 했다.

그러나 승승장구를 이어가던 국순당 백세주의 성공신화는 꼭 10년 만에 하락세로 돌아서게 된다. 2003년에 1,300억 원의 매출 정점을 찍고는 2008년까지 5년 연속 가파른 하락세를 기록하며 500억 원 대로 추락했다. 이처럼 매출이 5년 만에 3분의 1 수준으로 하락하면서 국순당은 절체절명의 위기에 직면하게 된다. 그렇다면 이 위기에 국순당은 어떻게 대응했을까? 전통주의 인기가 떨어졌으니, 뛰어난 기술력을 바탕으로 다른 주류 제품 개발에 나섰을까?

국순당의 선택은 달랐다. 처음부터 '우리나라를 대표하는 술을 만들겠다'는 가치로 뭉친 기업이기 때문이다. 전통주 시장이 완성되지 않았다는 것을 근본적인 원인으로 꼽으며, '전통주 시장의 부흥'을 위해 한 걸음 더 나아가기로 한 것이다.

대한주류공업협회의 통계에 따르면, 2003년 전체 6조 1,000억 원의 주류시장 규모에서 전통주 시장은 3,600억 원 규모였고, 그중 백세주가 이끄는 약주 시장은 1,500억 원 규모였다. 그러나 2008년 8조 6,000억 원의 전체 시장 중 전통주 시장은 3,000억 원, 약주 시장은 고작 740억 원 규모로 축소됐다.

이렇듯 백세주는 그야말로 '전통주의 부활'이란 가치와 틀을 깨는 혁신적인 노력으로 전통주 시장을 확대시킨 일등 공신이었다. 그러나 소비자에게 인식된 백세주는 '전통주'라기보단 '몸에 좋은 술', '비싼 술', '순한 술'의 이미지였다. 이렇듯 '전통주'로 확실히 구분되지 못하다 보니 소주와 맥주 같은 메이저 주류 제품과의 경쟁에서 일종의 프리미엄 없이 경쟁해야 했고, 시간이 흐를수록 새로운 술이라는 신선함도 떨어져 경쟁력을 잃고 만 것이다.

게다가 소주의 저도화는 그야말로 국순당에 직격탄이 되었다. 2006년 최초로 20도 소주가 출시된 이후, 현재 16.8도까지 떨어져 13도인 백세주와 큰 차이가 나지 않게 되었다. '소주가 1도 내려갈 때마다 국순당의 매출이 200억 원씩 떨어졌다'는 루머가 나돌 만큼, '순한 술' 백세주는 설 자리를 점점 잃어갔다. 게다가 2000년대 중반부터 '고급 술'인 와인의 인기가 확산되면서 백세주는 '비싸고 좋은 술'로서의 메리트도 잃게 되었다.

이처럼 국순당의 위기가 백세주의 매출 부진만이 아닌, 전통주 시장의 침체에서 비롯된 것이라는 주장에 설득력을 더해주는 결과가 바로 경쟁사의 매출 추이다. '산사춘' 등의 인기로 국순당의 뒤를 이어 전통주 업계 2위를 유지해온 배상면주가는 2008년 당시, 2004년 최고 매출액의 절반 수준에도 미치지 못하는 202억 원의 매출을 올리는 데 그쳤다. 국순당 못지않게 다양한 제품과 마케팅을 펼쳤지만, 하락세를 반전시키지는 못했다. 전통주 업계 1, 2위인 국순당과 배상면주가의 시장점유율이 비슷하게 유지되었다는 점에서, 국순당의 위기는 시장 자체의 축소와 그 운명을 같이했다고 할 수 있다.

위기 극복 전략 1 · 한국인의 심장에 전통주 사랑을 키우다

그러나 국순당은 좌절하지 않았다. 우선 '전통주 부활'이란 가치를 소비자들에게 알리는 작업부터 시작했다. 그 일환으로 전통주 강좌인 '신토불이 전통주 만들기' 과정을 국내 최초로 개최했고, 국순당 공장을 무료로 개방하여 제조 과정을 전부 보여주고 시음회를 여는 등 다양한 서비스로 소비자에게 다가서기 위해 노력했다. 그 결과, 국순당의 견학 프로그램은 공장이 강원도 횡성에 위치했음에도 불구하고 매달 300여 명 이상이 방문을 하는 등 큰 인기를 누리고 있다.

이뿐 아니다. 사람들이 알아주지 않는다 해도, 혹은 당장 큰돈이 되지 않는다 하더라도 전통주를 이어가겠다는 국순당의 사명감과도 같은 고집은 '전통주 복원 프로젝트'를 낳았다. 과거 600여 종에 달

[그림8] 국순당이 운영하는 전통주 주점 백세주 마을

했던 전통주를 복원해내기 위해 최고의 기술진들이 팔을 걷어붙이고 나선 것이다. '뜨겁지도 차갑지도 않은 데,' '물 한 바가지' 등 애매모호한 표현 투성이인 고문서 주조법과 씨름해야 했기 때문에, 전통주 하나를 복원하는 데 수십 차례의 실패를 거듭하여 2~3개월씩 걸리곤 했다. 그러나 인내심을 갖고 연구를 계속한 결과 2011년 현재까지 '창포주', '이화주,' '동정춘' 등 총 12종의 전통주를 복원해내는 데 성공했다.

또 전통주와 궁합이 잘 맞는 음식들을 함께 파는 '백세주 마을'이라는 주점을 2002년부터 운영하기 시작했다. 본사 직영점이기 때문에 현재 11개 지점에 불과하지만, 백세주는 물론 국순당이 복원해낸 전통주를 마음껏 마실 수 있어 인기를 끌고 있다. 2009년에는 국순당 전체 매출의 약 5%에 달하는 26억 원의 수익을 올리기도 했다.

위기 극복 전략 2 · 소비자의 니즈에 맞춰 다양한 술맛을 제공하다

전통주 시장의 틀을 깨는 전략의 일환으로 국순당은 소비자의 입맛에 맞춘 다양한 술을 내놓는 데 더욱 노력을 기했다. 이전까지 국순당은 공급자의 입장에서 좋은 술을 내놓으면 시장에서도 통할 것이란 생각으로 제품을 개발했다. 이런 관점에서 백세주의 뒤를 이을 제품으로 출시한 것이 '삼겹살에 메밀 한 잔,' '별' 등이었지만 소비자에게는 크게 어필하지 못했고, 두 제품 모두 품질이 매우 뛰어남에도 불구하고 결국 시장에서 참패했다.

대표와 연구진들은 스스로 시장에 대한 '오만'을 깨닫고 겸손한 자세로 소비자가 원하는 제품을 찾기 위해 눈을 돌리기 시작했고, 시장 트렌드 조사를 위해 마케팅팀의 정기 조사 외에 특별 프로젝트팀을 운영했다. 이 팀은 배 대표가 팀장이 되어 신우창 현 연구소 소장 외 한 명의 팀원과 함께 직접 전국으로 술을 마시러 다니며 술 시장을 몸소 체험하는 것이 주된 업무였는데, 막걸리 열풍이 불기 전 그 인기를 예감하고 제품 개발을 의뢰한 것도 이들의 공이었다.

연구소는 이들과 늘 긴밀한 커뮤니케이션을 하며 시장 트렌드에 맞춘 제품을 개발했다. 그 결과 매년 30여 종의 제품군을 확보해 다양한 제품을 출시할 수 있었다. 국순당은 고가의 막걸리인 이화주(750ml, 8만 원)부터 일반 막걸리, 백세주류, 과실주인 명작 시리즈 외 차례주까지 다양한 제품을 소비자에게 선보였다. 그리고 드디어, 대망의 막걸리 열풍을 맞게 된다.

기회는 준비된 자의 몫! 막걸리 열풍으로 기회를 잡다

국순당이 2008년 말부터 불기 시작한 막걸리 열풍의 중심에 설 수 있었던 비결은 사실 특별한 게 없다. '미리 준비돼 있었기 때문'이다. 특별 프로젝트팀의 의뢰로 연구진은 막걸리 열풍이 불기 훨씬 전부터 기존 막걸리의 한계를 뛰어넘는 기술 개발에 힘썼다. 유산균이 살아 있는 생 막걸리는 유통기한이 1주일밖에 되지 않고, 살균 막걸리는 유통기한이 긴 반면 톡 쏘는 청량감이 없다.

국순당은 이 문제를 해결하기 위해 연구를 거듭했고, 2008년 발효 제어 억제 기술을 개발해 특허를 받았다. 외부 공기와의 접촉을 막아 부패를 방지하고 효모의 활성을 조절해 생 막걸리의 유통기한을 30일로 늘린 것이다. 이 획기적인 기술을 통해 막걸리를 전국적으로 유통할 수 있게 되었으며, 이 기술을 이용해 만든 제품이 2010년 4월 말에 출시된 '국순당 생 막걸리'다.

이 제품은 〈한국경제신문〉의 소비자 조사에서 막걸리 1, 2위를 다투는 장수 막걸리와 이동 생 막걸리를 제치고 1위를 할 정도로 '맛'을 인정받은 제품인데, 탁주업계 최초로 냉장 유통을 시도하고 TV 광고까지 해가며 기존 막걸리 제품과의 차별성을 부각시켰다. 그 결과 출시 100일 만에 100만 병, 250일 만에 1,000만 병이 판매되었다. 20011년 1분기에만 100억 원 어치의 막걸리 판매 수익을 올렸으니, 막걸리는 그야말로 국순당의 재도약을 이끈 특급 효자상품이 된 셈이다.

한국을 대표하는 '우리 술'을
세계에 알리고 싶다는 포부

그러나 막걸리 열풍은 또 언제 식을지 모른다. 소비자의 입맛은 쉽게 변할 뿐더러, 막걸리는 쉽게 배가 부르기 때문에 안주를 덜 먹게 한다는 업소들의 불만도 무시할 수만은 없는 실정이다.

게다가 막걸리 시장에 진로, CJ 같은 대기업들이 속속 진출하며 경쟁이 가속화되고 있는 상황에서 국순당은 또 다른 도약을 준비해야 한다. 또한 품질 면에서 독보적인 리딩 브랜드의 입지를 더욱 단단히 굳힐 필요도 있다. 무엇보다 우리나라를 대표하는 우리 술을 만들고, 이를 널리 알리겠다는 사명을 세계 시장에서까지 달성할 수 있도록 노력해야 할 것이다.

국순당이 앞으로 걸어가야 할 길은 멀다. 그러나 치열한 시장 경쟁 속에서도 배중호 사장은 자신의 신념만을 말한다. 오히려 대기업들이 전통주 시장에 들어와 시장 자체가 커질 수 있어 기쁘다고. 이런 기회를 놓치지 말고 우리 술의 품질도 향상시켜 세계에 널리 알려야 한다고.

국순당의 직원들은 오늘도 '대한민국 전통주 공무원'이란 자부심으로 묵묵히 전통주를 연구한다. 전통주를 대하는 이들의 진중하고 담대한 모습에서 국순당의 저력을 확인할 수 있다.

'부엌' 하면 먼저 떠오르는 이미지는 무엇인가? 아마 대부분 식사를 준비하거나 설거지를 하며 고무장갑을 낀 손으로 이마의 땀을 닦아내는 주부의 모습이 떠오를 것이다. 부엌은 주부들이 힘들게 일하는 공간이라는 이미지가 크다. 그런데 부엌을 가고 싶고, 머무르고 싶은 곳으로 만드는 기업이 있다. 바로 부엌가구의 대명사, 한샘이다. 1986년부터 지금까지 26년 동안 단 한 번도 부엌가구 및 인테리어 업계 1위를 내주지 않은 한샘. 그 지속적인 성공의 원동력은 무엇일까?

CHAPTER 5

26년간 부엌가구 시장
부동의 1위, 한샘

한발 앞선 공략과 즉각적 니즈 반영으로 시장 선두 차지

┣┉┉┣ 한샘
HANSSEM

업종 부엌가구 및 인테리어
설립 1970년
대표자 최양하 회장(창업자는 조창걸 현 명예회장)
매출액 5,970억 원(2010년 기준)
직원 수 1,135명
업적
- 26년간 국내 부엌가구 시장 1위
- 10년간 인테리어 가구 시장 1위

기업 인사이드
- 철저하게 준비된 역량으로 시장을 확대하라.
- 1등 업체의 자부심은 갖되 자만심을 버려라.
- 0.2초 빨리 실행하여 큰 차이를 만들어라.

사그라들 줄 모르는
한샘의 인기

부엌가구를 비롯한 인테리어 가구 전문회사 한샘은 최근 들어 무서운 성장세를 보이고 있다. 2009년 업계 최초로 매출 5,000억 원을 돌파하더니 2010년에는 6,000억 원에 가까운 매출을 올렸다. 2, 3위 업체들의 매출이 3,000억 원대인 것과 비교하면 2배 가까운 차이가 나는 셈이다. 그야말로 압도적인 업계 1위다.

매출뿐만 아니라 브랜드 이미지 면에서도 마찬가지다. 브랜드 가치 평가 전문기관인 브랜드스탁BrandStock은 국내 부엌가구 업계에서 한샘이 브랜드 평가지수(BSTI, BrandStock Top Index) 800점으로 1위에 올랐다고 발표했다. 2위 리바트리첸이 679점인 것에 비하면 압도적이다. 부엌가구 업계 26년 연속 1위, 인테리어 가구 업계 10년 연속 1위를 유지해온 한샘. 그 비결이 무엇일까?

시장을 미리 내다보고 준비해 기회를 잡는다

1970년대는 한국인의 주거생활이 급변하던 시대였고, 서구식 주택과 함께 지금의 입식 부엌이 보급되기 시작했다. 입식 부엌의 등장은 아궁이에서 밥을 짓고 우물에서 설거지를 하던 주부들의 생산성을 끌어올린 일종의 산업혁명이나 다름없었다.

그러다 보니 자연히 부엌을 만드는 회사들이 하나둘 늘어났다. 시장 수요는 많고, 오리표를 필두로 원앙표·백조표·백곰표·거북표 등 350개 업체들이 경쟁하는 형국이었다. 이 업체의 이름들을 보면 공통점이 하나 있는데, 모두 물과 관련된 동물로 지어졌다는 사실이다. 싱크대가 물을 끌어오고 배수하는 기능을 가진 제품이라 물과 관련된 동물을 따서 이름을 짓는 것이 유행이었던 것이다.

폭발적으로 성장하고 있는 부엌가구 시장에 한샘도 발을 들였다. 그러나 이들은 경쟁사와 조금 다르게 접근했다. 싱크대가 아니라 싱크대를 둘러싸고 있는 수납장에 주목한 것이다. 건축 설계사 출신의 창업자 조창걸 명예회장은 부엌도 하나의 공간이며 싱크대는 그 공간 속에 있는 하나의 아이템에 불과하다고 생각했다. 앞으로는 싱크대가 아니라 수납장과 싱크대의 조화가 더 중요해질 것이라고 여긴 것이다.

그러던 중 기회가 찾아왔다. 1970년대 중반부터 강남을 비롯해 아파트 건설 붐이 일기 시작했고, 거기에 빌트인(built-in, 붙박이)으로 들어가는 부엌가구에 대한 수요가 대량으로 발생한 것이다. 이미 부엌 설계에 탁월한 역량을 가지고 있던 한샘은 아파트 바람을 타고 '여의도 시범아파트'와 '반포아파트'의 계약을 따낸 뒤 대량생산을 하며 성장기반을 마련했다. 주방가구 시장이 어떻게 변할지 내다보고 미리 준비한 것이 성공의 발판이 된 셈이었다.

한발 앞서 생각하고 과감하게 투자한다

아파트 건설 붐은 1980년대에 절정을 이루었다. 이때 한샘은 처음으로 기존 부엌에서 한 단계 더 나아간 '시스템 부엌'을 시장에 선보였다. 시스템 부엌이란 각 가정의 생활방식에 따라 선택할 수 있는 조립식 붙박이형 부엌이다. 준비대·개수대·조리대·가열대·배선대가 하나로 연결돼 있고 도마장·쌀통장·행주걸이도 추가되어 있다. 그야말로 주부들이 편리하게 작업할 수 있도록 고안된 부엌인 것이다.

시스템 부엌이 인기를 끌면서 한샘은 현대건설·대림산업 등 대형 건설사에 대량으로 부엌가구를 납품하는 일도 성공하게 된다. 그런 후에는 1970~1980년대에 걸쳐 건설 호황기를 맞고 있던 중동에도 눈을 돌렸다. 중동에 대량으로 아파트가 지어질 것으로 확신하고, 1977년에 업계 최초로 중동에 부엌가구를 수출했다. 1980년에는 사우디아라비아에 지사를 세웠고 수출 1,300만 달러를 돌파해 동탑산

업훈장을 수상하기도 했다. 이렇게 10년 동안 10배 이상 성장하면서, 1986년 한샘은 드디어 업계 1위를 달성하게 된다.

그런데 정상에 등극하는 순간 한샘은 고민하기 시작했다. '아파트 건설 붐, 중동 건설 붐이 언제까지 지속될 수 있을까?' 사실 비좁은 한국 땅덩어리에 아파트가 언제까지고 계속 대량으로 지어질 수는 없는 일이었다.

고민 끝에 한샘은 건설사 납품시장이 아닌 다른 곳으로 눈을 돌리기 시작했다. 바로 소비자에게 직접 부엌가구를 제공하는 B2C 시장이었다. 아파트에 입주하고 10년 이상이 지나면 부엌가구를 교체해야 하는 시기가 다가온다. 이때 부엌을 바꾸는 주체는 건설사가 아닌 일반 가정의 소비자, 즉 주부다. 앞으로는 본격적으로 주부가 부엌을 선택하는 시대가 된다는 의미였다.

B2C 비즈니스는 무척 매력적인 시장이지만 소비자에게 관심을 받지 못하면 실패할 확률이 100%다. 이 시장에 성공적으로 안착하기 위해 한샘은 먼저 소비자들이 원하는 제품을 어떻게 개발할 것인가, 그리고 소비자에게 어떻게 브랜드를 알릴 것인가 하는 두 가지 목표에 초점을 맞췄다.

우선 소비자들이 원하는 제품을 만들기 위해 디자인 개발에 중점을 두기 시작했다. 1988년에 '주거환경연구소'를 설립해 디자인 연구에 매달렸고, 미국의 로버트 벤추리Robert Charles Venturi Jr., 이탈리아의 파올로 나바Paolo Nava, 영국의 리처드 로저스Richard George Rogers, 일본의 우메다Masanori Umeda 등 세계적인 주거 디자이너들과 학술교류

활동을 시작했다. 1990년에는 한발 더 나아가 '주거환경연구소'를 '디자인연구소'로 확대해 본격적인 디자인 개발에 나섰다.

또 광고를 통해 한샘이라는 이름을 소비자에게 알렸다. 1982년부터 지면광고를 시작했고, 1985년부터 업계 최초로 TV에 광고를 했다. 당시 광고에 투자한 금액이 무려 매출의 10%인 50억 원이나 됐다.

소비자의 불편을
제품에 곧바로 반영한다

1990년대에 들어서자 주택 보급률이 80%에 이르면서 아파트 건설 시장은 포화 상태에 이르기 시작했고 중동 특수도 사라져갔다. 이에 비해 국내 소비자들은 소득 수준이 높아지면서 소비가 증가했고, 해외여행이 자율화되는 등 해외 문화를 접할 기회가 많아지면서 눈높이가 높아져갔다.

드디어 B2C 시장이 도래한 것이다. 미리 디자인에 투자하고 브랜드 이미지를 높여온 한샘으로서는 또 다른 기회였고, 그동안 쌓아온 '한샘=고급 부엌가구 브랜드'라는 이미지로 단숨에 중·고가 부엌가구 시장에서 경쟁사를 압도했다.

한샘은 또한 지속적으로 주부들의 니즈를 파악해 디자인에 반영하면서 부엌 디자인을 선도해나갔다. 소비자의 니즈를 파악하기 위해 관찰 기법까지 동원했는데, 몇몇 가구에 CCTV를 설치해 주부들의 움직임을 관찰하는 방식이었다.

그런데 영상을 분석하던 중 주부들의 행동에서 이상한 움직임이 하나 포착됐다. 싱크대 위 여닫이식 수납장을 열어놓으면 머리를 부딪힐까봐 귀찮더라도 하나같이 수납장을 닫아놓고 일을 하는 것이다. 이런 불편을 제거하기 위해 1999년에 한샘은 위로 열고 닫을 수 있는 플랫 수납장을 개발했고, 이것은 현재 부엌가구 디자인의 주류로 자리 잡았다.

정보의 통합 관리로
주문 정확도를 높이다

부엌가구의 비즈니스 프로세스는 생각보다 복잡해 각 단계별로 흐름이 원활하지 않다. 다음의 예를 살펴보자.

고객으로부터 1주일 안에 부엌을 설치해달라는 주문이 들어왔다. 이렇게 들어온 주문 정보로 생산에 들어가려고 하는데, A라는 부품이 없다는 것을 알았다. 부랴부랴 부품을 만드는 협력업체에 연락해 A부품을 빨리 보내달라고 요청하지만 협력업체는 이 부품을 보내려면 3일이 필요하다고 한다. 어찌 어찌 제품을 완성하고 배송을 하려고 보니 이번에는 배차할 차량이 없다. 차량뿐 아니라 시공사원들도 지금 모두 작업 중이라고 한다.

이렇게 프로세스 상 흐름이 원활하지 않으면 당연히 전반적인 작업

일정이 늦어진다. 1990년대까지 한샘이 제품 시공까지 걸리는 시간을 살펴보면 평균적으로 납기까지 20일, 시공에는 3일 정도가 걸렸다.

또 다른 문제는 주문 및 시공 과정에서 정보가 잘못 전해지는 경우가 많다는 것이다. 실제로 1990년대까지 한샘의 주문 정확도는 20%에 불과했다. 결국 원가절감에 성공하려면 비즈니스 프로세스상에 흐르는 모든 정보를 통합하는 것이 핵심이었다.

한샘은 모든 정보를 통합하기 위해 1999년에 업계 최초로 전사적 자원관리(ERP)를 도입해 대리점·본사·협력업체를 연결하는 정보기술(IT) 시스템을 구축했다. 우선 모든 대리점에 '3분 캐드CAD 시스템'을 설치했다. 이 시스템을 이용하면, 3분 안에 고객이 원하는 제품설계와 발주가 완료되고 이 정보가 그대로 본사·공장·협력업체로 전달된다. 자체 생산 품목은 한샘 공장으로 전달되고 외부 생산 품목은 협력업체로 구매 지시가 내려진다.

이전에는 고객 상담 후 수작업으로 설계를 하고 다시 캐드 프로그램으로 중복된 작업을 했다. 그리고 본사의 전산망과 연결돼 있지 않아 수작업으로 견적을 뽑고 발주를 하기 때문에 시간과 노력이 많이 소비되고 데이터 입력 오류와 같은 문제도 자주 발생했다.

그런데 ERP 시스템은 2,000개가 넘는 각종 데이터를 활용해, 고객과 상담을 마치면 즉시 고객의 주거 환경에 맞게 설계된 주방 인테리어 시공 결과를 시각화해 제시할 수 있게 했다. 모든 정보가 오류 없이 일관되게 흐르기 때문에 생산효율성이 높아져 생산에 2일, 점검에 1일이 걸려 총 3일 안에 납품할 수 있게 된 것이다.

시공 부분 역시 효율화됐다. 시공사원 800명을 전산으로 관리하는 '시공좌석제'를 도입하여, 고객이 원하는 날 시공사원의 스케줄을 대리점에서 간단한 클릭으로 검색하여 확정할 수 있게 했다.

이처럼 한샘은 업무 성격에 꼭 맞는 ERP를 도입함으로써 프로세스 혁신을 이루어냈고, 20%였던 주문 정확도가 100%에 가까워졌다. 작업 기간도 이전의 '20일 납기, 3일 시공'이 '3일 납기, 1일 시공'으로 대폭 앞당겨졌다. 또한 협력업체들과의 정보를 교환하여 정확한 수요를 예측할 수 있게 되었으며, 재고 역시 10%로 대폭 축소되는 놀라운 결과를 가져왔다.

경쟁사보다 먼저
중·저가 시장을 공략하다

결혼 10년 만에 내 집 마련에 성공한 주부 희연 씨. 지은 지 12년 된 아파트라 부엌가구를 바꾸려 한다. 그런데 한 가지가 고민이다. 품질과 디자인을 생각하면 당연히 '한샘'인데 200만 원이 넘는 가격 때문에 엄두가 나지 않는 것이다. 한샘 대신 중·저가 제품을 사면 가격은 50만 원 정도로 낮출 수 있지만 디자인이나 품질을 생각하면 영 찜찜하다. 이때 인테리어 업소 사장님이 한마디 한다. "에이 그냥 중·저가 써요. 요새는 브랜드 아닌 것도 옛날 같지 않아서 잘 나와요. 몰래 한샘마크도 찍어줄게요." 마음이 흔들린 희연 씨는 집 사느라 돈도 많이 들었는데 그냥 중·저가 제품으로 하자고 마음먹는다.

1990년대에는 전체 부엌가구 시장 중 브랜드 시장은 20%에 불과하며, 나머지 80%는 저가 중·저가 제품이 차지하고 있었다. 부엌가구 시장은 진입 장벽이 높지 않기 때문에 누구나 기술과 자재만 갖추면 들어올 수 있어, 싼값에 소비자들에게 부엌가구를 공급하는 중·저가 시장이 크게 형성될 수 있었던 것이다. 문제는 20%의 브랜드 시장도 곧 포화에 다다를 수 있다는 점이었다. 실제로 에넥스·리바트·보르네오 등 수많은 경쟁사들이 한샘의 지위를 넘보고 있는 상황이었다.

한샘이 1980년대부터 디자인 및 광고투자 등을 통해 일반 소비자를 공략한 것은 사실이지만 그건 어디까지나 전체 시장의 20%에 지나지 않는 중·고가 브랜드 시장에서였다. 80%는 여전히 비 브랜드 제품, 즉 사제 제품이 장악하고 있었다. 점점 경쟁자가 늘어가는 상황에서 중·고가 브랜드 시장이 언젠가는 넘쳐날 것이 자명했다.

결국 한샘은 중·고가 브랜드 시장을 뛰어넘어 중·저가 시장을 공략하기로 한다. 문제는 가격이었다. 200만 원대 한샘 가구와 50만 원대 비 브랜드 가구, 여유가 있는 소비자라면 당연히 한샘을 택하겠지만 주머니 사정이 빤한 일반 서민층은 싼값에 끌릴 수밖에 없다. 이처럼 중·저가 시장 공략의 핵심은 '가격을 얼마나 낮출 수 있냐'에 있다.

프로세스를 혁신하여 원가를 절감하는 것이 급선무였다. 한샘은 즉시 중·저가 부엌가구 개발에 착수해, 2001년에 드디어 100만 원대 브랜드 '밀란'을 론칭했다. 가을 혼수 시장을 겨냥해 출시한 밀란은 그야말로 '대박'이었다. 출시 5개월 만에 2만 5,000세트, 2002년에는 4만 2,000세트가 팔려나갔다. 가구 시장 전체에서 단일품목 판매량이 5만 세트를 넘기기는 처음이었다.

밀란은 2003년 한샘 부엌가구 부문 매출의 70%를 차지하는 기염을 토했다. 비 브랜드 제품을 사기는 불안하고 한샘 제품을 사기엔 비싸서 망설이는 '중간 계층'을 타깃으로 한 전략이 대성공한 것이다. 밀란의 성공에 힘입어 한샘은 중·저가 부엌가구 시장점유율을 2001년에 5%, 2003년에는 16%까지 늘렸다. 이에 힘입어 회사 전체 매출도 2년간 매년 20%씩 성장하는 르네상스를 맞이하게 된다.

유통 구조 혁신으로
1위 자리를 굳건히 지키다

밀란의 성공에 너무 취해 있었던 탓일까. 2003년 4,800억 원의 최고 매출을 기록하고 난 뒤 그다음 해에는 업계 최초로 5,000억 원을 달성할 것이라는 기대감에 가득 차 있었다. 그러나 2004년부터 매출이 조금씩 줄더니 2006년에는 3,000억 원대로 하락했고, 한샘 내부에는 위기감이 감돌았다. 이대로 가면 업계 1위마저 위태로울 것이라 판단한 한샘은 위기 극복에 총력을 다 하기 시작한다.

우선 다시 초심으로 돌아가 시장을 분석했다. 대체 왜 매출이 떨어진 걸까? 부엌 시장은 조금씩 재편성되고 있었다. 소득이 늘어나고 삶의 질과 주거환경을 중시하는 소비자들이 늘면서, 부엌가구만 단순히 교체하는 것이 아니라 인테리어 공사를 하면서 부엌가구를 함께 교체하는 경우가 증가하고 있었다. 즉 소비자와 제품이 만나는 접점이, 부엌가구만 취급하는 전문 대리점에서 고객들이 집 전체의 리모델링을 맡기는 인테리어 전문점으로 바뀌었다는 뜻이다.

그런데 2000년대 중반까지 한샘 부엌의 유통 구조는 소비자→인테리어 사업자→대리점→본사 순이었다. 소비자와 직접 만나는 인테리어 사업자를 공략해야 하는 시장 상황에서 대리점 체제는 더 이상 의미가 없었다. 여기서 한샘은 과감한 결단을 내렸다. 대리점 대신 인테리어 제휴점 채널을 확보해 유통 구조를 단순화하기로 한 것이다.

한샘의 영업사원들이 발로 뛰며 인테리어 사업자들을 공략한 결과, 전국 2,500여 개 인테리어 제휴점을 확보했다. 이 중 한샘제품만 취급하는 우량 제휴점은 500여 개다. '그러면 그동안 한샘을 믿고 따라온 대리점 업주는 어떻게 하느냐'는 우려의 목소리도 분명 존재했을 것이다.

그러나 한샘은 대리점을 버린 것이 아니라 유통을 분리했다. 중·저가 브랜드로는 인테리어 사업자를 공략하는 대신, '키친바흐' 등 고급 브랜드는 대리점에서만 독점적으로 판매하게 했다. 그리고 홈쇼핑 판매량의 대부분은 대리점이 공급하도록 해 본사와 대리점 모두 윈 윈할 수 있는 시스템을 구축했다.

이처럼 유통 프로세스의 혁신을 통해 소비자와의 접점을 공략한 한샘은, 2009년에 업계 최초로 매출 5,000억 원을 돌파하며 재기에 성공했다. 제2의 전성기를 맞은 셈이다.

이들이 그동안 걸어온 길을 한마디로 정의하면 '시장을 내다보고 미리 준비했다'는 것이다. 아파트 건설붐을 내다보고 미리 싱크대 자체가 아닌 수납공간 전체에 집중했고, B2C 시장의 확대를 내다보고 한발 앞서 B2C 고객에 집중했다. 그리고 B2C 시장의 포화를 내다보고 중·저가 시장을 공략했다.

조창걸 회장이 신비한 예지 능력이라도 가진 것일까? 사실 시장의 변화는 업계에 있는 누구라도 감지할 수 있다. 아파트 건설 붐이 언젠가 꺼지리라는 것은 앞서 경험한 선진국의 사례에서 얼마든지 찾

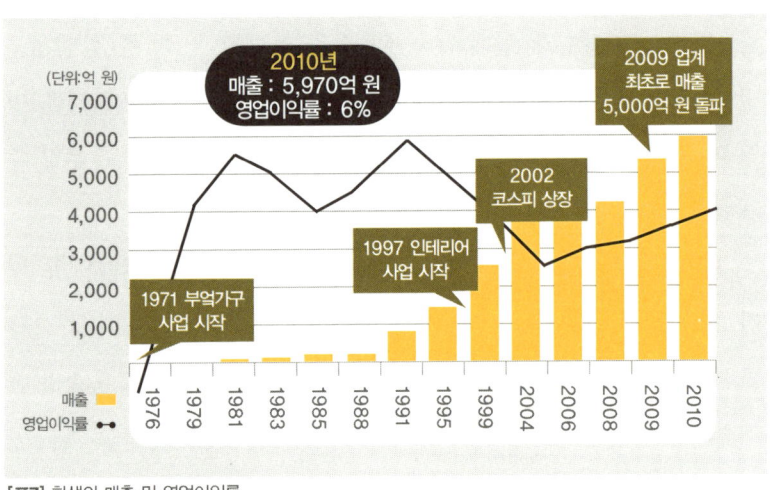

[표7] 한샘의 매출 및 영업이익률

아볼 수 있고, 좁디좁은 B2C 시장이 금방 포화되리라는 것도 누구라도 예측할 수 있다. 문제는 똑같은 변화를 보더라도 움직이느냐, 마느냐 하는 것이다. 한샘의 성공 비결은 자신들의 직관을 믿고 움직인 결과 경쟁사들을 엄청난 격차로 따돌릴 수 있었던 실행력에 있다.

병아리 10마리에서 시작해, 닭고기 판매로 2010년 연 매출 6,500억 원을 달성한 기업이 있다. 업계 최초로 닭고기에 브랜드를 입힌 국내 대표 브랜드 하림이다. 하림은 2011년 7월에 전 세계 19위 닭고기 기업 알렌패밀리푸즈Allen Family Foods 사를 인수하기도 했으며, 이제는 2013년 매출 1조 원을 목표로 삼을 정도로 성장했다. 노란 병아리가 예뻐 우연한 기회에 키우기 시작했다는 김홍국 회장. 조그만 양계장을 글로벌 기업으로 키운 비장의 무기는 무엇이었을까?

CHAPTER 6

병아리 10마리로 시작해 매출 1조 원의 대기업이 된 하림

농장·공장·시장을 통합한 상생시스템으로 수익 증대

하림

업종 양계, 식품가공업
설립 1978년
대표자 이문용 (창업자는 김홍국 회장)
매출액 6,577억 원 (2010년 기준)
직원 수 2,028명
업적
- 한국경영대상 마케팅 대상 (브랜드 마케팅 부문, 한국능률협회)
- ISO 9001 품질시스템 인증 획득
- 세계 10위 닭고기 기업인 알렌패밀리푸즈 인수

기업 인사이트
- 농장, 공장, 시장을 하나로 통합한 시스템을 완성하라.
- 비즈니스 인텔리전스를 효과적으로 활용하라.

가공식품의
가치를 깨닫다

    김홍국 회장은 1966년 초등학교 4학년 여름, 외가에 놀러 가 외할머니께 받은 병아리 10마리를 정성껏 키워 닭 1마리에 2,500원을 받고 팔았다. 그리고 이 돈으로 다시 7원짜리 병아리 350마리를 사서 키웠다. 이 과정을 반복하여 번 돈으로 김 회장은 열여덟 살이 되던 해 자본금 4,000만 원으로 익산에 양계장까지 차리게 된다.

    하지만 1982년 조류독감으로 인한 닭 값 폭락의 여파에 그가 일군 성취는 한순간에 물거품이 되고 만다. 결국 회사는 도산하고, 김 회장은 식품회사 영업사원 생활을 하면서 재기를 모색하는데, 어느 날 납품을 하러 간 한 가게에서 놀라운 사실 하나를 깨닫게 된다. 당시 돼지 값이 폭락해 있는 상황이었는데, 가공식품인 소시지 값은 예전 가격 그대로가 아닌가! 김 회장은 큰 깨달음을 얻는다. '돼지나

닭 값이 폭락해도 가공식품은 값이 안 떨어지네. 앞으로는 가공사업을 해야겠구나.'

그러던 차에 김 회장은 개인적으로 우연히 듣게 된 강의에서 '수직적 통합(vertical integration)'이라는 개념을 접하게 된다. 수직적 통합이란 원료에서부터 연구개발, 제조, 유통까지 전체의 과정을 한 기업의 통제권 아래 두는 기법이다. 김 회장은 이러한 수직적 통합 개념을 닭고기 사업에 적용할 수 있는 방법을 고민하기 시작한다.

생산자와 소비자
둘 다 만족하는 삼장통합

김 회장은 수직적 통합 개념을 바탕으로 농장에서 키운 닭을 가공하는 공장과 상품을 팔 시장을 하나로 연결하겠다는 아이디어를 냈

사육, 기공, 유통 단계를 수직적 통합

농장

공장

시장

[표8] 하림의 삼장통합 시스템

다. 이것이 바로 하림이 강조하는 '삼장통합 경영'의 모체가 되었다.

삼장통합이란 농장, 공장, 시장의 유통단계를 하나로 통합한 것이다. 하림의 입장에서 보면, 양계업종의 특성상 살아 있는 닭을 상품으로 만들다 보니 어려운 점이 많았다. 닭은 질병에도 쉽게 노출되고, 한파나 더위 등 날씨의 영향을 많이 받아 생산량을 체계적으로 관리하기가 힘들다. 뿐만 아니라 대부분의 기업들은 소비자의 수요량에 따라 생산량을 결정하는데, 중간 단계에 연결된 외부업체가 많을수록 수요량을 정확히 예측하기가 어렵다.

예를 들어, 소비자가 2개만 구입하려 해도 더 많이 팔고 싶은 유통업체들은 그 이상으로 재고를 보유한다. 그렇기 때문에 제조업체 입장에서는 유통업체가 원하는 물량을 충분히 공급하기 위해 더 많이 생산해야 한다. 이처럼 유통업체가 중간에 많아질수록 정확한 생산량을 계획하고 예측하기 힘들어지므로 삼장(농장, 공장, 시장)을 통합하는 시스템이 필요한 것이다.

물건이 판매되기까지 중간에 개입하는 업체가 많으면 자연히 물건값이 올라간다. 만약 조류독감 여파로 인해 일시적으로 닭 값이 폭등했다면, 비싼 생닭 값에 공장과 유통점을 거치면서 불필요한 중간마진까지 추가되어 소비자는 닭고기를 비싼 가격으로 구매해야 한다.

하지만 삼장통합이 이루어지면 농장, 공장, 유통점이 하나로 통합 관리되므로 닭 값이 일시적으로 폭등했다 하더라도 소비자는 언제나 안정되고 저렴한 가격으로 닭을 살 수 있다. 김 회장은 이전까지 여러 단계를 거치며 소비자에게 전가되던 각종 불필요한 중간 과정을 생략하고 부가가치를 높인 것이다.

삼장통합의 핵심 1 · 인증농가 시스템으로 농장의 수익도 2배

　김 회장은 1986년에 양계장을 다시 시작하여, 닭을 잡는 도계공장을 인수하고 사료공장을 인수하는 등 삼장통합을 차차 실현해나갔다. 삼장통합은 원료 방향(양계농장←사료공장←부화공장 등)으로 이루어지는 후방통합과 고객 방향(대리점→유통망→고객 등)으로 이루어지는 전방통합으로 나누어볼 수 있다.

　우선 후방통합인 농장과의 통합을 살펴보자. 하림은 자체 양계농장을 가지고 있지만, 이곳에서의 생산량만으로는 충분한 물량을 조달하기 어렵기 때문에, 부족한 물량은 양계농가로부터 공급받아야 한다. 이에 하림은 양계농가들과 계약을 맺어 육계를 공급받고 있다. 양계농가들의 경우, 독자적으로 운영할 경우 질병, 재해, 생산요소 가격변동, 수요변동 등의 모든 변동요인(위험요인)을 자체적으로 떠안아야 하는 문제점이 있다. 하지만 하림과 계약을 맺으면 병아리와 사료, 백신 등 원료뿐만 아니라 최신 사육방법과 시설 증축 노하우 등 다양한 지원을 받고, 사육에만 집중하면 된다. 이렇게 운영되는 양계농가를 '인증농가'라고 하는데, 하림은 이러한 농가를 600개 이상 갖고 있다.

　하림이 인증농가 계약을 처음 제안했을 때 농장주들은 자신들보다 우위에 있는 하림이 마음대로 가격과 수량을 정할 것이라고 우려해 거래하기를 꺼렸다. 또한 하림이 병아리에서부터 사료까지 전부

대주고 농장에서 사육만 담당하여 그 대가를 받는 시스템은, 마치 월급쟁이와 같은 계약 조건이기 때문에 쉽게 받아들이기 어려웠다.

그러나 앞서 언급한 위험요인을 하림이 흡수하고 양계농장은 생산에만 집중하면 된다는 장점 때문에 많은 농가들이 인증계약을 맺게 되었다. 물론 이후에도 하림과 양계농장간의 관계에 갈등의 불씨는 존재했다. 양계농장들은 수익을 높이려 하고 하림은 비용을 낮추려 할 것이기 때문이었다.

그러나 하림은 양계농장과의 지속적인 지원과 대화를 통해 이런 갈등을 없애나갔다. 농장 지원에 있어서는 병아리, 사료 등 원자재의 품질을 높이고 축사시설을 증·개축했으며, 면적당 닭고기 생산량을 늘리는 방법도 알려주고, 친환경 축산물 생산도 적극 유도했다.

뿐만 아니라 상생경영의 일환으로 '농가협의회'를 만들어 회사와 농장주들이 서로의 마음을 터놓고 이야기할 수 있는 소통채널로 활용했다. 2005년 농가협의회를 만들 당시 주변에서는 마치 노조를 만드는 것과 같은 짓이라며 말리기도 했지만, 이 협의회는 상당한 효과를 거두었다. 출범 당시 5,000만 원 정도였던 농가당 연 수익이 6년 후에는 1억 2,800만 원으로 2배 이상 뛴 것이다.

삼장통합의 핵심 2 • 대리점과 상생하는 하림 공동체 만들다

시장, 즉 유통망을 통합하는 과정에서 하림은 기존에 거래하던 총판을 없애고 대리점과 직거래에 들어갔다. 유통구조가 개선되면 하림은 물류비용을 절감할 수 있고, 하림과 계약을 맺은 대리점들은 유통 마진율을 높일 수 있다. 기존에는 하림이 총판에 상품을 납품하면, 그 총판에서 대리점들에게 물건을 배분했다. 총판은 하루에 2만 마리 정도 파는 규모였다. 그러나 하림은 총판과의 거래를 끊고, 기껏해야 매일 500~1,000마리를 파는 데 그치는 대리점 30~40개를 직접 관리하는 것으로 유통구조를 바꿨다.

또한 하림은 인증대리점들과 상생을 하기 위해 정기적으로 하림 소식지에 대리점주의 이야기를 싣고 있다. 2011년 9월에는 전남 1호 인증대리점의 소식을 실었다. "순천 지역에서 닭고기 하면 하림 제품을 떠올릴 수 있도록 일선 현장을 열심히 뛰어다니다 보니 이제는 거래처 사장님들이 나만 보면 '하림 홍보맨이냐'라고 되물을 정도입니다. 이제는 하림과 연을 끊을 수 없을 정도로 깊은 애정이 생겼습니다." 순천에서 하림의 인증대리점을 운영하고 있는 이창호 사장의 말이다.

이처럼 대리점과 상생하려 노력한 결과, 인증대리점들이 하림의 팬이 되었고, 이들은 자발적으로 고객에게 더 나은 서비스를 제공하며 수익을 올리고 있다. 진정한 상생 모델인 것이다.

경영전문화로
삼장통합을 완성하다

삼장통합을 기반으로 닭고기 업계에서 1위를 굳혀가던 2001년 하림의 김 회장은 대기업 전임 임원으로부터 한 통의 편지를 받는다. 바로 서울대 농대를 나와 한화그룹 계열 식품회사를 맡아 경영했던 이문용 대표(현 대표이사)였다. 이 대표는 항상 1차 산업에서 일해보고 싶다는 꿈을 갖고 있었고, 닭고기야말로 이 시대에 성장가능성이 가장 큰 단백질 먹거리라 생각하고 있었기에 그 꿈을 하림에서 펼치고 싶다는 뜻을 전한 것이다.

이 편지를 인연으로 하림에서 일하게 된 이문용 대표는, 하림의 기업문화에 깜짝 놀랐다. 서울에서는 대부분 사장이 나타나면 자리에서 벌떡 일어나 허리 숙여 인사를 하는 것이 보통인데, 이곳에선 사장이 나타나도 직원들이 자리에 앉아서 고개만 까딱이며 인사를 하는 게 아닌가. 일을 처리하는 데 있어서도 어림짐작과 감각에만 의존하는, 다분히 '농경문화적 전통'이 그에게는 충격으로 다가왔다. 이런 기업문화에 제대로 적응하지 못한 그는 결국 1년을 채우지 못하고 하림을 떠나게 된다.

그 후 2000년대 초반부터 하림은 소위 '성장통'을 앓게 된다. 《기업성장을 방해하는 10가지 증상》의 저자 에릭 플램홀츠 Eric G.Flamholtz 에 의하면 기업의 성장통이란 창업기를 지나 기업이 급속하게 성장할 때, 성장을 뒷받침해줄 인프라가 적절히 갖추어지지 못한 경우에 나타나는 증상이다. 이러한 성장통을 극복하기 위해서는 기업의 외형 성장을 뒷받침해줄 수 있도록 시스템과 프로세스를 제대로 구축하고, 구성원 개인과 조직의 역량을 키워야마 한다. 하지만 그러한 작업은 창업자의 역량만으로 이루어지는 것이 아니므로, 시스템과 프로세스를 운영해본 경험이 있는 전문경영인이 필요했다. 김 회장은 7개월 전 회사를 떠나 서울에서 한 중견기업의 CEO로 새로운 생활을 하고 있던 이문용 대표에게 전화를 걸어 다시 일해보지 않겠느냐고 제안을 한다.

경영전문화 1 • 삼장통합 완성시키는 경영정보시스템

여러 번의 고민 끝에 하림에서 다시 일하기로 결심한 이 대표는 출근하기로 약속했던 2003년 5월 19일을 꼭 1주일 남겨둔 5월 12일, TV 뉴스에서 하림 익산 공장의 화재 사건을 보게 된다. 화재로 공장이 다 타들어가는 장면을 보며, 하림으로 다시 출근해야 할 것인가 말아야 할 것인가에 대해 잠시 고민에 빠진다. 하지만 약속한 것을 어길 수는 없다는 생각에 하림으로 내려가기로 한다.

그런데 이 대표가 돌아온 후 또 다른 시련이 덮쳤다. 2003년 말에 조류독감이 발생한 것이다. 하지만 시련은 하림을 더 강하게 만들었다. 이 대표는 어차피 전소된 공장이니 이 기회에 새로 세우면서 완전 자동화시스템으로 바꿀 것을 제안했다.

아울러 그는 변혁을 추구했다. 우선 직원교육부터 시작해 회사 전체의 역량을 끌어올렸고, 시스템을 새로 다져나갔다. 김 회장이 기틀을 잡은 삼장통합에 의해 회사가 운영되고는 있었으나, 그것을 뒷받침해줄 시스템은 완벽하지 못했다. 진정한 삼장통합이 이루어지려면 농장과 공장과 시장에서 발생하는 정보를 완전히 공유하고 빠르게 연동할 수 있어야 하는데 당시 시스템은 그렇지 못했다. 즉, 양계장은 양계장대로, 공장은 공장대로, 유통점은 유통점대로, 품목·가격·수량 등의 데이터를 각각 다르게 가지고 있는 구조였다. 따라서 문제가 발생하면 양계장, 공장, 유통점별로 정보시스템을 모두 뒤져 봐야 대책을 세울 수 있었던 것이다.

수많은 데이터를 정리·분석하려면 각각의 데이터베이스에서 올라오는 데이터들이 하나의 통합된 시스템에서 서로 연동되어야 했다. 그러나 하림의 기존 정보시스템(HATIS 1.0)은 부문별로 표준이 다른 데이터를 사용하고 있었다. 계열사 모두 같은 코드명을 갖도록 통일하여 데이터를 연동시키는 정보시스템을 구축하는 것이 시급했다.

이 대표는 2005년에서 2008년까지 3년에 걸쳐 웹 기반으로 데이터와 애플리케이션을 하나로 통합했고, 이를 통해 2011년 초에 완성된 것이 하림의 통합정보시스템(HATIS 2.0)이다. 현재 하림은 공정마다 바코드를 활용해 모든 생산과 판매정보를 실시간으로 파악하고 있다. 또 농장과 공장, 판매처를 잇는 통합 공급망 관리를 구현하고 있다.

데이터가 연동되고 나면 그것으로 끝일까? 최적화된 의사결정을 하기 위해서는 통합된 데이터를 다각적으로 활용할 수 있어야 한다. 이를 위해 하림은 비즈니스 인텔리전스(BI, Business Intelligence) 시스템을 만들었다. 비즈니스 인텔리전스란 기업이 보유하고 있는 수많은 데이터를 정리하고 분석하여 기업의 생산성 향상, 원가절감, 고객 만족 등의 전략적 의사결정을 하는 데 활용하는 시스템이다.

이렇게 현재 상황을 분석하고 향후 시장 상황을 예측해 생산계획에 반영할 수 있는 하림만의 비즈니스 인텔리전스(HABIS, Harim Business Intelligence System)의 기반을 갖춰나갔다. 살아있는 생물을 다루는 사업 특성상, 시장 변화에 따른 사전 예측과 선제적 대응 능력에 회사의 사활이 달려 있기 때문이다. 이러한 시스템을 통해 하림의 일일 생산량은 이미 154일 전에 예측되고 결정된다.

경영전문화 2 · 시스템을 개발·활용할 인재를 키우다

이러한 비즈니스 인텔리전스 시스템을 어떻게 만들 수 있었을까? 하림은 2005년 ERP 컨설팅 1위 업체에게 하림에 최적화된 시스템 개발을 의뢰했다. 컨설턴트 6명이 3개월에 걸쳐 컨설팅을 수행했으나, 일반 제조회사의 데이터 시스템에 대한 노하우만 보유하고 있던 이들은 육계산업의 특징을 제대로 이해하지 못해 중도에 포기하고 말았다.

결국 이 대표는 산업의 특성뿐만 아니라 해당 업무도 구체적으로 알고 있는 내부 직원들을 투입해 정보시스템을 구축하기로 결심했다. 전산 팀의 핵심 인재들이 직접 시스템을 구축하고, 각 부서의 직원들을 교육시켜 이 시스템을 함께 유지·보수 해나가는 형태로 진행했다. 이를 위해 전산 팀 직원들은 오전에는 정상 근무를 하고 오후 2시에서 다음 날 새벽 2시까지 데이터에 대한 전문 교육을 받았다. 합숙 훈련까지 해가면서 4개월 안에 교육을 마쳐, 9명의 '전산팀 파워 엘리트'를 양성했다. 바로 이들이 하림만의 독보적인 비즈니스 인텔리전스 시스템을 구축한 주인공들이다.

시스템 개발 후에 그 시스템을 실제로 이용하다 보면, 이런 저런 문제들이 발생하기 마련이다. 시스템 자체가 안정적으로 자리 잡기 위해서는 개발 후 어떻게 유지·보수 해가느냐가 관건인 셈이다. 하림은 이것을 40명의 '파워 유저'를 통해 해결해나갔다. 파워 엘리트들이 시스템을 잘 모르는 일반 직원 40명을 뽑아 각 부서당 2~3인을 배정하고, 이렇게 배정된 파워 유저들에게 구축된 시스템을 직접 수정하게 했다.

하림의 경영정보시스템은 이렇게 '자체 교육'을 통해 직원들이 직접 구축했다. 조직을 바꾸려면 직원이 변해야 하고, 직원이 변하려면 교육을 해야 한다는 이 대표의 의도와도 맞아떨어지는 전략인 것이다. 개발 비용도 많이 절감했다. 외부컨설팅 업체가 구현했다면 약 150~200억 원의 비용이 소모되었겠지만, 자체 개발하여 사용함으로써 10분의 1 수준인 15억 원으로 비용을 줄였다. 또한 일반 제조업체에 맞춰진 획일화된 시스템이 아닌 하림에 최적화된 시스템이라는 면에서도 그 성과는 눈부시다.

또한 3인 학습(한 사람이 학습한 내용에 자신의 지식을 더하여 다음 사람에게 가르치고, 그 사람은 또 다른 사람에게 가르치는 식의 지식공유 방법), 사내강사 양성, 사내 MBA 과정 등을 개설하여 직원들의 역량을 키웠다. 방법 면에서 볼 때는 전혀 새롭지 않은 것들이지만, 하림은 이를 집요하게 실천했고 그 결과 직원들의 역량은 놀랍게 향상되었다. 새로 인수한 알렌패밀리푸즈 사의 직원들을 훈련시킬 정도의 수준으로 성장한 것이다.

친환경 닭고기로
다시 한 번 경쟁력 확보

　현재 우리나라 사람들의 1인당 연간 닭고기 소비량은 약 12.7kg으로 미국 44.6kg, 홍콩 37.4kg, 캐나다 31.4kg 등 선진국 대비 낮은 수준이다. 그러므로 당분간은 성장 여력이 충분할 것으로 예상된다. 이러한 시장의 잠재력에도 불구하고 앞으로 하림이 지속 성장하기 위해서 해결해야 할 과제는 남아 있다. '공장화된 먹거리'에 대한 소비자들의 반감, 그에 따른 친환경 축산물로의 수요 변화, FTA체결에 따른 축산물 수입 증가, 그리고 국내 닭고기 시장 경쟁구도의 변화 등 수많은 위기가 도사리고 있는 것이다.

　하림은 이에 대해서도 넋 놓고 있지는 않는다. 먼저, 친환경 축산물에 대한 수요 변화 문제와 관련하여 '자연실록'이라는 친환경 닭고기의 공급물량을 확대해가고 있다. 이러한 친환경 닭고기는 현재 전체 생산량의 10% 정도를 차지하고 있으며 향후 지속적으로 물량을 늘려갈 계획이다. FTA 체결에 따른 해외 축산물 수입으로 인한 영향에 대해서도 하림은 크게 걱정하지 않는다. 냉동 닭고기는 타격을 받을지 몰라도, 우리 국민들이 선호하는 냉장 닭고기에 있어서는 충분히 경쟁력을 가지고 있다는 자부심이 있기 때문이다.

　한편, 닭고기 시장의 경쟁구도 변화가 어떠한 영향을 미칠지도 미지수다. 2010년 현재 하림의 시장점유율은 20.1%, 계열사인 '올품'의 점유율은 10.1%로 두 회사가 시장의 30% 이상을 점하고 있다.

이처럼 부동의 1위를 지키고 있는 하림이지만, 닭고기 업체 간의 M&A 가속화와 중견기업들의 시장 진출로 인해 경쟁구도가 어떻게 바뀔지는 가늠하기가 힘들다. 닭고기 산업에 뛰어드는 업체가 늘어날수록 양계농가를 확보하기 위한 전쟁이 가속화될 것이기 때문이다. 이러한 경쟁구도 변화에 하림이 또다시 어떤 대응력을 보여주며 성장을 거듭해나갈지 귀추가 주목된다.

PART **II**

트렌드세터

: 트렌드 창조로
고객이 원하는 것
이상을 선사하다

한국 여성 5명 중 1명은 가지고 있다는 '이 보석'은 무엇일까? 바로 스와로브스키 크리스털이다. 올해로 설립 115주년을 맞은 장수기업 스와로브스키는 액세서리를 포함한 크리스털 제품을 10만 종 이상 생산하며 전 세계 크리스털 시장에서 가장 큰 비중을 차지하는 독보적인 기업이다. 19세기 오스트리아 와튼즈Wattens에서 한 유리 세공사에 의해 세워진 작은 크리스털 공장이, 어떻게 세계를 주름잡는 1등 기업이 되었을까? 그 비결을 알아보자.

CHAPTER 7

스와로브스키, 115주년 장수 기업의 비밀

다양한 판로 구축과 혁신 DNA로 경쟁력 확보

SWAROVSKI 스와로브스키

업종 크리스털 제조, 판매
설립 1895년, 오스트리아
대표자 헬무트 스와로브스키 Helmut Swarovski
매출액 30억 유로(2010년 기준)
직원 수 전 세계 약 2만 6,000명
업적
- 120개국 판매, 43개국 법인 진출, 19개국 자체 가공시설 완비
- 전 세계 크리스탈 시장의 90%를 점유
- 10만 종류 이상의 제품 생산

기업 인사이트
- 모든 것은 핵심에서 시작된다, 핵심을 잊지 마라.
- 가족이 아니어도 우수 인력이라면 반드시 경영진으로 확보하라.
- 숨은 역량을 키워 위기를 기회로 만들어라.
- 무엇을 얻을지보다 무엇을 줄지를 먼저 생각하라.

작은 시골 마을에 세워진 크리스털 공장

스와로브스키는 이케아IKEA, 보쉬Bosch, 레고LEGO 등과 함께 〈파이낸셜 타임즈Financial Times〉가 선정한 '전 세계 100대 비상장 기업'에 뽑힌 회사다. 스와로브스키 하면 대부분의 사람들이 귀걸이, 반지와 같은 액세서리나 반짝이고 투명한 장식품을 판매하는 보석상을 떠올릴 것이다.

하지만 스와로브스키는 보석만을 판매하는 기업이 아니다. 장식품과 액세서리 등의 완제품은 전체 매출에서 23%를 차지할 뿐이며, 실제로 전체 매출액의 절반 이상이 건축이나 패션 등 크리스털을 다루는 기업과 거래하는 '소재사업부'에서 창출된다. 나머지 4분의 1은 완제품의 매출과 비슷한 수준으로 접합연마기계 분야와 정밀광학렌즈 분야에서 나오는 셈이다.

그렇다면 스와로브스키는 어떻게 시작됐을까? 창립자인 다니엘 스와로브스키는 유리 세공사인 아버지 밑에서 견습생활을 하며 유년시절을 보냈는데, 1895년에 크리스털을 전기로 자르는 혁신적인 기계를 발명하게 된다. 커팅 기계의 핵심기술이 유출될까 두려웠던 그는 그 기계를 가지고 나와 오스트리아의 시골 마을인 와튼즈에서 스와로브스키를 설립했다.

현재 스와로브스키는 다니엘의 4대 손자인 헬무트 스와로브스키가 이끌고 있으며 경영진 8명 중 6명이 스와로브스키의 가족이다. 시골 마을에 설립된 작은 크리스털 공장이 어떻게 전 세계를 주름잡는 크리스털의 대표주자가 될 수 있었을까? 100년이 넘는 스와로브스키 가(家)의 성공비결은 창립자 다니엘 스와로브스키가 남긴 기업의 정체성과 혁신 DNA다.

스와로브스키의 정체성
'세계 최고의 경쟁력을 지닌 크리스털'

스와로브스키 하면 대개 천연 크리스털을 떠올린다. 사람들이 알고 있는 보석으로서의 크리스털은 천연 크리스털을 뜻하지만, 스와로브스키의 크리스털은 가공된 것이기 때문에 엄밀히 따지면 보석이 아니다. 천연 크리스털은 다이아몬드보다 저렴하지만 가공에 한계가 있는데, 이러한 단점을 극복하기 위해 만들어진 것이 유리 크리스털이다. 유리 크리스털은 유리보다 단단하고 보석보다 저렴하며, 천연 크리스털과 달리 다양한 색상과 모양으로 가공할 수 있기 때문에 다양한 패션 소재로도 각광받고 있다.

크리스털의 품질은 원재료의 배합률과 커팅 기술, 그리고 컬러 기술로 결정된다. 스와로브스키의 크리스털은 이 3가지 부문에서 세계 최고의 경쟁력을 지녔다는 평가를 받는다.

우선, 스와로브스키의 크리스털은 투명도나 굴절률 면에서 황금의 배합을 자랑한다. 크리스털은 유리(규석)와 탄산칼륨, 그리고 산화연을 배합해 만들어진다. 이 배합률에 따라 크리스털의 투명도, 굴절률, 중후한 무게감, 청아한 충격음 등이 결정되는데, 스와로브스키의 배합률은 아직까지 비밀로 유지되고 있다.

스와로브스키는 커팅 기술도 뛰어나다. 크리스털은 커팅면에 따라 다양한 반사광이 생기는데, 이상적인 커팅면은 28개다. 다른 크리스털 제조업체들은 평균적으로 '12면 커팅 기술'을 가지고 있는 반면, 스와로브스키는 유일하게 '28면 커팅 기술'을 보유하고 있다. 또 다른 크리스털 제조업체에서는 기본 스타일로만 커팅이 가능하지만 스와로브스키에서는 크리스털을 14가지 이상의 다양한 스타일로 커팅할 수 있다.

또한 크리스털을 이용하여 마치 직조하듯 한 장의 천처럼 만들어, 의상뿐만 아니라 여러 가지 면으로 활용도를 높인 크리스털 메쉬 공법에서도 뛰어난 기술력을 보이고 있다.

스와로브스키는 다양한 컬러 기술을 보유하고 있는 것으로도 유명

[그림9] 크리스털 메쉬 공법으로 제작된 스와로브스키의 파워 백

하다. 크리스털 고유의 투명함을 유지하며 다양한 컬러를 만드는 것은 상당히 어려운 기술임에도 불구하고 스와로브스키는 매년 트렌드에 맞춰 다른 업체에서 볼 수 없는 새로운 컬러를 개발해 제품을 생산한다.

스와로브스키 이외에도 체코의 프레시오사Preciosa와 프랑스의 바카라Baccarat 등의 기업에서 크리스털을 생산하지만 그들의 기업규모나 크리스털의 품질은 스와로브스키와 비교가 되지 않을 정도다. 미국 장신구 공급협회 회장은 스와로브스키 크리스털의 정밀한 가공과 풍부한 색감은 다른 제품이 절대 따라갈 수 없다고 평가했다. 이렇듯 스와로브스키가 세계 최고의 크리스털을 생산하며 기업을 100년 이상 성공적으로 이끌 수 있었던 요인은, 세계 최고의 크리스털이라는 핵심 사업에 집중해 정체성을 확립하고 위기를 극복했기 때문이다.

위기 극복 1 • 크리스털이 안 팔리면 기계라도 판다

스와로브스키의 혁신은 창립자인 다니엘이 1892년에 최초의 크리스털 커팅 기계를 개발하면서 시작되었다. 이 기계가 개발되기 이전의 크리스털 가공은 모두 수작업으로 이뤄졌지만, 다니엘의 커팅 기계는 기존의 생산방식을 전기 가공방식으로 바꾸어 놓았고, 그 결과 크리스털을 대량으로 정밀하게 가공할 수 있게 되었다. 하지만 승승장구하던 스와로브스키는 제1차 세계대전과 두 번의 석유파동이라는 세계적인 위기를 겪게 된다. 절망적인 상황에서 그들은 어떻게 최고의 제품이라는 정체성을 지키고 혁신 DNA를 발휘해 위기를 극복해냈을까?

스와로브스키가 한창 승승장구하던 1914년, 제1차 세계대전이 발발하고, 1919년 전쟁에서 패배한 오스트리아는 국민의 4분의 1 정도를 잃게 된다. 이것은 스와로브스키뿐 아니라 국가 자체의 절체절명의 위기였다. 전쟁 후 수많은 젊은이들이 전사해 노동력이 급격히 감소했기 때문이다.

하지만 스와로브스키는 이러한 위기의 순간에 혁신 DNA를 발휘한다. 전 세계적으로 기계의 필요성이 강조되던 시대의 흐름을 읽은 스와로브스키는, 그들의 크리스털 커팅 기계를 변형해 다양한 연마, 절단 기계를 만들어 팔기 시작했다. 이렇게 해서 탄생한 것이 바로 접합연마기계만을 생산하는 '티롤릿Tyrolit'이라는 브랜드다. 이후 티롤릿은 스와로브스키 전체 매출의 20% 이상을 차지할 정도로 크게 성장했으며 스와로브스키의 사업 확장에도 큰 역할을 했다.

위기 극복 2 · 기업에 판매하기 힘들면 소비자에게 직접 판다

1970년대에 일어난 두 번의 석유파동은 스와로브스키에게도 큰 위기였다. 전 세계적으로 경기가 침체되면서, 스와로브스키의 매출도 위축되었기 때문이다.

그러나 스와로브스키는 가만히 넋 놓고 앉아 있지 않았다. 오히려 연구개발에 집중 투자해 1975년에 크리스털 투명 접착제를 발명한다. 오스트리아에서 동계올림픽이 개최되던 이듬해, 스와로브스키는 이 접착제를 사용해 4개의 샹들리에 조각을 이어 붙인 생쥐 모양의 크리스털 장식품을 만든다. 이것을 올림픽 경기를 구경하러 온 사람들에게 판매했는데, 이것이 바로 일반 고객을 대상으로 한 판매, B2C의 시작이었다. 이를 계기로 스와로브스키는 본격적으로 B2C 사업을 확장하게 된다.

현재 스와로브스키는 쥬얼리, 하이패션 등 다양한 완제품을 생산하고 있는데, 특히 장식품은 마니아 클럽까지 있을 정도로 그 인기가 폭발적이다. 이 클럽은 스와로브스키 마니아들이 자발적으로 결성해 현재는 35개국 50만 명이 가입했을 정도다. 스와로브스키는 이 마니아 소비자들을 위해 매년 이야기가 담긴 장식품 세트를 제작하기도 하며, 최근에는 고객이 직접 크리스털을 만들어 판매할 수 있는 DIY 판매 웹사이트도 제공하고 있다. B2B와 B2C를 넘어 일반 소비자들끼리 직접 거래하는 방식인 C2C로까지 사업을 확장하고 있는 것이다.

혁신 DNA 1 : 아이디어를 모으는 혁신의 요람, 아이랩

스와로브스키가 끊임없이 변화할 수 있었던 원동력은 직원의 혁신적인 아이디어를 생각해내고 그것을 상품으로 연결하는 아이랩i-Lab이다. 아이랩은 스와로브스키에서 거론되는 모든 아이디어를 모으는 조직인데, 이곳에서는 직원들이 무심코 말하는 것이라도 크리스털과 관련된 아이디어라면 무엇이든 전부 수집한다. 수집된 아이디어는 아이랩을 통해 가시화되며 다른 부서와 협업하여 새로운 제품을 만들게 된다. 스와로브스키에서 매년 탄생하는 1,000개 이상의 신제품은 바로 이 아이랩 덕에 가능한 것이다.

스와로브스키의 크리스털이 전 세계적으로 널리 퍼질 수 있게 된 가장 큰 이유는 이들이 크리스털을 다양한 품목에 접목했기 때문이다. 스와로브스키의 크리스털은 이어폰, 헤드셋, USB와 같은 디지털 주변기기에서부터 카메라, 게임기, 냉장고와 같은 전자제품, 심지어는 이불에서도 찾아볼 수 있다.

그렇다면 이렇게 다양한 산업에 자신들의 제품을 홍보한 방법은 무엇이었을까? 어떻게 거의 모든 업종의 회사들과 좋은 관계를 유지하는 걸까? 여기에도 스와로브스키만의 비밀이 있다.

이들은 먼저 크리스털을 대량으로 생산해 이를 소재로 사용하는 디자이너들에게 납품하는 일부터 시작했다. 단순히 납품만 하는 것이 아니라 매번 다양한 의견을 함께 제시했는데, 이것이 스와로브스키 협업의 시초가 되었다. 현재 스와로브스키는 500개가 넘는 기업과 협업관계를 이루며 상대 기업과 함께 가치를 창출하는 윈-윈 전략을 추구하고 있다.

혁신 DNA 2 :
모든 직원이 비즈니스 컨설턴트

스와로브스키에서는 모든 직원들이 스스로를 비즈니스 컨설턴트라고 부른다. 직원들이 단순히 영업, 생산 등의 본업만을 하는 것이 아니라 고객의 문제를 찾아 해결책을 제시하거나 협업 브랜드의 가치를 높일 아이디어까지 제안하기 때문이다. 이것은 예술가, 인류학자, 디자이너, 기술자 등 60여 명의 전문가로 구성된 '트렌드 팀' 덕분에 가능하다. 이들은 전 세계 트렌드를 분석하고 유럽, 아시아, 미국 등 각 지역에 맞게 재해석하며, 스와로브스키와 협업 관계를 이루고 있는 기업들에게 새로운 트렌드를 제시하고, 크리스털 활용법을 제시하는 다양한 패션쇼를 열기도 한다.

스와로브스키의 윈-윈 전략은 여기서 그치지 않는다. 그들은 모든 산업의 키 플레이어key-player들을 주시한다. 그들이 크리스털을 사용하는지, 성장할 가능성이 있는지, 그들의 제품과 크리스털이 조화될 수 있는지를 조사하는 한편, 스와로브스키와 협력하여 변신할 가능성이 있는지를 항상 관찰하고 협업을 추진한다. 이렇듯 홀로 성장하기 위해 애쓰기보다 다른 기업에게 어떤 가치를 더해줄 수 있을지를 고민하며 장기적인 관점에서 협업의 씨앗을 뿌리고 있는 것이다.

이처럼 스와로브스키가 100년을 넘게 크리스털의 대표 기업으로 성공할 수 있었던 비결은 명확하다. 크리스털이란 정체성을 지키고 끊임없이 사업을 확장시키려는 이들의 혁신 DNA가 존재했기 때문이다.

1995년, 스와로브스키의 창립 100주년을 기념하며 세워진 '크리스털 월드'는 누적 방문객 수가 700만 명에 이르는 오스트리아 최고의 관광 명소가 됐다. 온 세상을 최고의 크리스털로 비추고 싶다는 다니엘 스와로브스키의 비전처럼, 스와로브스키의 크리스털은 현재 전 세계로 퍼져나가며 더 많은 사람들에게 아름다움을 전파하고 있다.

세계 제일의 갑부 고양이. 올해 37세가 되었지만 세계 70여 개국에서 연간 15조 원을 벌어들이고 있는 고양이. 살아 있는 고양이 이야기가 아니다. 바로 고양이 캐릭터인 '헬로키티'다. 헬로키티는 학용품이나 문구류 같은 잡화부터 전자제품, 의류, 심지어 건물, 비행기까지 각종 상품과 결합돼 전 세계인의 사랑을 받는 '황금알을 낳는 고양이'다. 그렇다면 이 고양이가 어떻게 세계인의 마음을 사로잡았을까? 그저 귀엽게 생긴 외모 덕일까? 헬로키티의 성공 안에는 경영자라면 누구나 알아야 할 치밀한 전략이 숨어 있다.

CHAPTER 8

고양이 하나로
세계를 사로잡은 기업, 산리오

생명력 있는 캐릭터와 소비자와의 교감으로 사업 영역 무한 확장

Sanrio 산리오

업종 캐릭터 비즈니스
설립 1960년, 일본
대표자 쓰지 신타로(辻新太郎)
매출액 900억 엔(2010년 기준)
직원 수 800여 명
업적
- 세계 70여 개국에서 판매
- 자산 가치 약 1조 5천억 엔(약 20조 원)
- 세계 캐릭터 비즈니스 업계 3위
- 단일 캐릭터로 5만여 종의 제품 제작

기업 인사이트
- 변화해가는 소비자의 마음을 잡아라.
- 협력업체와 서로 윈-윈 하는 방법을 찾아라.
- 처음부터 원대한 비전을 가지고 끈질기게 나아가라.

마니아를 거느린 고양이, 헬로키티

　세간에 화제를 모았던 '4억 명품녀'. 한 케이블 방송에서 부모님에게 받은 돈으로 호화생활을 하는 이 여성을 소개했는데, 더욱 이슈가 되었던 것은 그녀가 하고 나온 목걸이였다. 그것은 바로 2억 원가량의 헬로키티 목걸이. 그냥 인형이나 문구류에 박혀 있는 고양이 캐릭터가 어떻게 2억 원이나 하는 명품 목걸이가 될 수 있느냐며 그 진위가 논란이 된 것이다. 그러나 이것은 헬로키티의 진정한 가치를 몰라서 하는 소리다.

　헬로키티 제품은 현재 세계 70개국에 단일 캐릭터로는 최다 종류인 5만여 종이 팔리고 있다. 그리고 2006년 한 기관에서 조사한 바에 따르면 세계 각국의 7~10세 여자 아이들 중 46%가 헬로키티 상품을 1개 이상 가지고 있는 것으로 조사됐다. 헬로키티를 사랑하는

[그림10] 산리오의 대표 캐릭터 헬로키티

것은 어린아이뿐만이 아니다. 18~34세 여성의 31%가 헬로키티 상품을 가지고 있는 것으로 나타났다. 경제적으로 여유가 있는 성인 중에서는 자신의 모든 것을 헬로키티로 도배하는 마니아도 적지 않다(일본에서는 이러한 마니아를 '키티라'라고 부른다).

브리트니 스피어스, 카메론 디아즈, 패리스 힐튼 등 세계적인 스타들도 공식 석상에 헬로키티 액세서리, 의상 등을 착용하고 등장해 스스로 헬로키티의 광팬임을 증명하기도 했다. 기업인들조차 헬로키티를 탐내고 있다. 마이크로소프트의 빌 게이츠가 헬로키티 판권을 사려고 거액을 제시했다는 사실은 업계에서 이미 유명한 이야기다.

우리나라도 헬로키티 붐에서 예외는 아니다. 2010년 〈콘텐츠 산업 백서〉에 의하면 만 10세 이상의 어린이들이 가장 선호하는 캐릭터로 헬로키티가 선정되기도 했다.

이렇듯 전 세계인의 사랑을 한 몸에 받고 있는 헬로키티. 이쯤 되면 이 '대박 고양이'를 탄생시킨 기업이 궁금해진다. 그 주인공은 바로 일본의 산리오다. 2009년 매출 738억 엔(약 1조 원)을 기록한 산리오는 세계 캐릭터 비즈니스 업계에서 디즈니, 워너 브러더스에 이어 3위를 달리는 캐릭터 전문기업이다. 아시아 캐릭터 기업 중 유일하게 디즈니 등 세계 유명 기업들과 어깨를 나란히 하고 있는 셈이다.

캐릭터의 힘에
일찌감치 눈뜬 창업자

산리오가 처음부터 캐릭터 사업에 뛰어 들었던 것은 아니다. 창업자인 쓰지 신타로(辻新太郎) 회장은 10여 년간의 공무원 생활을 접고 1960년 '야마나시 실크센터'라는 생활용품 제조업을 시작했다. 처음에는 평범한 생활용품 제조기업에 불과했지만 자체적으로 만든 딸기 캐릭터를 넣은 비치 샌들이 큰 성공을 거두자 생각이 달라졌다. 캐릭터 산업의 부가가치에 눈을 뜬 쓰지 회장은, 1966년 미국의 마텔Mattel 사와 계약을 맺어 바비인형을 들여오고 1970년에는 찰스 슐츠로부터 스누피 라이선스를 따냈다.

일련의 과정들을 통해 쓰지 회장은 회사 설립 이전부터 가지고 있던 사업 아이디어를 구체화했다. 유난히 선물을 주고받는 것을 좋아하는 일본인들의 '오미야게' 문화를 바탕으로 선물 관련 사업을 하겠다는 생각을 예전부터 가지고 있던 터였다. 제품에 예쁜 캐릭터 하나만 넣어도 상대방을 감동시킬 수 있는 훌륭한 선물이 된다는 것을 알게 되자, 본격적인 캐릭터 전문 기업으로 탈바꿈하기로 결심한다. 그리고 자신의 제품이 사람과 사람을 이어주는 사회적 커뮤니케이션에 도움이 되길 바라며 '사회적 소통 사업(Social Communication Business)'으로 명명했다. 야마나시 실크센터라는 회사명을 산리오로 바꾼 것도 바로 이때다. 스페인어로 성스럽다는 뜻의 'San'과 강을 뜻하는 'Rio'를 합쳐, 세계 3대 문명의 강처럼 산리오가 중심이 되어 순수한 커뮤니티를 만들고 싶다는 의미를 담았다.

1970년대부터는 디자이너를 채용해 자체 캐릭터를 만들기 시작했는데, 이렇게 나온 캐릭터가 바로 헬로키티다. 소설 《이상한 나라의 앨리스》 중 '거울 나라의 앨리스'에 나오는 고양이에서 아이디어를 얻어 탄생되었으며, 1975년에 동전 지갑의 형태로 최초로 세상에 출시됐다. 이후 36년간 전 세계인의 엄청난 사랑을 받은 전설의 캐릭터 헬로키티. 대부분 캐릭터의 평균 수명이 7년임을 감안할 때 무척 놀라운 일이 아닐 수 없다. 헬로키티가 이처럼 장기간 사랑받는 캐릭터가 될 수 있었던 비결은 과연 무엇이었을까?

성공 전략 1 · 내 감정을 투영할 수 있는 디자인

헬로키티의 표정을 보고 어떤 느낌이 드는지를 여러 사람에게 물으면 '귀엽다', '슬퍼 보인다', '새침하다', '무표정이다' 등 매우 다양한 대답이 나온다. 그 이유가 무엇일까?

다시 한 번 헬로키티를 자세히 보자. 눈이라고는 점 하나 달랑 있다. 심지어 입도 없다. 눈과 입은 표정을 좌우하는 중요 기관이 아닌가. 눈꼬리가 올라가면 화가 난 것처럼 보이고 처지면 슬퍼 보인다. 입도 마찬가지다. 입꼬리가 올라가면 웃는 얼굴로, 처지면 우는 얼굴로 보인다. 그런데 헬로키티의 표정은 전혀 읽을 수 없다.

즉 헬로키티는 먼저 자신의 희로애락을 드러내는 것이 아니라, 보는 사람이 기쁠 때는 기쁜 얼굴로, 슬플 때는 슬픈 얼굴로 보일 수 있는 캐릭터다. 기분에 따라 내 마음을 투영할 수 있는 것이다.

헬로키티가 공감을 이끌어낼 수 있었던 또 다른 요인이 있다. 바로 스토리가 없다는 점이다. 지금까지 히트한 캐릭터들은 스토리를 기반으로 출발한 경우가 많다. 미키마우스나 둘리처럼 애니메이션으로, 스누피처럼 만화책으로, 포켓 몬스터처럼 게임으로 데뷔한 '스토리 기반형' 캐릭터들이 대부분이었다. 그런데 헬로키티는 캐릭터가 개발된 이후 바로 제품에 활용된 '제품 기반형' 캐릭터다.

스토리 기반형 캐릭터의 경우 캐릭터의 이미지가 먼저 존재한다. 둘리가 장난꾸러기이고 고길동이 괴팍한 성격을 가지고 있다는 것이 스토리를 통해 이미 알려져 있다. 그러나 헬로키티 같은 제품 기반형 캐릭터는 애초에 스토리가 없어 캐릭터에 대한 아무런 선입견이 없다. 착하다든가 짓궂다든가 하는 이미지가 없기 때문에 소비자들은 자연스럽게 자신의 마음을 투영하면서 친구가 된다. 장난꾸러기 둘리에게 말할 수 없는 고민을 키티에게는 말할 수 있는 것이다.

성공 전략 2 • 캐릭터에 생명력을 불어넣다

아무리 귀엽고 감정을 투영할 수 있는 디자인이라도 아무 변화 없이 수십 년간 그 모습 그대로라면 어떨까? 아마 사람들은 점점 지겨워하며 다른 캐릭터로 눈을 돌릴 것이다. 실제로 헬로키티가 그랬다. 1975년 제품이 출시된 후 선풍적인 인기를 누렸지만 그 인기가 몇 년 가지 못하고, 1970년대 후반에 접어들면서 사람들의 관심은 점차 식어갔으며 매출도 감소하기 시작했다.

만약 산리오가 이때 헬로키티에 별 관심을 두지 않고 새로운 캐릭터 개발에 주력했다면 지금의 헬로키티는 아마 존재하지 않았을지 모른다. 그러나 산리오는 헬로키티를 되살리는 쪽으로 방향을 정하고, 소비자들이 싫증을 느끼지 못하게 항상 새롭게 변신하는 키티를 만들기로 했다. 너무 많이 변해버리면 친근감을 잃어버릴 우려가 있으므로 기본 디자인은 유지하되, 배경이나 옷, 색깔 등에 끊임없이 변화를 주었다.

1980년대부터는 몸 전체를 감싸던 검은 테두리를 없애고 평평했던 디자인에 입체감을 주었다. 1986년에는 몸통을 없애고 얼굴만 부각시킨, 당시로선 획기적인 디자인을 선보였고, 1987년에는 아예 일체의 컬러를 배제하고 흑백으로 구성된 헬로키티를 등장시켰다.

이처럼 35년 동안 끊임없이 변신을 거듭할 수 있었던 것은 시대에 따른 트렌드와 소비자의 목소리에 주목한 덕분이었다. 산리오 디자이너들은 TV 또는 패션지 등 당시 유행하는 트렌드를 캐치해 이를 캐릭터 디자인에 반영한다. 1999년 키티에게 다니엘이라는 남자친구를 만들어준 것도 연예인들로부터 얻은 아이디어였다. 1980년대 중반 이후 일본의 아이돌 스타들이 이성친구를 거리낌 없이 사귀는 모습을 보고 키티에게도 남자친구를 만들어준 것이다.

키티의 변신은 디자인뿐만이 아니었다. 간단한 프로필과 가족을 만들어 생명력을 불어넣었다. '혈액형 : A형, 출생지 : 영국 런던 교외, 좋아하는 음식 : 애플파이' 등 간단한 프로필과 엄마, 아빠, 여동생, 할머니, 할아버지, 친구들 등을 만들어주었다.

또 디자인 변신을 상품으로 연결시켰다. 매달 테마를 선정해 디자인을 결정하고 그 디자인의 제품을 시리즈로 출시한다. 예를 들어 아기들을 타깃으로 한 디자인을 개발한 후 아기 용품과 관련된 제품을 시리즈로 출시하는 식이다. 게다가 이렇게 출시된 시리즈는 단 한 시즌 동안만 판매하며 제품의 희소성을 보존하기 위해 특별한 일이 없으면 두 번 다시 출시하지 않는다. 헬로키티 수집가가 생기는 이유도 바로 이 같은 '제품의 희소성'에 있다.

성공 전략 3 • 소비자와 캐릭터가 만나는 '창구'를 만들다

이쯤 되면 산리오가 소비자에게 어떻게 다가갔는지, 즉 헬로키티의 마케팅 방식에 대해 궁금증이 생긴다. 산리오는 다른 기업과 달리 캐릭터 및 제품과 관련된 광고는 하지 않는다고 한다. 광고를 통해 순식간에 인기를 얻는 것보다 서서히 오랫동안 사랑 받는 캐릭터를 만들고자 하기 때문이다. 그렇다면 어떻게 소비자에게 헬로키티를 알렸을까?

우선 1975년에 헬로키티를 위한 미디어, 〈이치고 신문〉을 창간했다. 이치고란 일본어로 딸기를 의미하며 산리오가 개발한 최초의 캐릭터인 딸기 캐릭터를 상징한다. 신문, 잡지 등 기존 미디어를 통해 산리오 캐릭터들을 소개하는 방법 대신 직접 소비자에게 소개하기 위해 만든 산리오만의 잡지인 셈이다. 단순히 캐릭터를 광고하는 것에 그치지 않고 헬로키티를 비롯한 산리오 캐릭터들을 테마로 다양한 읽을거리를 싣고 있다.

예를 들어 2010년 11월호의 경우, 헬로키티의 생일이 11월 1일인

점을 테마로 하여 지금까지의 역사를 돌아보는 '추억의 헬로키티'라는 특집기사를 실었다. 이 외에 편집자 칼럼 및 독자 레터 등 다양한 코너가 마련돼 있다. 2011년 12월 현재 526호까지 발간됐고, 가격은 210엔이며, 1년 판매부수는 약 130만 부에 이른다.

소비자에게 한 걸음 더 다가가기 위한 산리오의 노력은 잡지 발간에만 그치지 않는다. 이들의 또 다른 강점은 다양한 이벤트 기획 능력이다. 헬로키티는 사인회도 한다. 얼핏 '헬로키티 인형 옷을 입은 사람이 사인을 해주나?'라고 생각할 수 있지만 그게 아니다. 헬로키티를 디자인하는 디자이너가 전 세계를 돌며 직접 헬로키티를 그려주는 것이다. 세계 최초의 캐릭터 사인회인 헬로키티 사인회는 1980년대부터 지금까지 약 3만 회에 걸쳐 진행됐으며, 헬로키티의 인지도를 높이는 데 크게 기여했다.

일본의 320개 매장에서는 매일 같이 헬로키티 이벤트가 펼쳐진다. 헬로키티 댄스 공연 및 악수회, 사진 촬영 등 각종 이벤트로 매장을 찾아온 고객들을 즐겁게 해준다. 2009년에는 헬로키티 론칭 35주년을 기념해 '헬로키티 경시대회'도 개최했다. 말 그대로 지난 35년간 헬로키티 역사 및 제품에 관련된 문제를 출제해 1등을 뽑는 대회다. 이 대회에 무려 1,440명이 몰렸고, 치열한 경쟁 끝에 1위를 한 키티 마니아에게는 해외여행 상품권이 수여됐다. 이 정도 되면 헬로키티가 단순한 그림 속 캐릭터가 아니라 실제 우리 곁에서 생생하게 살아있는 스타의 지위까지 가졌다고 봐도 무방할 것이다.

귀여운 디자인 뒤에 이처럼 철저한 전략이 뒷받침되었기에 헬로키티는 35년이 넘도록 여전히 글로벌 스타의 지위를 잃지 않고 많은 팬들을 거느리고 있는 것이다.

영역과 경계를 모르고 뻗어나가는 무한 확장

사회 초년생 L양은 신용카드를 만들기 위해 은행에 들렀다. 직원이 추천한 상품은 바로 헬로키티 신용카드였다. 영화관, 백화점, 놀이공원 할인에다 디자인도 예뻐 20대 여성들에게 큰 인기라고 했다. 실제로 일본에선 25개가 넘는 은행, 증권 등 금융회사가 헬로키티와 손을 잡고 다양한 상품을 내놓고 있다. 인형이나 문구류에만 활용되는 줄 알았던 캐릭터가 금융상품에까지 활용되는 것이다. 이처럼 헬로키티의 확장력은 영역과 경계를 모르고 뻗어나가고 있다.

전 세계에 헬로키티가 활용된 제품은 몇 종류나 될까? '문구류, 인형 등 기껏해야 몇백 종류쯤 되겠지'라고 생각한다면 오산이다. 헬로키티는 70여 개국에서 약 5만여 종의 제품이 팔리고 있다. 어떻게 5만 종이나 가능할까? 문구, 팬시 용품은 기본이고 의류, 주방용품, 보석, 화장품, 전자제품, 과자류, 도서, 신용카드 등에도 활용되고 있기 때문이다. 심지어 비행기와 자동차도 있다.

문구나 팬시류 등 한정적인 상품에만 활용되는 다른 일반적인 캐릭터와 대체 어떤 차별점이 있는 것일까? 헬로키티 캐릭터 자체가 월등하게 매력적이고 인기가 많아서라고 생각할 수도 있다. 그러나 여기에는 산리오만의 상품 전략도 큰 역할을 했다.

5만 종 상품의 비결은 바로 라이선싱 사업!

산리오는 캐릭터를 만들고 이를 활용해서 팬시, 문구 등의 상품을 만드는 기업이기 때문에 핵심 부서는 당연히 디자인부와 상품기획부다. 그러나 산리오의 핵심이라고 할 수 있는 이 두 부서의 인원은 고작 수십 명에 불과하다. 그렇다면 이 적은 인원으로 어떻게 5만여 종의 상품을 만들 수 있을까?

사실 헬로키티 상품은 산리오만 만드는 것이 아니다. 산리오의 비즈니스 모델은 바로 캐릭터 라이선싱 사업이다. 라이선싱 사업이란, 타 기업인 라이선시licensee에 로열티를 받고 캐릭터를 상품화할 수 있는 허가권을 주는 사업을 말한다. 즉 산리오는 '헬로키티' 캐릭터를 라이선시에게 상품화할 수 있는 권한을 주고 로열티를 받는다.

이처럼 캐릭터 비즈니스에서는 이러한 라이선싱 사업이 필수적이다. 상품화 과정에 일일이 다 관여하는 것보다 타 기업에 캐릭터를 빌려주는 것이, 자사가 껴안아야 하는 인력 부담과 실패 리스크를 줄이는 방법이기 때문이다. 라이선스를 통해 자사 캐릭터 제품이 많아지면 홍보 효과도 커지고, 라이선시 입장에서도 이미 검증된 캐릭터를 활용해 상품화할 수 있어 이익이다.

　그러면 누구나 라이선싱 사업을 하면 되지 않을까? 사실 이것이 말처럼 쉬운 일이 아니다. 라이선시가 캐릭터를 이상한 상품에 활용하면 이미지에 큰 타격을 입기 때문이다.

　예를 들어 담배 같은 인체에 유해한 제품에 헬로키티 디자인을 입힌다고 생각해보자. 사랑과 꿈을 상징하는 헬로키티의 이미지가 순식간에 퇴색되고 만다. 이처럼 라이선시 관리가 제대로 되지 않으면 산리오에게도 치명적인 영향을 끼치게 되는 것이다. 그렇다면 산리오는 전 세계적으로 수천여 개에 달하는 라이선시를 어떻게 관리하고 있을까?

라이선시 관리 1 · 업체를 선정하는 5가지 철칙

　수입이 크다고 해서 아무 업체나 라이선시로 선정해도 될까? 산리오의 대답은 절대 '아니오'다. 아무 기업에게 무턱대고 캐릭터를 빌려주면 그 피해는 고스란히 자신들에게 돌아오기 때문이다. 그래서 산리오는 라이선시 업체를 선정할 때 다음과 같은 기준을 활용해 철저히 검증한다.

　첫째, 해당 업종의 전문성을 확인한다. 현재 해당 업계에 속해 있는지, 생산능력은 어느 정도인지, 그리고 브랜드 인지도는 어느 정도인지를 조사한다. 두 번째로, 업계에서의 경력을 확인한다. 해당 업계에서 생산 및 유통 경력이 최소 5~7년 이상이 되어야 한다는 것이 기준이다. 세 번째로, 업체의 신용도를 체크한다. 국가에서 직접 시행하는 신용평가에서 일정 레벨 이상을 받지 않은 업체는 라이선시로 선정될 수 없다. 넷째, 기획 능력을 본다. 기획서를 토대로 기존에 없는 창의적인 제품을 만들 수 있는지를 확인할 뿐 아니라 시장 수요량의 예측, 시기별 생산량 산출, 효율적 가격 정책, 유통 등의 복합적인 기획력을 검토한다. 마지막으로 도덕적인 문제를 일으킨 적이 없어야 한다. 알다시피 캐릭터 비즈니스는 이미지를 파는 비즈니스이기 때문에 혹시 라이선시가 도덕적으로 문제를 일으킨 기업이라면 이는 그대로 캐릭터 이미지에도 영향을 미치기 때문이다.

라이선시 관리 2 · 기획부터 개발까지 협의 또 협의

산리오는 캐릭터 이미지를 해치는 '마약, 술, 담배, 섹스, 폭력'과 관련된 제품은 절대 만들 수 없다는 원칙을 고수하되, 그 외에는 다양한 제품을 만들 수 있도록 라이선시에게 권한을 주고 있다. 그렇다고 상품 개발을 전적으로 라이선시에게 맡기면 될까? 산리오는 업체 선정 이후 개발 단계에서도 라이선시와 동행해야 한다고 말한다.

우선 상품기획 단계에서 분기별로 라이선시와 개발 회의를 진행한다. 이때 라이선시는 개발 아이템을 소개하고 산리오는 주로 디자인적인 측면에서 조언한다. 예를 들어 "이 제품은 겨울용이니 따뜻한 느낌이 나는 디자인을 사용하는 것이 어떨까요?" 하고 말이다. 이처럼 산리오와 함께 상품기획을 논의한다 해도 개발의 최종 결정 권한은 라이선시가 가진다.

개발 단계에서도 디자인에 관련해서는 계속적인 관리가 이루어진다. 우선 산리오 캐릭터를 사용하는 데 있어서 꼭 지켜야 하는 디자인 규칙을 담은 디자인 매뉴얼을 배포한다. 전체적인 색깔과 사이즈, 형태는 물론이고 서체, 색깔의 조합까지, 디자인할 때 해야 할 것과 하지 말아야 할 것들을 구체적으로 보여준다. 예를 들어 키티의 얼굴과 몸통 비율뿐 아니라 수염 길이까지 규정돼 있다. 또한 헬로키티는 이미지 보호를 위해 다른 캐릭터와 함께 쓰일 수 없다. 타사 캐릭터뿐 아니라 산리오의 다른 캐릭터도 포함된다. 그래서 아이들이 아무리 좋아한다 해도 여러 인형들이 뒤섞여 있는 거리의 인형뽑기 기계에는 헬로키티 인형을 찾아볼 수 없다.

이처럼 세세한 매뉴얼 외에도 산리오의 상품 허가는 까다롭기로 유명하다. 디자인은 물론 상품의 품질까지 엄격하게 검수한다. 아이들이 가지고 노는 완구류는 입에 넣어도 무해한 성분으로 만들었는지 증명해야 하며 제과류는 맛이 좋아야 한다. 헬로키티 인형의 경우 키티가 입고 있는 옷과 양말의 재질, 심지어 포장지까지 확인한다.

산리오 코리아 관계자와의 인터뷰에 따르면 디자인과 샘플 상품 단계에서 각각 평균 2차례 정도 부적격 판정이 나오며, 심한 경우 샘플 상품단계에서 6번이나 퇴짜를 맞은 사례도 있다고 한다. 아무리 꼼꼼히 확인해도 디자인 단계의 시제품과 실제로 나온 샘플 제품이 다른 경우가 있기 때문이라는 것이다.

'이렇게 까다롭게 관리하다니. 라이선싱 업체의 횡포 아냐?'라고 생각하는 이들도 분명 있을 것이다. 그런데 조금만 달리 생각해보면 산리오 혼자만 잘되자고 이러는 것이 아니다. 대부분의 라이선시는 대기업보다 영세한 기업이 많기 때문에 품질 관리, 디자인 관리 측면에서 부족한 것이 사실이다. 이러한 부분들을 산리오가 철저한 관리를 통해 메워주고 있는 것이다. 라이선시가 최고의 제품을 만들어 잘 팔면, 라이선시 측에 도움이 되는 것은 물론 산리오 측도 캐릭터 홍보와 함께 부가 수입을 얻을 수 있다. 그리고 더 많은 라이선시가 산리오와 계약하기를 원하는 선순환의 구조를 이루게 된다. 즉 산리오와 라이선시 모두 이익을 보는 윈-윈 관계인 셈이다.

라이선시 관리 3 · 로열티 책정도 윈-윈 법칙에 입각한다

산리오는 몇 가지 기준에 따라 소비자 가격의 4~10%를 로열티로 책정하고 있다.

먼저, 캐릭터의 기능에 따라 로열티가 달라진다. 예를 들어 MP3 플레이어 제품에 헬로키티 디자인을 입힌 경우를 살펴보자. 사실 MP3 플레이어에 헬로키티 디자인이 더해지면 디자인 측면에서 조금 더 소장가치가 생기지만, 그 자체로 기능을 좌우할 정도는 아니다. 이런 경우 로열티는 4% 정도로 낮아진다. 반면 헬로키티 캐릭터의 기능이 커지는 제품의 경우 로열티가 올라간다. 주로 책이나 인형 등 팬시용품이 이에 해당한다. 또 다른 예로 헬로키티가 주인공인 동화책의 경우 헬로키티 캐릭터가 책 구매에 결정적으로 작용한다. 이때 로열티는 10% 가까이 올라간다. 또 하나의 기준은 생산량이다. 생산량이 많으면 로열티는 내려가고 생산량이 적으면 로열티는 올라간다.

이렇게 합리적인 로열티 책정 방법 덕분에 산리오와 라이선시의 사이에는 더욱 신뢰가 쌓이게 된다. 만약 갑작스러운 불황 등으로 라이선시가 타격을 입으면 로열티를 하향 조정해주기도 한다. 실제로 2009년 글로벌 금융 위기가 닥쳤을 때 산리오는 라이선시의 입장을 고려해 로열티를 내렸다고 한다. 이러한 윈-윈 전략 덕분에 산리오의 일본 내 450여 개의 라이선시 중 50%가 20년 이상 장기거래를 지속하고 있다.

하나의 문화 아이콘으로 자리매김하다

어느 기업이라도 혼자서 생존할 수는 없다. 제품을 사주는 고객이 있어야 하고, 제품의 부품이나 장비를 만들어주는 협력회사가 있어야 한다. 그런데 고객의 마음을 사로잡기 위한 마케팅에는 투자를 아끼지 않지만 협력회사 관리는 소홀히 하는 기업이 의외로 많다. 그러나 산리오는 디자인과 마케팅뿐 아니라 그들의 제품에 날개를 달아줄 라이선시와의 관계 구축에도 힘을 쏟았다. 그 결과 세계 최고의 고양이 헬로키티는 하나의 '문화 아이콘'으로까지 등극할 수 있었다.

프렌치 키스, 이모젠 로즈, 멜팅 마시멜로 모멘트, 헤바닐리, … 이름만 들어도 달콤한 향기가 코끝에 맴도는 느낌이다. 이것들이 무엇의 이름일까? 요즘 유행하는 디저트일까? 그렇다면 제품 설명을 살펴보자. "당신이 한순간에 말랑말랑한 핑크색 마시멜로가 되었다고 상상해보세요. 달달한 핑크빛의 이 입욕제는 여우 같은 여인들을 위한 거랍니다. 진짜 마시멜로를 함유하고 있어 향이 달콤하고, 보습 기능도 탁월해요." 자, 이 정도면 감이 잡히는가? 놀랍게도 이것들은 모두 영국에서 온 핸드메이드 화장품 브랜드 러쉬의 제품명들이다. 러쉬는 단일 브랜드로 거대 화장품 회사들에 맞서는, 작지만 강한 회사다. 남다른 히피정신으로 성공을 이끈 러쉬만의 노하우를 공개한다.

CHAPTER 9

비즈니스 상식 깨부순 '히피 기업' 러쉬

'오감 자극' 컬트 마케팅으로 마케터 없이도 고객 만족 극대화

LUSH 러쉬

업종 화장품 및 목욕용품, 스킨케어 제품 제조 및 판매
설립 1995년, 영국
대표자 마크 콘스탄틴 Mark Constantine
매출액 2억 1,500만 파운드(2010년 기준)
직원 수 6,000여 명
업적
- 전 세계 46개국 700여 개 매장 보유
- 고객의 74%가 한 달 이내 재구매

기업 인사이트
- Lead(리더십): 나만의 방식으로 이끌어라.
- Unique Experience(유니크한 경험): 고객에게 유니크한 경험을 선사하라.
- Spirit(가치): 명확한 가치관으로 소통하라.
- Happiness(행복): 직원과 고객 모두를 행복하게 하라.

LUSH
FRESH HANDMADE COSMETICS

단일 브랜드로
전 세계 장악한 다윗 회사

'러쉬'라고 하면 한 번도 들어보지 못했거나, 알더라도 "아, 그 냄새 강한 비누?" 정도로 기억하는 사람들이 많을 것이다. 그러나 사실 러쉬는 입욕제, 비누 등 목욕용품부터 립밤, 로션 등 스킨케어 제품, 샴푸바, 헤어에센스 등 헤어제품과 향수까지 전체 화장품 제품군 중 80% 이상을 만드는 종합 화장품 회사다.

그렇다면 시장점유율 15%로 세계 화장품 1위 기업인 로레알그룹 안에 몇 개의 브랜드가 있을까? '1등 기업이니까 대충 20~30개는 되지 않을까?'라고 생각한다면 오산이다. 로레알그룹은 우리가 잘 아는 로레알, 메이블린, 슈에무라, 바디샵 등 유명 브랜드부터 시작해 이름 한 번 들어보지 못한 온갖 브랜드까지 합하면 무려 500여 개 브랜드를 거느리고 있다. 2위 기업인 P&G는 300여 개, 3위 기업인 유니레버 또한 400여 개 브랜드를 갖고 있다.

이렇듯 수백 개의 브랜드를 가진 '골리앗' 회사들도 많지만, 러쉬는 오로지 러쉬라는 브랜드 하나로 전 세계에 진출해 인기를 끄는 당당한 '다윗' 회사다.

성장세도 남다르다. 일반적인 화장품 회사들의 평균 성장률은 고작 3~4%인데 반해, 러쉬는 20% 이상의 성장률을 꾸준히 유지하며 쑥쑥 커왔다. 2008년에 경기 불황으로 성장세가 다소 꺾이긴 했지만 그렇다 해도 평균 성장률은 2~3배를 넘겼다.

이렇게 작지만 강한 기업 러쉬의 성공에는 '히피 정신'이라는 독특한 비결이 숨겨져 있다. 러쉬가 일반적인 기업들과 매우 다른 경영방식을 가지고 있는 것도 바로 이 히피적 특성 때문이다. 마크 콘스탄틴과 그의 아내 모$_{Mo}$ 등 7명의 창업공신들은 아직도 스스로를 '히피'로 정의한다.

히피(hippie 또는 hippy)는 행복한(happy), 열중한(hipped) 등에서 유래한 말로, 1960년대부터 미국을 중심으로 일어난 반체제 자연찬미파 사람들을 일컫는다. 이들은 기존 사회의 관념을 깨고 '자연'을 중시하며 자유로운 '감성'을 표현하고 인생의 '행복'에 최고의 가치를 두는 특성이 있다. 러쉬는 이러한 히피 정신을 이어 받아, 기존 비즈니스의 통념을 확실히 깨버렸다.

상식 파괴 1 :
'오래 가는 것'보다 '신선한 것'이 먼저다!

먼저, 제품에 대한 상식을 과감하게 깼다. '제품은 튼튼하고 오래 가야 한다'는 기존의 상식이 러쉬에서는 통하지 않는다. 어쩌면 화장품은 이러한 일반적인 제품 상식이 애초에 어울리지 않는 영역일 수도 있다. 화장품류의 유통기한은 일반적으로 30개월 정도이기 때문에 대부분의 화장품들이 성분이 변질되지 않도록 방부제를 넣고 화학적 처리를 가미한다.

일반적인 화장품 제조 방식은 기획-개발-제조-출하의 4단계를 거쳐 출시된다. 기획 단계에서는 화장품 시장에서 어필할 수 있을 만한 새로운 트렌드에 주목해 필요한 기능을 찾아낸다. 예를 들어, 동안 열풍이 계속되고 있는 요즘은 '어떻게 하면 주름을 개선하고 피부를 더 생기 있어 보이게 할 수 있을지'가 꾸준한 이슈다. 그다음 개발 단계에서는 기획 단계에서 찾아낸 아이디어를 실현시킬 성분을 찾는다. 화장품은 대부분 화학물질의 조합으로 이뤄지는데, 고객에게 어필할 수 있는 신성분을 개발하고 안전성을 검증 받는 것이 이 단계에서 하는 일이다. 제조 단계에서는 공장에서 기계를 이용해 정밀하게 화장품을 만들고, 출하 단계에서는 성분을 손상시키지 않는 특수 강화 용기에 담아 화장품이 더 오래 안전하게 지속되도록 한다. 이후 고객들이 화장품을 인식할 수 있도록 마케팅을 덧붙이면 일련의 과정이 완성된다.

러쉬는 제품이 '오래 가지 않아도 신선하면 된다'고 주장한다. 러쉬의 제품들은 유통기한이 유난히 짧은데, 그중 유통기한이 가장 짧은 제품은 고작 3주에 불과한 것도 있다. 유통기한이 가장 긴 제품조차 1년 반이다. 남과 다르게 접근하여 신선한 제품을 만드는 이들만의 개발 방식은 무엇일까?

기획 단계 • 상상의 나래 펼치는 감각적 접근

러쉬는 기획 단계에서 요즘 어떤 트렌드가 유행인지, 어떤 기능이 필요한지는 그다지 신경 쓰지 않는다. 대신 감각적으로 접근해 마음껏 상상의 나래를 편다. "4차원의 우주 세계를 경험할 수 있는 제품을 만들어볼까?", "화사하게 빛나는 봄처럼 잠에서 깨어나는 느낌을 제품으로 표현할 수는 없을까?" 제품 개발실에서 오고 가는 실제 대화 내용들이다.

어렸을 적 상상했던 작은 아이디어가 개발자들과 만나 러쉬를 통해 실체를 갖게 되는 셈이다. 한마디로 개발자들의 상상과 꿈을 이뤄내는 제품을 만든다. 러쉬가 창립되기도 전인 1970년대부터 함께 화장품을 만들어온 초기 멤버들의 상당수가 현재까지도 제품 개발자로 일하고 있는데, 이러한 감각적인 상상력 덕분에 이들은 개발자가 아니라, '발명가, 창안자(inventor)'라고 불린다.

개발 단계 • 전 세계 오지에서 캐낸 천연재료

아이디어를 모은 후에는 어떻게 할까? 개발 단계에서는 천연재료를 구하는 것이 제일 중요하다. 러쉬의 바이어들은 정장 대신 운동화에 배낭을 메고 마치 배낭여행자처럼 세계 곳곳의 오지를 돌아다닌다. 천연재료야말로, 제품의 신선함을 결정하는 가장 중요한 요소이기 때문에 직접 구매해야 한다고 여기는 것이다. 중개업자를 통하지 않으니 불필요한 비용 낭비를 줄일 수 있다는 장점도 있다.

또한 별도의 동물 실험을 하지 않는다. 일반적으로 동물 실험이 필요한 이유는 아직 안정성이 검증되지 않은 신성분이 인체에 무해하다는 과학적 입증을 위한 것이다. 그러나 러쉬는 마치 우리의 《동의보감》속 한약재처럼 이미 수 세기에 걸쳐 그 효능과 안전성이 입증된 천연재료를 사용하기 때문에 동물 실험을 하지 않는다. 대신에 직원이나 직원의 가족들이 자원해서 신제품을 테스트 해본다고 한다.

그러나 천연재료에도 어쩔 수 없는 단점이 있다. 쉽게 상할 우려가 있고, 전 세계적으로 가격도 비싸지는 추세다. 최대한 천연재료를 사용하는 러쉬로서는 이러한 문제를 원천적으로 해결할 수는 없다. 그러나 독특한 운영방식으로 천연재료의 단점을 최대한 보완해 오히려 강점으로 만들고 있다.

먼저 유통기한이 최단 3주~최장 1년 6개월 정도로 타 제품에 비해 짧기 때문에, 기한 내에 사용할 수 있도록 제조일자뿐 아니라 유통기한을 명확하게 표기하고 있다. 어떤 성분이 쓰였는지도 모두 공개한다. 물론 2009년부터 우리나라에서도 '화장품 전성분 표기제'가 의무 시행돼 대부분의 화장품에 성분표시가 들어가 있다. 그러나 러쉬는 유럽에서 화장품 전성분 표기가 의무화되기 이전부터 자율적으로 모든 성분들을 표시해왔다.

> **제조 단계 · 선주문 후생산, 100% 사람 손으로 만드는 핸드메이드 제조**

러쉬는 선주문 후생산 방식을 고집하여 재고를 없애고 비용 부담을 덜고 있다. 각 국가의 파트너사들은 6개월 전 예상 수량을 1차적으로 전달하고, 2개월 전에 최종 주문을 발주한다. 이렇게 주문이 이뤄진 후에 영국, 캐나다, 일본, 호주에 있는 직영 공장에서 제품을 손으로 만들어 각 국가로 배송한다.

3주짜리 유통기한을 가진 '바이오 프레쉬' 제품은 개별 고객이 매주 월요일까지 주문을 넣으면 그때부터 만들기 시작해서 목요일에 일괄 배송이 되는 방식으로, 우리나라에서도 바이오 프레쉬만 만드는 작은 공장을 따로 가지고 있다. 수량부터 확인한 후 그에 맞춰 제품을 제조하기 때문에, 예상하지 못했던 히트 상품이 생기더라도 맘껏 '찍어낼' 수가 없으며 추가 주문을 한 후에 한참을 기다려야만 구입할 수 있다.

러쉬의 제조 단계는 최소한의 과정에만 기계를 간단히 사용하고, 원재료 구입부터 손질, 배합 등 제조의 전 과정에 사람 손길이 빠짐없이 들어간다. 제품을 만드는 과정을 보면, 마치 커다란 레스토랑의 부엌에 온 것 같을 정도다. 실제로 공장이라고 지칭하기보다는 '러쉬 키친'이라는 표현을 쓴다. 전 과정을 사람이 직접 진행하는 만큼, 마치 과일에 직접 농부의 얼굴을 붙이듯이 제품을 만든 사람의 얼굴과 이름이 새겨진 스티커를 붙여서 소비자의 신뢰를 높이고 있다.

전 과정을 사람 손으로 직접 하다 보니, 어느 정도 비효율적일 수밖에 없다. 그러나 러쉬는 이러한 비효율성을 문제 삼지 않는다. 제품 주문이 많아지면 그만큼 사람을 더 뽑는다. 노약자, 장애인 등 일반적으로 기업에서 선호하지 않는 인력들도 이곳에서는 할 수 있는 일이 많다. 하루 종일 자리에 앉아 제조에 들어갈 재료가 충분히 신선한지 검사하거나, 재료를 다듬는 일 등이다. 러쉬는 이런 방식으로 지역사회의 일자리 창출에도 크게 기여하고 있다.

출하 단계 · 최소한의 포장으로 자연주의를 담다

다른 화장품 브랜드에서는 화장품뿐 아니라 비누나 입욕제도 고급스러운 케이스에 담아 파는 경우가 많다. 그러나 러쉬 제품의 3분의 2는 아무런 포장 없이 '맨 몸'으로 출시된다. 물론 선물용으로도 많이 판매되기 때문에 포장을 해주기도 한다. 재생지와 콩기름으로 인쇄한 친환경 박스에 담아주거나 샴푸병을 재활용해 만든 알록달록한 보자기로 싸준다. 유럽에서는 우편으로 배송할 때는 제품 보호를 위해 에어캡 대신에 팝콘을 넣어 보내는 재치를 발휘하기도 했다. 제품을 보호하기 위한 최소한의 목적을 지키면서, 재미와 신선함을 양껏 더한 것이다.

이렇게 만들어진 모든 제품들은 기획-개발-제조-출하 단계마다 하나하

[그림11] 러쉬의 입욕제 스페이스 걸

나 남다른 스토리가 담긴다. '4차원의 우주세계를 경험하고 싶다'는 생각으로 기획된 입욕제 '스페이스 걸'은, 이왕이면 온몸으로 우주를 느낄 수 있게 입욕제를 만들고 우주의 향을 표현하자는 의견을 거쳐, 보랏빛 토성 모양에 우주 먼지를 더하는 식으로 구체화되어 만들어진다. 또한 직접 고객 손에 토성이 안착되는 느낌을 전해줄 수 있게 포장 없이 출시된다.

오래가는 튼튼한 제품 대신 신선함을 선택한 러쉬. 이들은 히피적 감성인 '자연주의'를 철저히 지키며 화장품에 자연을 담아냈다.

상식 파괴 2 :
감성적 경험을 제공해 고객이 제 발로 찾게 한다

아무리 뛰어난 비즈니스라도 고객이 있어야 존재하기 때문에, 손님을 찾아다니는 각종 노력이 바로 비즈니스의 시작점이라 할 수 있다. 특히 화장품은 아름다운 모델을 등장시킨 매혹적인 광고를 통해 고객의 마음을 흔드는 방법이 필수적인 것으로 알려져 있다. 실제로 화장품 가격 중 광고를 포함한 마케팅비가 24%에 달할 정도다. 그러나 안타깝게도 소비자들이 광고를 기억할 확률은 급감하고 있다. AC닐슨AC Nielsen의 조사에 따르면 1960년대 중반에는 소비자들이 시청한 광고 중 34%를 기억했지만 최근에는 고작 2.2%만을 기억한다고 한다.

똑똑한 러쉬는 큰돈 들여 광고를 하지 않는다. 광고를 통해 손님을 찾아다니기보다는 손님이 직접 찾아오게 만든다. 이것이 어떻게 가능할까? 이들은 광고 대신에, 다양한 제품을 직접 경험해보게 하는 감성적 경험 마케팅으로 고객의 자발성을 부추기고 있다. 특히, 고객이 매장에 들어온 바로 그 순간(FMOT, First Moment of Truth)에 주목해 매장에서의 모든 경험을 디자인했다. 최종 구매 결정에 가장 큰 영향력을 행사하는 요인이 쇼핑공간에서의 경험이기 때문이다. 과도한 광고 마케팅 비용 대신, 매장에서 소비자의 오감을 만족시키려는 그들의 노력에는 어떤 것들이 있을까?

오감만족 1 · 후각으로 승부하라!

배고픈 퇴근길, 삼겹살집 옆을 지나다 자꾸 뒤를 돌아보게 만드는 고기 굽는 냄새에 급히 저녁 메뉴를 결정한 경험이 누구에게나 한 번쯤 있을 것이다. 또, 길에서 마주친 낯선 사람의 향수 냄새에서 오래 전 추억들이 한순간에 확 떠오르기도 한다. 이것이 바로 '향'이 갖는 힘이다.

러쉬 매장은 고깃집 못지않은 냄새로 승부한다. "강한 향기 때문에 고객들이 우리 매장을 알아채고 찾아온다."고 말할 정도다. 대부분의 화장품에 향기가 있지만 러쉬의 향은 유난히 더 강하다. 왜 그런 것일까?

무엇보다도 이들이 사용하는 천연재료가 그 자체만으로도 강한 향을 발산한다. 게다가 다른 화장품과는 달리, 제품의 3분의 2가 포장

없이 출시되고, 매장에서도 포장 없이 드러내 진열돼 있기 때문에 향은 더 강해진다. 심지어 매장에 욕조를 설치해 입욕제를 풀어두는 경우가 많아 공기와 접촉면이 넓어지니 더욱 그렇다.

오감만족 2 · 시각으로 승부하라!

알록달록 먹음직스러운 과일들이 가득 쌓인 과일가게나 색색의 꽃들이 가득한 꽃집은, 그 화려한 색과 각기 다른 모양에 시선을 뗄 수가 없다. 이들은 과일가게에서 매장 콘셉트를 고스란히 가져왔다. 과일가게 사진과 러쉬 매장 사진을 나란히 놓고 주의 깊게 보지 않으면 어느 쪽이 러쉬 매장인지 금방 알아채기 어려울 정도다.

제품을 포장 없이 색깔 별로 층층이 쌓아둔 것은 물론, 제품의 이름, 특징, 가격 등의 정보도 까만 칠판에 하얀 분필로 소박하게 쓱쓱 적어둔다. 입욕제, 샴푸, 비누 등의 경우 100g 단위로 가격을 적어두어 더욱 식료품 가게와 같은 느낌이 난다.

오감만족 3 · 촉각으로 승부하라!

보드라운 극세사 이불을 쓰다듬는 상상을 해보는 것만으로도 마음이 조금은 편안해질 수 있다. 러쉬는 매장에서 제품을 촉각으로 경험할 수 있게 한다. 물론 다른 화장품 매장에서도 제품 테스트를 할 수 있지만, 이들의 제품 테스트에는 다른 점이 있다. '이렇게 잔뜩 테스트해봐도 되나?' 생각이 들 정도로 아낌없이 듬뿍듬뿍 해볼 수 있고, 비누도 매장에서 직접 체험해볼 수 있다.

구매 과정에서도 '프레쉬 핸드메이드 코스메틱fresh handmade cosmetic'
의 느낌을 살렸다. 앞서 말했듯 100g 단위로 제품을 판매하는데,
100g씩 미리 잘라둔 제품을 파는 것이 아니라 그 자리에서 점원이
톱 같은 것으로 비누를 직접 잘라준다. 사람이 자르는 것이다 보니
용량이 약간씩 다르기도 하고 모양이 삐뚤삐뚤해 핸드메이드 느낌
이 더 강하다.

오감만족 4 · 청각으로 승부하라!

자연주의 느낌을 살린 러쉬는 매장음악도 다르다. 대부분 러쉬 매
장에서는 특별히 음악이 나오지 않지만, 일부 매장과 러쉬 스파(국
내에는 없음)에서는 숲과 자연을 느낄 수 있는 그들만의 편집 음반을
활용해 분위기를 돋운다. 이는 창업자 마크 콘스탄틴이 새 소리에 조
예가 깊기 때문이다. 그는 회사 설립 훨씬 이전인 1970년대부터 전
세계를 돌아다니며 새 소리를 3만 회 이상 녹음해왔다. 편집 음반을
아마존 등에서 직접 구입할 수도 있다.

오감만족 5 · 미각까지 승부하라!

보고 듣고 냄새 맡고 손으로 느끼는 러쉬. 심지어 먹을 수도 있다
면 어떨까? 물론 러쉬는 화장품이다. 그러나 미각까지 신경을 쓴다.
립밤 등 립 제품에는 재료, 기능, 디자인 등 다른 요소 외에 맛이 따
라줘야 한다. 홍보와 마케팅도 천연재료를 적극적으로 활용하는 제
품 특성에 맞춰서 한다. 신제품 오티픽스Oatifix의 경우, 출시할 때 주

원료인 바나나를 나눠주며 바나나로 만든 얼굴 팩임을 강조하는 마케팅을 펴기도 했다. 설탕을 주재료로 만들어 잔여물은 먹어도 되는 입술 각질 제거 팩도 있다.

이렇게 러쉬는 광고 한 번 없이도, 후각부터 시각, 촉각, 청각, 그리고 미각까지 '오감'을 만족시키는 그들만의 경험으로 고객이 직접 체험하고 느끼게 만든다. 여기에 또 하나의 중요한 비밀이 더해진다. 제품을 소개해주고 설명해주는 직원들의 눈빛이 정말 남다르다는 것. 너무나 열정적으로 제품을 소개해주어 어느새 제품을 사들고 나오게 만들 정도다.

상식 파괴 3 :
회사는 일터가 아니다, 놀이터다!

멀쩡하다가도 출근만 하면 소화가 안 되고 두통이 생기며 스트레스가 솟는다? 대부분의 직장인들이 비슷한 증상을 호소할 것이다. 그러나 러쉬 직원들은 다르다. 회사에 오는 게 행복하다고 스스럼없이 이야기하고 쉬는 날에도 동료와 함께할 때가 많다. 매장에서 고객을 상대로 열정적인 에너지를 뿜어내고, 신제품 론칭 행사에 모델 대신 직원이 적극적으로 참여해 행사를 이끈다. 영국 〈타임즈The Times〉도 러쉬를 가장 일하기 좋은 회사로 2년 연속 선정했다.

어떻게 이렇게 '직원들이 좋아하는 좋은 직장'이 될 수 있었을까? 여기에는 그들만의 가치관이 큰 몫을 한다.

가치관 경영 1 · 러쉬만의 가치를 만든다

우선 러쉬의 공동 창업자들은 설립 초기부터, 아니 설립 전부터 그들만의 남다른 가치를 가지고 있었다. 이들은 1970년대부터 함께 화장품 만드는 법을 배우고 제품을 개발하며 우정을 쌓았고, 현재까지도 전원이 그대로 근무한다. 창업자들을 '마피아$_{mafia}$'라고 하는데(현재는 임원들을 모두 마피아라고 부른다), 마피아의 가치가 바로 러쉬의 가치가 됐다.

히피정신에서 출발한 그들은 다음의 구체화된 7가지 가치를 제시한 뒤, 명문화했다.

1. 효과 좋은 제품은 신선한 과일과 채소, 질 좋은 에센셜 오일과 안전한 인공 성분으로 만들어진다는 것을 믿습니다.
2. 행복한 사람들이 행복한 비누를 만든다는 것을 믿습니다. 이렇게 탄생한 제품에 우리 얼굴이 그려진 스티커를 붙이고, 이것을 가족들이 자랑스럽게 여긴다는 것을 믿습니다.
3. 촛불을 켜고 여유 있게 하는 목욕, 사랑하는 사람과 함께하는 샤워와 마사지 그리고 세상을 향기로 채우는 소중함을 믿습니다. 실수를 하고 모든 것을 잃더라도 극복하고 다시 시작할 수 있음을 믿습니다.
4. 동물 실험을 하지 않는 회사에서만 원료를 구입하며, 제품의 안정성을

위해 사람에게 테스트합니다. 이런 점 때문에 우리 회사를 더욱 신뢰할 수 있다고 믿습니다.
5. 제품과 향료를 스스로 개발하며, 신선한 재료를 이용하여 손으로 만들고, 필요한 경우에만 보존제를 소량으로 사용하고 포장을 최소화합니다. 식물성 재료를 사용하고 제품이 언제 만들어졌는지 고객에게 알려야 한다는 것을 믿습니다.
6. 우리 제품이 좋은 품질을 갖고 있으며 고객이 늘 옳다는 것을 믿습니다.
7. 신선함이라는 단어가 마케팅 이상의 정직한 의미를 갖고 있다고 믿습니다.

가치관 경영 2 · 가치에 맞는 사람과 함께 한다

이렇게 가치를 명확히 수립한 후에는 가치에 맞는 사람과 함께하는 데 최선을 다했다. 해외 진출 시 파트너 사를 선정할 때 일반적인 회사라면 자사를 크게 성장시킬 수 있는지, 자금력이 충분한지, 기존에 어떤 일을 했는지 등 규모와 가능성의 문제를 따질 것이다. 그러나 러쉬는 전혀 다르다. 일반적 기준보다는 자신들만의 가치를 잘 이해하고 계승할 수 있을지를 살핀다.

러쉬는 1국가 1파트너 사를 원칙으로 하는데, 전 세계 46개국 파트너 사 중에는 대기업이 단 하나도 없다. 파트너 사 후보를 마피아 미팅에 초대해 며칠간 함께 지내며 이야기도 나누고 지켜보면서 '아, 이 사람이다' 하는 생각이 들면 계약을 맺는다고 한다. 회사를 특별히 크게 키워야겠다고 생각하지 않기 때문에 고작 서너 개의 매장만 운영하는 파트너 사도 있을 정도다.

러쉬코리아도 마찬가지의 과정을 거쳐 선정됐다. 2000년대 초, 우미령 대표가 도입 의사를 전했을 때 이미 5~6개의 대기업이 러쉬를 국내에 들여오고 싶어 하는 상황이었다. 우 대표는 대학 졸업 후 보석 디자이너로 일하던 28세 여성으로, 관련 경력도 없고 자금력도 불확실했다. 그러나 당시 몸이 아팠는데도 불구하고 곧바로 영국까지 찾아가 비누 제조법을 배우고, 매장 내 퍼포먼스 같은 아이디어를 적극적으로 제안하며 마피아들을 감동시켰다고 한다. 일반적으로 볼 때에는 다른 회사에 비해 절대적으로 열악한 조건을 갖고 있었지만, 러쉬는 자신들의 가치와 맞는 사람인지 아닌지를 기준으로 그녀를 선택했던 것이다.

러쉬코리아는 직원을 채용할 때도 그들만의 가치를 우선한다. 학벌, 외국어, 인턴 경력 등 소위 '스펙'보다는, 러쉬를 사랑하고 새로운 사람들을 만나는 일을 좋아하는지를 살핀다. 최근 러쉬코리아에서는 채용을 파티처럼 진행하는 '리쿠르팅 파티'를 활용해 매장 직원을 선발했다. 지원자들에게 제품을 설명해준 뒤, 그들이 직접 제품을 소개하는 모습을 보며 러쉬다운 인재를 골라낸다.

꼭 매장 직원에만 국한되는 얘기는 아니다. 러쉬는 고객을 직접 만나는 현장 경험을 매우 중요하게 생각하기 때문에, 본사 직원을 뽑을 때에도 매장 출신을 선호하며 판매원으로 일해본 사람을 우선적으로 지원할 수 있게 배려한다. 매장에서 근무하다 러쉬에서 꿈을 찾고 대학에 진학해 인테리어를 배워 본사의 매장 디자이너로 커리어를 옮긴 사례도 있다. 또한 매장 직원에서 시작하여 영국 본사에서도 인정받는 스타 트레이너가 된 성공사례도 존재한다. 우 대표는 "한번 우리 식구가 되면 끝까지 챙긴다. 이런 태도가 직원들에게 좋은 영향을 주고 자연스럽게 동기부여를 시켜준다."고 설명한다.

가치관 경영 3 · 가치를 키운다

이렇게 직원들 스스로 가치에 적극 동의하기 때문에 러쉬의 가치는 더욱 빛을 발한다. 이들은 '환경, 동물, 인권'이라는 3가지 주제에 대해 전 세계적으로 캠페인을 진행하기도 하는데, 직원들이 적극적으로 참여하기 때문에 더욱 진정성이 있다.

일례로 환경을 위해 포장을 줄이자는 의미로 옷을 입지 않고 앞치마만 걸친 채 캠페인 자료를 나눠주는 그 후 '고 네이키드Go naked' 캠페인을 진행한 적이 있다. 처음에는 전문 모델을 섭외해 강남역점 매장 앞에서 시도했지만, 모델도 지나가는 행인들도 캠페인의 숨은 뜻을 몰라 서로 부끄러운(?) 상황이 벌어져 반나절 만에 철수해야 했다. 이러한 시행착오를 거친 후 직원들은 묘안을 짜내 직접 자신들이 해보자고 의기투합하게 되었다. 고 네이키드 캠페인의 의미를 절실히 공감하는 10여 명의 직원들이 용기를 내 캠페인에 직접 뛰어들었더니 공감을 얻을 수 있었다고 했다.

매 분기 열리는 직원 교육도 러쉬답게 진행한다. 1년에 4번 전 세계 직원들이 모여 소통하는 '커뮤니케이션 데이'에서는 제품의 성분과 효능 등을 익히는 것뿐만이 아니라, 제품을 직접 경험하고 어떤 느낌을 받았는지 역할극 등을 통해 몸으로 표현하며 서로 느낌을 공유한다. 러쉬의 가치 중 하나인 환경에 대한 중요성을 교육할 때에도 글자가 가득한 교재 대신에 그림으로 이해하기 쉽게 표현된 교재를 사용해 감성을 자극한다.

'러쉬스러운 고객'을 만들기 위해 고객과도 가치를 소통하고자 한다. 분기별로 발행하는 소식지〈러쉬타임스Lush Times〉는 브랜드, 제품 히스토리부터 직원, 고객 이야기까지 담는다. 또한 기존 고객을 우선적으로 챙긴다. 이것에 관해 우 대표는 이렇게 말한다. "10개 매장을 새로 연다면 5개는 신규 매장이고, 5개는 기존 매장을 더 좋은 곳으로 옮기거나 리뉴얼 하는 식일 것입니다. 기존 고객에게 더 큰 가치와 만족을 주기 위해서죠."

이렇듯 러쉬는 제품, 마케팅, 인사관리 모두 기존 비즈니스의 관념을 확실히 깨버리며 성공을 거듭하고 있다. 하지만, 이들의 자연주의 콘셉트가 이제는 평범해졌다는 의견도 있고, 머지않아 창업자들이 은퇴한 이후 회사의 방향을 어떻게 잡을 것인지에 대한 걱정도 크다. 그러나 러쉬는 "경쟁자가 많아지는 것은 오히려 반가운 일"이라고 당당히 말한다. 비슷한 브랜드가 많아진다는 것은 그들이 수십 년간 지켜온 믿음이 옳다는 것을 증명해주기 때문이다. 게다가 "직접 해보면 우리처럼 경영한다는 것이 얼마나 어려운 일인지 알게 될 것"이라고 자신감을 보인다. 스스로의 원칙과 가치에 충실한 기업, 소중히 지켜온 그들만의 방식이 러쉬를 승승장구하게 만드는 비결일 것이다.

"여보, 이 신발 좀 봐봐. 어때?"
"어머, 뭐 이렇게 못생긴 신발이 다 있어요! 이런 걸 돈 주고 사 신다니. 이런 건 그냥 준대도 절대로 신을 일 없을 거예요!"
크록스의 CEO인 론 스나이더의 아내가 창업 2년 전 그에게 했던 말이다. 그러나 요즘 그의 아내는 벌써 몇 개째 닳도록 크록스만 신는다고 한다.
크록스를 아느냐는 질문에 고개를 갸우뚱 하는 사람들이 있다면 "왜 그 욕실 슬리퍼 같이 생긴 거 있잖아."라고 설명해보자. 다들 "아하!" 하고 알아챌 것이다. 우리나라에 지사가 세워진 지 만 1년 만에 크록스는 10대부터 30~40대까지 일상용 혹은 레저용 신발로서 이미 상당한 마니아층을 형성하고 있다. 누가 봐도 '정말 못생겼다'는 강렬한 첫인상을 불식시키고 창업 5년 만에 세계 90여 개국에 진출하여, 신발 하나로 8억 5,000만 달러(약 8,600억 원)를 벌어들이고 있는 그들만의 경영비법은 무엇일까?

CHAPTER 10

상식을 파괴한
못생긴 고무신 크록스

단일품목에 대한 선택과 집중, 독특한 개성으로 마니아층 형성

crocs 크록스

업종 신발 제조 및 판매
설립 2002년, 미국
대표자 론 스나이더 Ron Snyder
매출액 7억만 달러(2010년 기준)
직원 수 6,800명
업적
- 설립 3년 만에 800% 성장, 나스닥 상장
- 신발 소재로 특허를 받은 최초의 기업

기업 인사이트
- 훌륭한 소재와 뛰어난 기능으로 '예쁜 것' 이상의 '좋은 것'을 찾아라.
- 사용자를 관찰하여 그들을 공략한 새로운 아이템을 만들어라.
- 효율적으로 만들고 합리적으로 팔아 이익을 높여라.
- '기업을 잘 아는 사람'이 되어 '기업을 잘 하는 사람'을 활용하라.

전 세계를 강타한
크록스 열풍

 2007년 3월 미국 MSNBC 방송국의 '데이비드 그레고리 쇼David Gregory Show'에서 3명의 앵커들이 괴상하게 생긴 플라스틱 신발을 신고 나와 춤을 춘다. 그들은 '희한하게' 생긴 이 신발이 할리우드 스타들을 비롯해 많은 사람들에게 열풍을 불러일으키고 있다고 전한다. 한편 같은 해 8월 HBO 방송국의 '리얼타임Real Time'에서는 유명 앵커 빌 마허Bill Maher가 이런 괴상한 플라스틱 신발을 신는 유행에 대해 비난하며 "이런 신발은 유치원생이나 정신병자들이 신을 만한 것"이라고 조롱한다.
 이렇게 미국 전역을 거세게 강타한 '크록스 바람'의 탄생 배경은 다음과 같다. 2002년 5월, 린돈 핸슨Lyndon Hanson, 스콧 시먼스Scott Seamans, 조지 베덱커George Boedecker 이렇게 세 친구들이 카리브해 보트 여행을 떠났다가, 여행의 끝 무렵에 최초의 크록스 모델이라 할 수 있는 보트용 신발 '비치beach'를 만들게 된다. 그리고 이 신발은 같은 해 11월, 포트 로더데일의 보트쇼에서 첫 판매 3일 만에 1,000족이 넘게 팔려나가는 쾌거를 이룬다. 예상 외의 선전에 놀란 이들은, 여기서 멈추지 않고 미끄럼 방지, 경량, 항 오염, 항 바이러스, 세탁 편리 등의 특정 기능을 필요로 하는 사람들(의료종사자, 정원사, 주방장, 여행자 등)에게 제품을 팔기 시작했다. 그렇게 조금씩 판매 영역을 넓혀가다 보니, 일반 대중들도 '크록스 열풍' 속으로 빠져들기 시작한 것이다.

2003년, 크록스는 결국 본격적인 기업화에 나선다. 그해에 120만 달러의 매출을 달성했고, 2004년에는 1,350만 달러의 매출로 약 1,100%의 성장을 이루었다. 뿐만 아니라 2005년에는 1억 860만 달러의 매출로 또 다시 약 800% 성장했다. 같은 해 크록스는 론 스나이더를 CEO로 선임하고, 신발업계 사상 최고가로 나스닥NASDAQ에 상장되는 신기록을 세운다. 2006년에는 3억 5,470만 달러, 2007년에는 8억 4,740만 달러의 매출을 올리고 뉴질랜드 히트상품 1위, 캐나다 히트상품 1위, 일본 〈니케이트렌디〉지 선정 상반기 히트상품 2위 등의 진기록을 쏟아냈다. 2008년 1사분기의 매출은 1억 9,850만 달러에 육박했는데, 이 수치는 전년 동기 대비 해외시장 79.5%, 국내시장 11.7%의 성장을 의미한다.

비록 시작이 작았어도 결말은 '큰' 성공으로 이어지길 바라는 것, 이것은 모든 중소기업의 꿈이다. 하지만 이 희망들이 모두에게 현실이 되는 것은 아니며, 그저 열심히 한다고 탄탄대로만을 달리는 것도 아니다. 이 소망을 현실로 만들어내 초고속 성장을 거듭한 크록스의 세계시장 점령 비법은 무엇일까?

성공 비결 1 • 독특한 소재와 기능을 '선택'하여 '집중'하라

신발산업에는 공통적으로 적용되는 상식이 있다. 첫째, 신발은 '패션'의 일부로서 디자인이 가장 중요하다. 둘째, 천연소재가 품질의 척도이다. 천연소재로 가장 선호되는 것은 양질의 가죽이다. 외관상 고급스러운 느낌을 주기 때문에 구두뿐만이 아니라, 운동화에서도 가죽 느낌이 나는 소재를 즐겨 사용한다. 셋째, 수제 봉제가 중요하다. '수제'라는 단어는 신발 광고에서 쓰이는 주요 문구다. 일부 자동화된 생산 라인을 거친다 하더라도, 종류를 막론하고 거의 모든 신발은 결국 꼼꼼한 수작업을 필요로 한다. 넷째, 적절한 기능이다. 발이 아프지 않아야 하고 땀이 차지 않을수록 좋다.

위와 같은 일반적인 신발에 대한 상식 중, 크록스는 첫 번째와 두 번째, 세 번째 상식까지 과감히 깨버렸다. '소재와 기능'으로 과감하게 선택과 집중을 시도한 것이다. 크록스는 '크로슬라이트Croslite'라는 특수 소재를 독점적으로 사용한다. 사업초기에 크로슬라이트 개발업체인 '폼 크리에이션Foam Creation'사를 인수해 소재를 독점했기 때문이다.

이 크로슬라이트란 폴리우레탄류를 고도로 압축해 만든 합성수지로서 몇 가지 특화된 기능을 제공한다. 체온에 의해 유연해지는 소

[그림12] 크록스 신발

재의 특성상, 신발이 착용자 개개인의 발 모양에 맞게 변하므로 발바닥에 힘이 고르게 분산되어 착용감을 좋게 한다. 또 고도로 압축되어 있으므로 체중의 압력을 오랜 시간 잘 버틴다. 이로 인해 다리 근육의 피로를 60% 가량 감소시켜준다. 또한 한 켤레의 무게가 170g(6온스)로 매우 가볍다. 탈취, 항 바이러스, 항 오염, 미끄럼 방지 기능을 가지고 있고, 타 가죽이나 면소재의 신발보다 세척도 훨씬 쉽다는 강점이 있다.

결과적으로 이 상식 파괴 전략은 경쟁업체들에게 없는 '기능적 소비자군'을 확보하게 했다. 물에 미끄러지지 않는 보트용에서 시작된 시장은 레포츠용과 여행용으로 확대되었으며, 의료인, 주방장, 정원사들에게 빠르게 알려져 현재 각 직업군에 따라 분리된 전문 브랜드나 라인으로 개발, 생산되고 있다.

성공 비결 2 · 소비자에게 재미를 주어라

소비자들은 재미있는 제품에 매력을 느낀다. 게다가 스스로 참여함으로써 재미를 느낄 수 있다면 제품에 느끼는 애착은 더 강해진다.

크록스는 이러한 트렌드를 자신들의 약점을 극복하는 데 활용했다. 크록스는 앞서 말한 소재와 기능에 강점을 두면서 그 '못생긴' 생김새를 고수하고 있다. 하지만 30가지가 넘는 색상을 개발하고 '못생겨도 아름다워질 수 있다(Ugly can be beautiful)'이라는 프로모

션을 진행하면서, 이러한 겉모습을 '독특하고 재미있는 크록스만의 개성'으로 승화시켰다. 이렇게 '이상하게 생긴 신발'을 '재미나게 생긴 신발'로 보이게 하는 전략은 '재미'를 추구하는 소비자에게 적중했다.

또 소비자 스스로 자신의 신발을 꾸밀 수 있게 했다. 크록스는 업계에서 유일한 신발 액세서리 브랜드 '지비츠JIBBITZ'를 운영하고 있다. 지비츠는 본래 크록스를 즐겨 신는 세 아이를 둔 가정주부의 아이디어였다. 크록스 겉면의 구멍에 무언가 아이들을 위한 장식을 하고 싶었던 이 주부는 아이의 신발에 돌단추를 만들어 구멍에 끼워주었고, 아이들이 좋아하자 작은 사업으로 발전시켰다. 사용자들의 착용 모습에서 이 지비츠를 포착한 크록스는 당장에 1,000만 달러를 주고 그 회사를 사들였다. 현재 지비츠는 5,500여 가지 디자인으로 생산되고 있는데, 웬만해서는 닳지 않는 신발 대신 취향에 따라 바꿔 끼우는 지비츠는 크록스의 중요한 수입원이 되고 있다. 특히 친구들 간에 지비츠를 바꾸거나 같은 것으로 맞추는 등 유대감의 표현 도구로도 사용되고 있다.

성공 비결 3 · 비용을 줄여야 값도 싸진다

신생 중소기업이 제품이나 브랜드를 소비자에게 직접 알리고 판매하려면 많은 비용이 든다. 크록스 역시 마찬가지였다. 2003년 본격적인 시판 이후 놀라운 추세로 팔려나가기 시작했음에도 순수익률은 심각한 마이너스(2003년에는 −102.6%, 2004년에는 −11.1%)를 나타냈다. 생산과 유통에 드는 비용이 손익분기점을 넘지 못했기 때문이다. 그들은 이런 어려움을 극복하기 위해 '효율적인 비용과 합리적인 가격'을 최우선 전략으로 삼았다.

크록스는 기존 신발들과 다르게 봉제과정 없이 틀을 만들어 찍어내는 방식으로 생산한다. 이처럼 단순한 생산 방식은 어떤 강점이 있을까? 바로 사람의 손이 덜 필요하다는 것이다. 또한 경쟁업체들이 숙련된 기술력과 싼 인건비를 찾아 헤매는 OEM 방식의 불확실성과 어려움을 피할 수 있다.

크록스는 우선 세계 주요 판매 지역의 생산 공장을 사들였다. 이를 통해 안정적으로 대량 생산을 하고 신속히 손익분기점을 넘기며 규모의 경제를 이룰 수 있었고, 현지 인접 공장에서 생산함으로써 신속한 공급과 물류비 절감을 이뤄냈다. 또한 초기부터 딜라즈Dillard's, 노드스트롬Nordstrom, 더 스포츠 오서리티The Sports Authority 등 대형 백화점이나 전국적인 유통망을 보유한 전문점과 거래를 했다. 이렇게 대량 거래를 위주로 해서 물류 유통비에 대해 확실한 효율을 꾀했다.

크록스가 대량생산체제를 도입한 이후 2005년에는 15.6%였던 순수익률이 2007년에는 19.9%까지 상승했다. '합리적인 가격'을 유지하면서도 '최대의 비용 효율'을 실현해 많이 팔고 많이 남기겠다는 전략을 성공적으로 펼친 것이다.

성공 비결 4 · 대기업이 될 목표로 대기업처럼 생각하라

크록스 조직의 중심이 된 '크게 생각하라'는 경영철학은 크록스의

CEO 론 스나이더가 가장 강조하는 것이다. 그는 2004년에 전격 영입되어, 2005년에 CEO가 됐다. 그는 원래 전자기기 대량 생산 업무를 하던 사람이었는데, 자신의 인수합병(M&A) 경험을 살려 세계 각지의 수많은 제조 공장을 인수하는 한편 대량생산체제를 정착시킨 장본인이다. 그러한 행보는 크록스의 크나큰 성공을 이끌어냈다.

이후 주식 상장을 통해 자금력을 확보한 크록스는 캐나다, 이탈리아, 중국, 멕시코 등지의 제조공장을 인수하는 데에 집중했다. 2004~2006년 초기에는 이처럼 생산력과 유통망 확보를 위한 기업 매입에 주력했다. 이후 2006년부터는 레저·스포츠용 신발 업체인 바이트 풋웨어Bite Footwear와 오션 마인디드Ocean Minded, 신발 디자인 업체 엑소 이탈리아EXO Italia, 스포츠 장비 제조업체 퓨리Fury 등을 인수하여 제품을 다양화하고 있다.

크록스는 분명 신발 업계의 후발주자이며 단일품목 주력 기업이다. 그렇기에 시장 확대와 라인 확장의 위험을 최소한으로 줄이면서도 경쟁업체를 빠르고 정확하게 추격하는 최선의 방법이 바로 이처럼 기존 기업의 노하우를 매입하는 것이었다. 이렇게 크록스는 중소기업이면서도 대기업의 규모와 체제를 갖추기 위해 노력을 거듭하고 있다.

크록스의 눈앞에 펼쳐진
'넘어야 할 산'

이렇게 승승장구하고 있는 크록스에게도 분명 어려움은 있다.

첫째, 제품의 안정성에 대한 논란이다. 에스컬레이터에 크록스를 신은 아이의 발이 끼이는 사고가 발생하자 열에 약한 크로슬라이트라는 소재가 논란의 대상이 됐다. 주요 소비자군 중 하나인 의료업계에서도 발등의 구멍으로 세균이 침투할 위험이 있다는 점과 정전기를 유발하는 소재의 특성에 대해 항의했다. 크록스는 나름대로 기능적으로 문제가 없음을 밝히고 있으나, 일부 지역의 학교와 병원에서는 착용 금지 조치가 내려지기도 했다.

둘째, 모조품의 문제이다. 이는 크로슬라이트 소재가 육안으로는 잘 구분되지 않으며, 디자인이 단순하기 때문에 발생한다. 더구나 아직까지는 브랜드파워가 세지 않아 소비자로 하여금 브랜드에 대한 충성심을 유지하도록 만들기가 어렵다. 크록스는 이 문제에 각종 라이선싱을 이용하여 미약한 브랜드력을 보완하며 디자인을 다양화해 이를 극복하고자 노력 중이다.

셋째, 매출 편중의 문제이다. 크록스는 2007년부터 의류를 비롯해 패션용품으로 사업 확장을 시작했으나 아직도 매출의 90%가 신발에 집중되고 있다. 특히 신시장이나 해외시장에서는 대표 디자인 위주로 판매가 편중되고 있다. 이는 제품 특성상 여름철에 매출이 집중되는 현상으로 나타나며, 날씨에 따라 주가가 급변하는 등 혼란을 일으킨다. 때문에 크록스는 '토탈 패션 브랜드'가 되겠다는 목적으로 겨울용 신발을 생산하는 등 사업 확장에 전력을 다하고 있다.

지금까지의 성공이 미래의 성장을 보장하는 것은 아니다. 더욱 어려운 일은 그 성장을 꾸준히 지속시키고 발전시키는 것이다. 성장이 빠르고 눈부셨듯이 문제를 해결하려면 주변을 돌아보는 동시에 민첩함과 철저함을 갖춰야 한다.

이를 위해 CEO인 론 스나이더 역시 경영의 목표를 '미래의 지속적인 성장'이라고 강조한다. 혁신적인 '시도'를 하는 것도, 그 시도를 성공시키는 것도, 아무나 할 수 없다는 점에서 크록스는 충분히 박수를 받아 마땅하다.

국제표준화기구(ISO)가 추진하는 'ISO26,000'은 기업이 사회적, 환경적, 경제적으로 지켜야 할 규범을 집약한 사회적 책임(SR)의 국제표준이다. 그야말로 윤리적인 기업에 대한 요구가 거세다. 이를 계기로 기업들은 인권, 노동, 환경, 소비자 이슈, 사회 개발 등 사회적 책임에 대한 의무를 필수적으로 이행해야 할 것이다. 이렇듯 기업의 성과 창출에 점점 더 중요한 역할을 하는 CSR, 탐스슈즈가 바로 그 모범답안을 보여주고 있다.

CHAPTER 11

설립 3년 만에 매출 50억 원을 기록한 탐스슈즈

사회적 책임기업의 의무와 제품 자체 경쟁력을 동시에 추구

TOMS 탐스슈즈

업종 신발 제조 및 판매
설립 2006년, 미국
대표자 블레이크 마이코스키 Blake Mycoskie
매출액 약 55억 달러(2010년 기준)
직원 수 100여 명
업적
- 기부 신발 100만 켤레 돌파
- 신발 없는 하루 캠페인 통해 25만여 명 활동 참여 독려

기업 인사이트
- 기업의 본질과 맞닿는 사회적 책임 활동을 고안하라.
- 일회성 이벤트로 끝내지 말고 지속적으로 진행하라.
- 고객들과 직원들을 적극적으로 참여시켜라.
- 마니아를 통해 기업의 스토리를 전파하라.

TOMS

우리나라에서 CSR이 호응을 얻지 못하는 이유는?

　G세대는 선행(Good)과 나눔(Generosity)을 실천하며 더불어 사는 사회를 꿈꾸는 '착한 소비자'를 일컫는 말이다. 21세기의 주요 소비층으로 떠오른 이들의 규모는 얼마나 될까? 실제로 2008년 전경련에서 실시한 소비자 조사에 따르면, 소비자의 80% 가까이가 '사회적 책임 기업(CSR, Corporate Social Responsibility)의 제품은 비싸더라도 살 의사가 있다'고 답했다. 이는 2007년 당시 8.8%였던 응답에 비해 무려 10배 가까이 상승한 수치다.
　《착한 기업이 성공한다》의 저자인 필립 코틀러는 '기업이 각종 사회문제의 개선을 지원하고, 사회적 책임에 대한 의무를 이행하기 위해 펼치는 모든 활동'을 CSR이라 정의했다. 전경련 조사에 따르면 미국 기업은 세전 이익의 0.9%를, 일본 기업은 1.9%를 CSR에 투자하며, 우리나라 기업들은 무려 2.8%를 투자하는 것으로 나타났다. 한국 중소기업 10곳 중 4곳이 이미 CSR 활동을 진행하는 중이라고 한다.

그런데 이런 기업들의 CSR 활동에 대한 소비자의 반응은 어떨까? 대한민국 성인 300명을 대상으로 조사한 결과 응답자 중 무려 85%가 '기업의 CSR 활동이 부족하다'고 답했으며, 응답자의 80%는 '기업이 어떤 CSR 활동을 하고 있는지조차 모른다'고 했다. 왜 우리나라 기업들은 CSR에 많은 돈을 투자하고도 소비자들에게 큰 호응을 얻지 못하는 것일까?

그 이유는 대부분 기업의 본질과 관계없는 CSR 활동을 하며, 일회성 행사에 그치기 때문이다. 우리나라에서 CSR 활동을 하는 중소기업 중 60%는 CSR 활동의 일환으로 자선단체에 기부금을 전달하고, 20%는 먹거리 지원이나 바자회 활동을, 나머지 10% 정도는 환경활동을 한다고 답했다. 이러한 특징 없는 연례 이벤트 형식의 기부는 소비자의 기억 속에 오래 남지 못한다.

이처럼 소비자가 관여하지 않는 CSR은 소비자가 책임감과 감흥을 느끼기 어렵기 때문에 좋지 않다. 그렇다면 어떤 CSR 활동을 해야 사회적인 기여도 하고 소비자의 뇌리에도 남는 일석이조의 성과를 거둘 수 있을까?

한 켤레 사면 한 켤레는 가난한 아이들에게!

탐스슈즈는 소비자가 신발 한 켤레를 구매하면 다른 한 켤레를 제3세계에 전달하는 독특한 기부 공식(Shoe Drop)을 가지고 있다.

창립자인 블레이크 마이코스키는 휴가를 떠난 아르헨티나에서 사업 아이디어를 얻었다. 신발이 없어 맨발로 뛰노는 아이들을 보고, 신발회사를 만들어 아이들에게 신발을 전달하기로 결심한 것이다. 이렇게 시작된 기업이 바로 탐스슈즈이다.

2006년 미국 캘리포니아에서 시작된 이 기업은 그해 1만 켤레의 신발을 제3세계 아이들에게 전달하고, 3년 뒤인 2009년에는 460만 달러에 달하는 매출을 달성하며 무려 40만 켤레를 전달하는 놀라운 성장세를 보인다. 뿐만 아니라 미국 행정부 및 포브스 등에서 선정한 최고의 CSR 기업으로 꼽히기도 했다. 탐스슈즈가 이렇게 짧은 시간 동안 눈부시게 성장할 수 있었던 성공 비결 3가지를 살펴보자.

핵심역량을 살린 CSR과 제품 자체의 경쟁력

탐스슈즈의 첫 번째 성공비결은 바로 기업의 본질과 일치하는 CSR 활동이다. 만약 전 세계가 100명이 사는 마을이라고 가정한다면, 무려 40명이나 신발이 없이 산다고 한다. 도시에 사는 사람들은 신발이 없어본 적이 없기 때문에 이것이 얼마나 심각한지 인식하지 못할 수도 있다. 또 아스팔트로 포장되어 있는 도시에서는 유리에 찔리지만 않는다면 신발이 없어도 큰 문제없이 걸어다닐 수 있다.

하지만 실제 아프리카 지역을 포함해 최소 10개국 이상에서는 오염된 토양에서 감염되는 상피병이 심각한 문제로 제기되고 있다. 발 모양을 기형적으로 변형시키는 이 병은 에티오피아 지역에서만 1,100명이 감염되었을 정도인데, 이 피부병은 신발만 신으면 예방할 수 있다. 탐스슈즈는 이 끔찍한 병을 예방하기 위해 그들에게 신발을 신기기로 한 것이다.

아무리 좋은 의도를 가지고 있는 회사라 해도 제품 자체의 경쟁력 없이는 시장의 주목을 받기 어렵다. 하지만 탐스슈즈는 신발 자체의 품질 또한 우수하다. 탐스슈즈의 단순하면서도 이국적인 디자인은 알파르가타Alpargata라는 아르헨티나의 민속화에서 유래했는데, 기본 스타일이 단순하기 때문에 색상과 소재의 변경을 통해 다양한 디자인의 신발을 제작할 수 있다.

탐스슈즈는 최신기술을 도입해 신발의 무게를 줄이고 라텍스 소재의 지지대를 사용했다. 따라서 굽이 낮은데도 쿠션감이 있어 편안한 착용감을 준다. 어떤 옷에도, 어떤 장소에도 잘 어울리는 디자인 덕분에 탐스슈즈는 주요고객층인 젊은 사람들 이외에도 노인층과 어린아이까지 다양한 소비층을 확보하고 있다.

또한 놀랍게도 탐스슈즈는 웨딩라인을 따로 가지고 있다. 홈페이지에선 실제로 소비자들이 결혼식 때 탐스슈즈를 신고 찍은 사진들을 볼 수 있다.

꾸준한 CSR과 마니아를 통한 스토리 전파

탐스슈즈의 두 번째 성공비결은 '꾸준함'이다. 창립자 마이코스키는 "사회에 지속적인 도움을 주기 위해서는 자체적인 비즈니스 모델로 CSR을 할 수 있는 능력을 가져야 한다."고 말한다.

소비자가 신발 한 켤레를 구매하면 다른 한 켤레를 제3세계 아이들에게 전달하는 CSR 모델은 매우 간단하고 명료하다. 그러므로 탐스슈즈가 존재하는 한 이들의 CSR 활동은 계속될 것이다. 게다가 이런 독특한 CSR 활동은 소비자에게 쉽게 각인이 된다. 이 경우 기업은 마케팅에 큰돈을 들이지 않고도 소비자를 통한 입소문 마케팅 효과를 볼 수 있다.

탐스슈즈는 실제 국내외 많은 스타들이 직접 신고 홍보해 유명세를 타게 되었다. 탐스슈즈의 단순한 CSR 활동은 누구나 한 번 들으면 쉽게 각인돼 매우 쉽고 빠르게 퍼지기 때문에 탐스슈즈 마니아들은 그 스토리를 전파하는 데 큰 힘을 발휘할 수 있다. 실제로 이런 마니아들이 자신의 블로그나 트위터에 탐스슈즈에 관련된 글을 올리면 TV 광고의 배에 달하는 효과가 발생한다고 한다.

고객도 직원도
동참하는 CSR 활동

　탐스슈즈의 마지막 성공비결은 고객과 직원들이 함께 CSR 활동에 참여하는 것이다. 탐스슈즈는 신발 기부 과정에 직원과 자원자를 함께 참여시킨다. 특히 설립 초반에는 전 직원 및 직원의 가족들까지 신발 기부에 참여했다. 이들은 직접 아르헨티나에 가서 신발을 전달하고 동영상을 촬영해 유튜브에 게재했는데, 그 조회 수가 무려 20만 회에 육박했다.

　탐스슈즈는 이렇게 다양한 CSR 캠페인을 통해 소비자와 직원들의 참여를 도모한다. 특히 직원들은 신발 기부 활동에 직접 참여하며 사명감을 갖게 되었다고 말한다. 소비자와 직원들이 함께하는 CSR은 기업의 이미지를 좋게 만들고 직원들의 사명감을 높이는 데에도 큰 역할을 하고 있다.

　2011년 4월 9일 탐스슈즈는 미국에서 '신발 없는 하루(One Day Without Shoes)'라는 캠페인을 주최했다. 1,600곳의 다양한 장소에서 무려 25만 명의 사람들이 참여했는데, 이들 중 절반인 13만 명이 페이스북에 자신이 직접 행사에 참여한 사진을 올렸다고 하니, 그 파급력이 대단하다는 것을 알 수 있다.

　이러한 이벤트는 국내에서도 활발히 진행되고 있다. 비슷한 시기인 2011년 4월 23일, 남산에서 열린 그린 캠페인에서 탐스슈즈는 헌 신발을 예쁘게 새로 디자인해주는 활동을 펼쳤다.

많은 사람들은 탐스슈즈를 신발이 없는 제3세계 아이들에게 신발을 기부하는 '자선단체'로 알고 있다. 하지만 이들은 영리를 추구하는 '기업'이지 자선단체가 아니다. 단지 기업의 본질과 맞닿은 독특한 CSR 활동에 직원과 고객을 직접 참여시켜 꾸준히 계속하고 있을 뿐이다. 이러한 법칙을 잘 기억한다면, CSR을 사회적 의무가 아닌 기업의 수익을 창출하는 새 비즈니스 모델로 활용할 수 있을 것이다.

2000년대 초, 국내 패션업계는 레드오션 중의 레드오션이었다. 하루가 다르게 변하는 세계 트렌드, 지지부진한 국내시장의 성장세, 그 안에서 패션업계는 몸살을 앓고 있었다. 이렇게 글로벌 기업들과 국내 대기업들이 치열한 생존경쟁을 벌이고 있던 패션업계에 도전장을 내민 업체가 바로 중소기업 EXR이었다. 이들은 지독한 레드오션에서 살아남았을 뿐 아니라 오히려 내로라하는 기업들을 물리치고 '프리미엄 브랜드'로서 세계적인 인정을 받았다. 브랜드 출시 3년 만에 1,300억 원 매출 달성, 세계적인 브랜드인 나이키, 아디다스를 누르고 전국 주요 백화점 스포츠웨어 부문 매출 1위에 등극하기까지, 그 믿기 어려운 신화를 일궈낸 EXR의 전략이 바로 여기 있다.

CHAPTER 12

레드오션 가운데
새로운 시장을 개척해낸 EXR

독창적 스타일과 생산과 운영의 현지화로 세계 패션계 장악

EXR 코리아

업종 의류(스포츠 캐주얼) 제조 및 판매
설립 2001년
대표자 민복기
매출액 1,700억 원(2010년 기준)
직원 수 약 360명

업적
- 브랜드 출시 3년 만에 1,300억 원 매출 달성
- 업계 최단 시간인 1년 만에 매장 100호 달성
- 나이키, 아디다스 누르고 전국 주요 백화점 스포츠웨어 부문 매출 1위
- 중국, 일본, 인도네시아 성공적으로 진출

기업 인사이트
- 기회는 열려 있다, 새로운 시장을 창출하라.
- 프리미엄 전략으로 고객을 유인하라.
- 세상은 넓고 시장은 많다. 세계로 뻗어 나가라.

확장과 성장, 두 마리 토끼 잡다

　EXR은 2002년 갤러리아 백화점 1호점을 시작으로 2003년 100번째 매장을 열었다. 이후 2004년 중국 시장에 진출하며, 3년 만에 총 매출 1,300억 원이라는 기록을 세운다. 이듬해에는 세계적인 인지도를 지닌 미국 스니커즈 전문 브랜드 '컨버스Converse'와 라이선싱 계약을 체결해 사업 영역을 넓히고, 일본시장에 진출해 'EXR JAPAN'을 설립했으며, 2006년에는 인도네시아로도 진출했다. 2007년 영국 기업과의 조인트 벤처를 통해 유럽 스타일 고품격 캐주얼웨어 '드레스투킬Dressed To Kill'을 론칭하고, 2011년에는 프랑스 의류 브랜드 '카스텔바작'을 인수하는 등, 아시아와 미주지역으로 사업 확대를 꾀했다. 또 2010년 현재 국내 210여 개, 중국 118개, 일본 14개 매장을 가지고 있으며, 1,700억 원(2010년 말 기준)의 매출 규모로 성장했다.

성공 비결 1 • 새롭고, 다르고, 특별한 것을 찾아라

 2000년 국내 패션 시장은 최고조의 성숙기였다. 나이키, 아디다스 등 기존 스포츠 시장은 둔감한 성장 추세를 이어갔으며, 캐주얼 시장은 폴로, 빈폴 등 시장 선도자들이 확고부동하게 자리매김했고, 지오다노 등 후발업체들의 치열한 가격 경쟁으로 발 디딜 틈이 없었다. 그 틈새에서 생겨났던 휠라와 푸마 같은 스포츠캐주얼 시장 역시 차별화에 실패해 마이너스 성장 중이었다.

 당시 창업을 앞두고 고민 중이던 민복기 대표는, 나이키와 휠라 등 세계적 패션기업에서 쌓은 경험을 바탕으로 세계의 패션 산업 추세에 집중했다. 세계 시장은 '스포티즘'이라는 메가 트렌드와 함께, 명품 브랜드들도 각자 '스포츠웨어' 라인을 강화하는 추세였다.

 민 대표는 이런 시장이 곧 '돈'이 된다는 것을 감지하고 남들보다 한발 빠르게 움직였다. 소비자가 필요로 하는 '새로운(New)' 것을, 다른 기업과 '다르게(Different)' 만드는, 그들만의 '특별한(Special)' 시장을 찾기 시작했다.

 2000년대 초 우리 사회는 '주5일 근무제'가 시행됐다. 그에 따라 사람들의 휴일 라이프스타일이 '무조건 쉬는 일요일'로부터 '금요일 저녁부터 일요일까지 여유롭고 윤택한 주말'로 변했다. 잠옷 차림으로 하루를 보내는 것이 아니라, 편안하면서도 어디든 갈 수 있고, 무엇이든 할 수 있는 활동적인 의복을 필요로 하게 된 것이다.

 당시 또 다른 트렌드는 '웰빙 Well-being'이었다. TV나 잡지 어디든 다이어트, 운동, 건강식품 등이 이슈가 됐다. 운동에 대한 인식도

'격하게 땀 흘리고 경쟁하며 성취감을 얻는 것'이 아닌 '날씬하고 예뻐지기 위해서 즐기며 하는 것'으로 변했다. 이 역시 일상생활과 운동이 동떨어진 것이 아니며, 예뻐지고 싶다는 욕구를 실현해줄 수 있어야 한다는 의복의 새로운 니즈를 만든 것이다.

이처럼 우리 문화 전반을 강타한 퓨전 트렌드는 2000년대의 시작과 함께 패션업계에도 불어오고 있었다. 양복에 스니커즈를 신고 자전거로 출퇴근을 하며, 몸매가 드러나는 예쁜 트레이닝복을 입고 쇼핑을 하는 것이 더 이상 낯설지 않은 분위기가 된 것이다.

EXR은 이렇게 다양해지는 고객의 요구에 발맞춰, '캐포츠Caports'라는 새로운 시장을 탄생시켰다. 스포츠웨어Sportswear의 '기능성'과 캐주얼웨어Casual wear의 '편안함', 그리고 패션 특유의 개성을 뜻하는 '캐릭터Character'를 결합한 '캐릭터 스포츠 캐주얼'의 줄임말이다. 지금까지의 스포츠웨어나 캐주얼웨어, 또 스포츠 캐주얼 웨어와도 분명히 다른 시장이며 새로운 패션 문화인 것이다.

성공 비결 2 • EXR이 아니면 안 되는 이유를 만들어라

소비자는 처음 제품을 고를 때 디자인, 브랜드, 기능 등의 정보를 수집하며, 결국 그 품질을 신뢰할 수 있는지 궁금해한다. 그러므로 기업은, 특히 신생 기업이라면 무엇보다 제품 그 자체에 자신감을 가지는 것이 중요하다. EXR은 확실한 품질 관리를 위해 20년 이상의 경력을 가진 검증된 업체와 거래하며, 4단계의 품질 시험을 하고 있다. 품질 관리가 어려운 제품은, 빠른 공급과 확실한 품질을 위해 가능한 한 국내에서 생산한다.

그럼 품질 이외에 소비자에게 만족을 주는 요인은 무엇일까? 판매를 할 때도 그렇지만 구매 후 제품 이외에 만족감을 주는 것은 오로지 '서비스'다. 이들은 확실한 서비스를 제공하기 위해 1 : 1 고객 상담으로 접수된 문제를 20시간 이내에 처리하는 것을 원칙으로 하며, 자체 콜센터인 '해피콜 서비스'를 운영한다. 또한 수선 센터를 직접 관리해 전 고객의 당일 수선을 보장한다.

나이키의 한정판 운동화를 사기 위해 밤새 매장 앞에 줄을 선 남녀노소의 모습, 그들을 잡기 위한 것이 바로 '마니아 마케팅'이다. EXR은 중소기업임에도 일찌감치 이러한 마니아 마케팅의 중요성을 간파하고 적극적으로 나섰다. VIP 전담 매니저를 두어 고객 관리를 차별적으로 진행하며, 연령별·지역별 마니아 및 프로슈머 커뮤니티를 운영해 소비자 간의 교류를 강화하고 주변에 입소문을 내도록 한다. 이러한 철저한 관리 덕에 2007년 하반기에 집계된 프리미엄 고객 수는 2만 2,500명에 다다르고 있다. 시장을 창출한 후에 그 매력적인 시장을 지켜낼 수 있었던 것은 탄탄하게 구축한 '프리미엄 브랜드' 효과 때문이었다. EXR은 그 힘으로 여태껏 '노 세일No Sale'이라는 프리미엄 전략을 지켜나가고 있다.

성공 비결 3 • 옷이 아닌 EXR을 디자인하라

옷은 그 기능도 훌륭해야 하지만 동시에 '패션' 자체의 의미를 살린 '예쁘고 멋진' 디자인을 가져야 한다. 그렇다면 예쁘다는 것은 과

연 어떤 것일까? 민 대표는 디자이너에게 "다른 브랜드들이 쉽게 모방할 수 없는 독창적인 스타일을 만들라."고 주문했다. 그는 스스로가 기획부터 생산까지 전 과정에 끊임없이 참여하여 '브랜드 아이덴티티'를 제품에 담아내고자 노력했다. 시즌에 따라 옷이 바뀌고, 사정에 따라 디자이너는 교체되기도 하지만, EXR의 옷은 '언제나 EXR다워야 한다'는 것이 그의 철학이다.

가령 운동복도 날씬해 보이도록, 몸에 꼭 맞는 보디 컨셔스니스(Body Consciousness) 디자인을 처음부터 추구했던 것도 EXR의 옷은 뭔가 다르다는 인식을 심어주기 위한 전략이었다. 보디 컨셔스니스란 처음에는 44사이즈만 출시하여 원래 날씬한 사람들이 먼저 입고 돌아다니게 하는 식의 전략이다.

이러한 '디자인 경영'의 철학은 디자인 부서만이 아닌 R&D, 생산, 마케팅, 운영 등 사업의 전 부문에 스며들어, 모든 부서가 하나의 브랜드를 디자인하고 있다는 생각을 갖도록 했다. 따라서 EXR의 제품

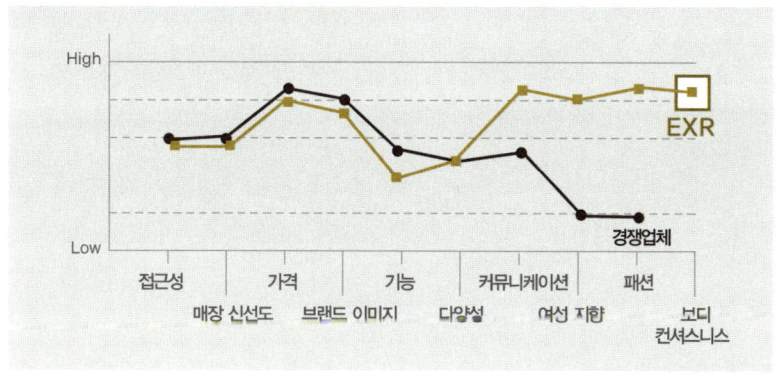

[표9] EXR 전략 캔버스

은 홈페이지, 광고, PR, 매장 디자인 콘셉트에 이르기까지 '하나의 브랜드, EXR'을 표현하고 있다. 이는 소비자에게 확실한 브랜드 이미지를 심어주는 강력한 시스템이다.

성공 비결 4 • 글로벌! 글로벌! 글로벌!

2007년 말 중국의 저명한 패션 전문지 〈패션복식도보〉는 '중국 10대 활력 브랜드'로 EXR을 선정했다. 리바이스 청바지(890위안)보다도 2배가량 비싸고, 대졸 직장인의 초임 1개월 임금(2,000위안) 가까이 되는 가격의 EXR 청바지(1,350위안)가 '없어서 못 판다'는 이야기가 나오도록 선풍적인 인기를 끈 이유는 무엇일까?

먼저 민 대표는 중국 진출을 계획한 시점에 2박 3일간 중국 50여 개 백화점을 직접 발로 뛰며 철저한 시장조사를 했다. 이후 각 백화점과 직접 계약을 맺음으로써 대금 결제 문제를 없애고, '선투자 후 인수'의 조건으로 현지 기업을 받아들임으로써 조인트 벤처의 위험 요인들을 원천적으로 제거했다.

다음으로 지역에 따라 극심하게 다른 체형과 기호, 소득 수준의 차이 등 시장 특성을 고려한 후 상위 10%만을 공략하겠다는 파격적 '프리미엄 전략'을 실시했다. 이는 한국산 원단과 디자인을 고수하고 고가격, 고품질을 유지한다는 내용이었다. 이에 한류 열풍과 공격적 마케팅이 더해져 EXR은 중국 시장에서 고소득층, 신흥 오렌지족의 '머스트 해브 아이템must have item'으로 자리 잡게 되었다.

또한 빠른 생산과 적시 공급을 위해 생산과 운영을 현지화했으며,

정부기관과 공조하여 모방을 방지하는 일에 총력을 다 하고 있다.

그런데 사명을 'EXR'이 아닌 'EXR KOREA'로 정한 이유는 무엇일까? 나이키코리아, 휠라코리아의 본부장을 역임했던 민 대표는 한국에서 EXR을 창업하는 처음 그 순간부터 해외 진출을 계획했다고 한다. 그 결과 중국뿐만이 아니라, 개성이 강한 일본마저 뚫고 패션 시장에 성공적으로 안착했으며, 현재 패션의 본고장 미국 진출을 준비 중이다.

사실 민 대표가 2005년에 세계적인 기업인 컨버스 사와 라이선싱을 하고, 시스템과 세계화 노하우를 배운 것도 다 그러한 목표 때문이었다. EXR의 성장곡선이 끝없이 상승하려면, 세계 시장은 피할 수 없는 과제라는 것을 일찍부터 간파했기 때문이다.

성공 비결 5 · 변하지 않을 힘, 기업문화를 만들어라

눈에 보이지 않는 특유의 기업문화는 남들이 쉽게 따라하지 못할 고유의 경쟁력을 만들어준다. 기업문화란 곧 그 기업만의 자산인 셈이다. 민 대표는 '회사의 철학과 개인의 신념이 동질화될 수 있는 기업문화를 만드는 것'이 목표라고 말한다. 이를 위해 전문기관을 통해 매년 '기업문화지수'를 측정하고, 향상된 목표를 세워 노력하며 관리한다.

더불어 EXR은 기업문화에 관해서 다음과 같은 문화 강점을 추구한다.

첫째, 매 시즌 실험적인 라인을 출시하고 이에 대한 매출 평가에 유연하게 대처함으로써 직원 모두가 도전을 두려워하지 않도록 독려한다.

둘째, CEO를 비롯한 기업 구성원 모두 내·외부적으로 지속적으로 교육을 받고 자기계발을 해나간다. 또한 영국에 '런던 디자인 센터'를 설립하고 연수기회를 제공하는 등 직원들의 자기계발을 돕는다.

셋째, 주요성과지표(KPI, Key Performance Indicator)를 도입해 능력계발 및 공정 보상 제도를 마련한다. 이 밖에도 주 5일제 근무를 다른 회사보다 먼저 시행하고, 경조사가 있으면 적극적으로 축하와 위로를 해주는 등 직원들의 사기를 진작하기 위해 다방면으로 노력하고 있다.

대기업이 아닌 중소기업에서, 그것도 지금보다 훨씬 적은 규모일 때부터 이런 노력을 계속해왔기 때문에 EXR은 그들만의 문화를 공고히 할 수 있었다.

안 하니까 안 되는 것이다

창업한 지 약 10년밖에 안 된 EXR이, 대기업과 기성 브랜드들이 넘쳐나는 패션업계에서 '캐포츠'라는 새로운 시장을 보통명사로 만들 줄 누가 알았겠는가? 확실한 시장 분석과 철저한 브랜드 관리, 경영 프로세스 전반의 일체화된 시스템은 규모의 문제를 넘어 강력한 경쟁력이 됐다. 또한 시장 지향적 아이디어와 고객을 중심으로 생각하는 서비스는 그들만의 가치를 지켜주는 철옹성이 되어주었다.

　세계적인 브랜드들과 어깨를 맞대고 경쟁하는 한국이 낳은 중소기업 EXR. 선구자적인 시각과 행동가로서의 실천으로 우리 기업, 특히 중소기업들에게 '세계는 크고 무한한 시장이다!'라는 희망을 현실로 보여주고 있다.

국내 의류시장은 최근 10년간 연 평균 3%가량 성장했다. 그 속에서 매년 30% 이상의 독보적 성장률을 올리며, 불같이 일어난 기업이 있다. 바로 '패션그룹 형지'다. 5년 전만 해도 중소기업에 불과했던 '형지어패럴'은, 2009년에 사명을 '패션그룹 형지'로 바꾸고, 종합 패션 기업으로의 행보를 시작했다. 2010년에는 매출 5,787억 원을 달성했으며, 2011년에는 7,500억 원, 2012년에는 1조 원을 내다보고 있다. 뿐만 아니라 악어 로고로 잘 알려진 '크로커다일 레이디'는 국내 여성복 단일 브랜드로는 최초로 매출 3,000억 원을 돌파했다. 다른 패션 기업들이 소홀히 했던 중장년층 여성을 공략하여, 여성 어덜트 패션 시장의 업계 1위로 떠오른 패션그룹 형지의 성공 전략은 무엇일까?

CHAPTER 13

동네 상권 거미줄처럼 장악한 패션그룹 형지

중장년층 배려한 타깃 마케팅으로 브랜드 가치 향상

패션그룹형지 ❄ **패션그룹 형지**

업종 여성의류 제조, 도매, 수출입
설립 1996년
대표자 최병오
매출액 5,787억 원(2010년 기준)
직원 수 400명
업적
- 대한민국 퍼스트브랜드 대상 7년 연속 수상(한국소비자포럼 선정)
- 프리미엄 브랜드 지수 2년 연속 1위(한국표준협회 선정)

기업 인사이트
- 배려를 기반으로 차별화된 '타깃 마케팅'을 펼쳐라.
- 중장년층 여성을 겨냥한 중·저가 제품이라는 차별화된 포지셔닝을 하라.
- 스타 마케팅과 플래그십 스토어로 브랜드의 가치를 올려라.
- 대리점주의 만족도를 높여 고객을 팬으로 만들어라.

패션그룹형지

'옷 입는 스트레스'에 시달리는 중장년층 여성을 주목하다

"딱히 손꼽을 만한 성공비결은 없습니다. 그래도 굳이 꼽자면 성실, 끈기, 배려가 원동력이었죠." 동대문의 1평짜리 가게에서 시작해 15년 만에 연 매출 5,000억 원대의 중견 의류업체로 성장한 패션그룹 형지의 최병오 회장이 밝힌 성공비결은 의외로 간단했다.

최 회장은 어렸을 때부터 장사에 대한 수완이 남달랐다. 1970년대 초, 페인트 대리점을 운영하던 삼촌이 갓 고등학교를 졸업한 최 회장에게 가게 일을 거들라고 요청하면서 장사와 인연을 맺었다. 이후로도 오락실과 제과점을 운영하면서 꾸준히 경험을 쌓던 그는 "돈 벌려면 옷 장사를 하라."는 친척 어른의 조언에 힘입어 광장시장에 1평짜리 매장을 얻는다.

첫 아이템은 여성 바지였다. 바지를 만들어 소매상에 납품했는데,

아무리 도매상이지만 파는 상품의 품질이나 디자인이 다 비슷해서 승산이 없어 보였다. 안 되겠다고 생각한 최 회장은 하루에 3시간씩만 잠을 자며 바지를 30~40개씩 어깨에 메고 전국 대형 의류 공판장을 찾아 다녔다. 처음엔 문전박대했던 소매상들도 가격에 비해 품질이 월등한 그의 제품을 인정하기 시작했고, 결국 나중에는 명함이 따로 필요 없을 정도로 인정을 받기에 이르렀다.

그의 도전은 여기에서 그치지 않았다. 당시 대부분의 동대문 매장에서는 유명 브랜드의 모조품을 팔았다. 그러나 보라매, 독립문 등 일부 중소 브랜드 제품이 잘 팔리는 것을 눈여겨 본 최 회장은 브랜드의 중요성을 깨닫게 된다. 로고만 봐도 브랜드를 연상할 수 있도록 만들고 싶었던 그는 '크라운'이라는 브랜드를 만들고 1985년에 상표·의장·영업 등록을 한다. 그리고 옷에 크라운의 '왕관 마크', 품질보증 'Q 마크', 순면을 나타내는 '순純', 이렇게 3개의 태그tag를 붙였다. 시장의 반응은 뜨거웠고, 당시 "크라운 바지가 없는 사람은 대한민국 여자가 아니다."라는 말이 나올 정도로 큰 성공을 거뒀다.

그러나 잘나가던 사업에 제동이 걸렸다. 지인들에게 발행해준 어음이 부도 처리되면서, 40세가 되던 해에 최 회장은 다시 무일푼이 된다. 그러나 그는 끊임없이 기회를 탐색했다. 재기를 노리던 그의 눈에 들어온 것은 옷 때문에 스트레스 받는 중장년층 여성들이었다.

당시 중장년층 여성들의 옷은 크게 세 종류였다. 격식을 갖춰야 할 때 입는 한복과 양장, 그리고 편하게 입을 수 있는 일명 '몸뻬'가 전부였던 것이다. 그 중간 영역의 옷들이 없다는 것을 간파한 최 회장은, 1966년 싱가포르 브랜드인 크로커다일Crocodile의 여성복 라인인 '크로커다일 레이디Crocodile Lady'의 라이선스를 받아, 국내에 선보였다. 백화점 브랜드는 너무 비싸고, 시장 제품은 품질과 디자인이 떨어졌다. 그러므로 백화점 수준의 품질과 디자인을 가진 브랜드 제품을 시장 가격에 내놓으면 충분히 승산이 있다고 판단했던 것이다.

차별화 전략1 :
중저가 제품으로 포지셔닝하다

중장년층 여성들의 옷에 대한 스트레스를 없애주기 위해 시작한 만큼, 그들에게 필요한 것이 무엇일까를 먼저 배려하는 것이 중요했다. 오랜 관찰과 연구를 거듭한 결과, 최 회장은 이들에게 크게 3가지의 요구사항이 있다는 것을 발견해냈다.

첫째, 중장년층 여성들은 출산과 집안일로 인해 군살 붙은 몸매를 감추고 싶어 했다. 최 회장은 중년 여성의 몸매에 맞춘 넉넉한 사이즈의 옷을 디자인하기 위해서, 키 크고 늘씬한 전문 모델이 아닌 아주머니들을 피팅 모델로 기용했다. 아줌마 피팅 모델을 사용하여 형지만의 사이즈를 만들자, 허리둘레 30~34인치의 옷을 원했던 중장년층 여성들에게 큰 호응을 얻을 수 있었다.

둘째, 중장년층 여성들은 집안 살림 걱정에 본인의 옷을 구입하는 데 많은 돈을 쓰지 않았다. 형지는 비수기에 선주문하고 원단을 대량으로 구매하는 방식을 적용하여 합리적인 가격을 제시했다. 입고 1년 전에 미리 주문하고, 시즌마다 잘 팔리는 소재를 통합 발주함으로써 제조원가를 낮춘 것이다.

또한 직거래를 통해 20% 할인된 가격으로 원자재를 구매함으로써 유통 비용을 줄였다. 기존의 국내 패션 기업들은 대부분 '일본 생산처-일본 원단 종합상사-국내 에이전트-국내 원단 컨버터-본사'의 복잡한 유통 경로를 지니고 있었지만, 형지는 일본 생산처와 직접 거래함으로써, 유통 단계를 '일본 생산처-본사'로 확 줄였다. 그러다 보니 당연히 원단 가격이 크게 낮아졌다.

셋째, 중장년층 여성들은 백화점에서 옷을 구입하는 것을 부담스러워했다. 백화점에 가려면 옷이나 머리를 제대로 가꾸고 나서야 했고, 백화점에는 유명 브랜드 제품만 팔기 때문에 심리적인 부담도 있었다. 이 점을 간파하여 크로커다일 레이디는 백화점이나 대형 쇼핑몰에 입점하기보다 동네에 대리점을 확대하는 데 집중했다. 소비자

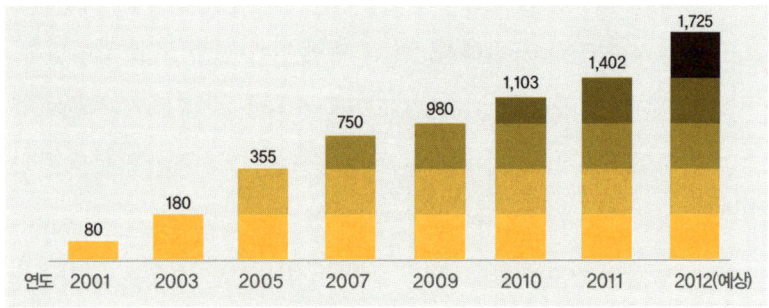

[표10] 패션그룹 형지의 연도별 매장 수 증가 추이

가 가까이에서 찾을 수 있도록 한 '지역 밀착형' 접근 방식이었다.

이처럼 유통 전략에서도 다른 패션 기업들과의 차별점을 두었다. 거의 모든 패션 기업들이 첫 매장을 서울 중심 상권에 내는 것과 달리, 경기도 시흥 외곽에 첫 매장을 열었다. 통상 패션업계에서는 가두점 200개를 포화 상태로 보지만, 크로커다일 레이디는 동네 상권을 거미줄처럼 장악해 500여 개 매장을 운영하고 있다.

이와 같은 노하우를 바탕으로 형지는 2010년 말 기준으로 모든 브랜드를 통틀어 1,103개의 매장을 보유하고 있으며, 2011년 1,402개, 2012년 1,725개로 확대할 예정이다.

차별화 전략 2 : 스타 마케팅을 통해 브랜드 가치를 올리다

크로커다일 레이디를 '중장년층이 편하고 스타일 있게 입을 수 있는 품질 좋은 중저가 제품'으로 포지셔닝한 후에는, 아줌마들의 숨은 욕구를 공략했다. 중장년층 여성들은 가족들을 먼저 챙기느라 늘 돈이 빠듯하지만 사실은 브랜드 옷을 입고 싶어 했던 것이다.

중저가 브랜드의 경우, 마케팅 비용에 대한 부담 때문에 유명 연예인을 모델로 캐스팅하는 것을 꺼리는 것이 대부분이다. 또한 아이템의 숫자가 워낙 많고 편하게 입는 옷인 만큼 평범한 스타일이 많아 상대적으로 브랜드 가치를 소홀히 여기는 경우가 많다.

이와 달리 크로커다일 레이디는 광고모델로 배우 송윤아, 오연수 등 스타급을 기용하여 스타 마케팅을 실시했다. '가격은 저렴하지만 스타일만큼은 백화점 브랜드에 안 떨어진다'는 이미지를 심어주기 위해서였다. 약 10년 전에 형지가 실시했던 스타 마케팅은 이제 중·저가 패션 업계에서 매우 일반적인 기법으로 확대되었다. 소비자에게 브랜드를 각인시키기 위해 자신들의 콘셉트와 맞는 연예인을 캐스팅하여 자연스럽게 브랜드의 이미지를 향상하고 있다. 예를 들어, 지오다노는 장동건과 비를, 베이직 하우스는 원빈과 문근영을, 마루는 유승호 등을 광고 모델로 기용함으로써 브랜드 가치를 높이려 애쓰고 있는 것이다.

차별화 전략 3 :
대리점주를 만족시켜 고객을 팬으로 만들다

이처럼 브랜드 가치가 높아지면 자연스럽게 고객의 충성도도 높아지는 것일까? 그렇지는 않다. 수많은 기업들이 그렇게 착각하지만, 정작 고객충성도를 높이는 결정적인 축은 바로 '대리점주'다. 오랫동안 동대문 재래시장에서 의류 장사를 했던 최 회장은, 일찍부터 대리점주를 만족시켜야 고객충성도가 올라간다는 것을 깨달았다.

이를 위해 우선, 대리점주의 매출 고민부터 해결해주고자 했다. '1·3·6 프로젝트'를 도입하고 본사 측에서 재고를 100% 부담하는 위탁 판매 제도를 도입했다. 이것은 대리점이 새로 오픈할 경우 1개월, 3개월, 6개월 단위로 목표 매출이 발생하는지를 본사에서 주기적으로 점검하고, 미달할 경우 매출이 향상될 수 있도록 각종 컨설팅을 해주는 제도다. 또 대부분의 의류 대리점이 재고 부담을 대리점주에게 지우는 '사입제'를 채택한 반면, 크로커다일 레이디는 팔리지 않는 재고를 본사로 100% 반품할 수 있는 '위탁 판매' 방식을 택했다.

업계 최초로 대리점주를 대상으로 한 최고경영자 과정도 운영하고 있다. 패션 기업에서 대리점주에게 교육을 한다고 하면 일반적으로 패션, 세일즈 기법, 고객 서비스 교육을 할 것이라 생각하기 쉽다. 그러나 산악인 엄홍길 대장을 초청해서 강연을 듣거나, 문화공연 관람, 대리점주가 평상시 접하기 힘든 인문학 강의까지 실시하고 있다. 단순히 대리점의 매출이 향상되는 것뿐만이 아니라, 대리점주의 능력을 계발하고 본사와 상생하며 협력하기를 원하기 때문이다.

이들의 성공 비결은 한마디로 '배려'라고 할 수 있다. 기존의 패션 기업들이 외면했던 중장년층 여성에게 주목하여 여성 어덜트 패션 시장에 진출했고, 그 후에는 그들의 욕구를 소구하기 위한 타깃 마케팅을 실시했다. 그에 더해 중장년층 여성이 원하는 중저가 제품으로 포지셔닝하고, 스타 마케팅을 통해 브랜드 가치를 높였다. 또한 본사와 대리점의 계약관계가 아니라 진정한 파트너로서 대리점주를 만족시킴으로써 고객충성도까지 확고히 다졌다. 중요하지만 간과하기 쉬운 핵심 가치를 통해 진정한 종합패션기업으로 성장한 것이다.

문을 연 지 3개월 만에 폐업 신고를 하는 국내 온라인 쇼핑몰이 50%에 육박한다. 온라인 쇼핑몰은 누구나 쉽게 창업할 수 있지만, 그만큼 경쟁도 치열하며 성공하기는 더더욱 쉽지 않다. 그런데 그런 온라인 쇼핑몰 시장에서 10년째 매년 평균 200%의 성장률을 올리며, 영업이익률 20%를 자랑하는 기업이 있다. 바로 아웃도어 용품 전문 쇼핑몰 '오케이아웃도어닷컴'이다. 설립 6년 만에 시장점유율 70%를 장악하고 아웃도어 용품 시장의 절대 강자로 우뚝 선 이들은, 카테고리 킬러숍의 시스템 노하우를 잘 알려준다.

CHAPTER 14

10년째 해마다 200%씩 성장한 오케이아웃도어닷컴

현금 완사입과 소비자 만족 서비스로 협력업체·고객·직원의 신뢰 확보

OKOUTDOOR.COM 오케이아웃도어닷컴

업종 아웃도어 용품 판매
설립 2000년
대표자 장성덕
매출액 614억 원(2010년 기준)
직원 수 170명
업적
- 설립 후 매년 연 200%씩 성장
- 영업이익률 20%대 기록
- 시장점유율 70% 장악

기업 인사이트
- 레드오션이란 없다, 나만의 독창적인 모델을 만들어라.
- 사람이 아니라 시스템이 저절로 일하게 하라.
- 구성원들에게 조직의 창조적 DNA를 심어라.

온라인 쇼핑몰, 대박 난 '사람'은 있어도 꾸준히 성장한 '기업'은 드물다

"어떻게 물건을 보지도 않고 사?"

"마음에 안 들면 어떻게 하게? 교환이나 환불은 가능한 거야?"

1996년 온라인 쇼핑몰이 국내에 처음으로 문을 열었을 때 대중들은 이런 반응을 보였다. 그러나 15년이 지난 지금 온라인 쇼핑몰 시장은 32조 원 규모로 성장해, 백화점의 뒤를 잇는 명실상부한 대한민국 제2의 유통 채널이 되었다. 우리나라 인터넷 사용자 중 60% 이상이 온라인 쇼핑몰을 이용하고 있다고 하며, 2015년이 되면 온라인 쇼핑몰 시장의 거래액이 백화점의 거래 규모를 훌쩍 뛰어넘을 것이라는 예측까지 나오고 있다.

상황이 이렇다 보니 너도나도 온라인 쇼핑몰 시장에 뛰어드는 일이 많아졌다. 활동이 뜸하던 연예인의 이름이 포털사이트 실시간 검색어

1위에 올라 클릭을 해보면, 십중팔구 그가 운영하는 온라인 쇼핑몰이 '대박 났다'는 기사다. 비단 연예인뿐이 아니다. 어린 나이에 연 매출 4억 원의 온라인 의류 쇼핑몰을 운영하며, 이름보다는 '4억 소녀'로 더 유명해진 이도 있고, 또 66사이즈의 옷만 전문적으로 판매해 월 3,000만 원의 매출을 기록한 어느 여고생도 있었다. 이처럼 온라인 쇼핑몰은 누구에게나 열려 있는 '기회의 시장'으로 알려져 있다.

그러나 실제 시장 내부의 상황은 어떨까? 사실 온라인 쇼핑몰은 전형적인 '롱테일 long tail 시장'이다. 몇몇 뛰어난 20%의 머리가 전체 가치의 80% 이상을 차지하고, 나머지 대다수는 미미한 꼬리로 길게 늘어져 있는 양상을 띠는 것이다. 국내 온라인 쇼핑몰 시장도 지마켓, 옥션, 인터파크 등 대기업이 운영하는 8% 가량의 종합 쇼핑몰이 시장 전체 매출의 85%를 차지하고 있다. 그러니 수만 개의 쇼핑몰들이 남은 15%의 매출 규모를 나눠 가지고 있는 셈이다. 이 중 전혀 매출이 없거나 월 100만 원 이하의 매출을 기록하는 업체도 50%에 이른다. 반짝하고 잠깐 대박 난 '사람'은 있을지언정, 꾸준한 수익을 올리는 '기업'은 드문 것이 현실이다.

'카테고리 킬러숍'으로 승부하다

이토록 치열한 시장 속에서 10년째 그들만의 온라인 쇼핑몰 사업

모델을 만들어 가며 승승장구하는 기업이 있다. 바로 '오케이아웃도어닷컴okoutdoor.com'이다. 이름에서부터 알 수 있듯이 오로지 아웃도어 용품 '만' 판다. 일반 종합 쇼핑몰들이 패션의류, 컴퓨터, 가구에 이르기까지 다양한 품목을 취급하는 것에 비해 아웃도어 용품 한 가지만 전문적으로 판매하는 이른바 '카테고리 킬러숍Category Killer Shop'인 셈이다. 카테고리 킬러숍은 한 품목에 관한 다양한 제품들을 한자리에서 비교해보고 저렴한 가격에 구매할 수 있다는 장점 때문에, 구매 목적이 뚜렷한 소비자들에게 큰 인기를 끌고 있다.

그러나 매출이 많지 않은 소규모 상점이 카테고리 킬러숍을 운영하는 경우는 드물다. 최대한 다양하고 많은 제품을 확보해야 하는 것이 관건이다 보니, 재고 및 협력사 관리가 무척 어렵기 때문이다. 또한 품목 내에 있는 모든 제품에 대해 가격 경쟁을 해야 하기 때문에 자칫 출혈 경쟁이 되기 십상이다.

그러나 오케이아웃도어닷컴은 설립 후 지금까지 2,000%의 매출 성장률을 기록하며, 2011년 현재 아웃도어 용품 시장점유율 70%라는 무시무시한 장악력을 보이고 있다. 2000년 3월 등산 정보 공유 사이트인 오케이마운틴닷컴okmountain.com에서 출발해 지금의 온라인 쇼핑몰로 자리 잡은 오케이아웃도어닷컴. 기껏 자본금 3,700만 원으로 시작했던 이들이 어떻게 처음부터 카테고리 킬러숍을 구축할 수 있었던 것일까?

신뢰 구축 1 · 100% 현금 완사입으로 거래업체의 신뢰를 얻다

오케이아웃도어닷컴의 최대 강점은 바로 '싸다'는 것이다. 이들은 타 쇼핑몰과 비교해 자신들의 제품이 비쌀 경우 그 차액을 130% 보장하겠다는 '최저가 130% 보장제'를 선포했다. 기간이 정해진 일회성 이벤트가 아니라 확정적인 사업 모델이다. 이런 파격적인 조건을 계속 유지하는 온라인 쇼핑몰은 오케이아웃도어닷컴이 유일하다.

그들이 이렇게 저렴한 가격에 제품을 판매할 수 있는 비결은 무엇일까? 그 해답은 바로 '사입仕入'시스템에서 찾을 수 있다. 사입이란 판매자로부터 제품을 구매할 때 물건 가격을 미리 지불하고 가져오는 것이다. 이 경우 일반 외상 거래와 비교해 판매자가 재고 부담을 떠안지 않아도 되고, 결제 자금을 선불로 받아 미리 운용할 수 있다. 그러므로 제품의 거래 가격이 상대적으로 매우 저렴하게 책정된다. 따라서 가능한 한 싼 가격에 제품을 구매해야 이윤을 남길 수 있는 구매자 입장에서는, 여유자금만 있다면 사입을 통해 제품을 구매하는 것이 가장 현명하다. 이처럼 사입은 판매자와 구매자 양쪽 모두에게 유리한 시스템인 셈이다. 때문에 이미 많은 유통업체들이 사입을 이용하고 있지만, 실상은 사입을 통해 판매자와 구매자, 양쪽 모두가 이윤을 남기기란 그리 쉽지 않다. 왜 그럴까?

선지급 방식의 사입 시스템은 물건을 받고 돈을 지불하는 시점에서 이미 판매자와 구매자의 거래 관계는 끝이 난다. 따라서 구매자는 원칙적으로 사후에 이를 환불하거나 교환할 수 없고 소비자에게 모두 팔아야만 한다.

하지만 소비자의 수요를 정확히 예측한다는 것은 기업에게 하늘의 별 따기보다 어려운 일이다. 만약 제품이 팔리지 않으면 사입을 선택한 기업은 팔릴 때까지 가격을 낮추게 되고, 결국 저렴하게 구매한 것에 대한 이윤을 하나도 남기지 못한 채 손해를 감수하면서까지 판매해야 하는 경우가 발생하는 것이다.

이러한 문제 때문에 구매자들은 대개 전체 제품의 20~30% 정도만 사입을 하고 나머지는 다른 방식으로 유통한다. 한편 이미 시장 내에서는 사입 판매자와의 '인정상의 관계'를 이유로, 원칙적으로는 불가능한 환불과 교환이 비일비재하게 일어나고 있는 것도 사실이다.

그렇다면 오케이아웃도어닷컴의 사입이 특별한 이유는 뭘까?

첫째, 외상과 어음이 없는 '전량 현금 구매'다. 앞서 설명했듯, 판매자와 거래자의 관계가 지속되다 보면 암묵적으로 외상과 어음을 용인하기 쉽다. 그러나 오케이아웃도어닷컴은 설립 후 지금까지 투자금 전혀 없는 무차입 경영을 고수하며 사입 판매자들에게도 제때

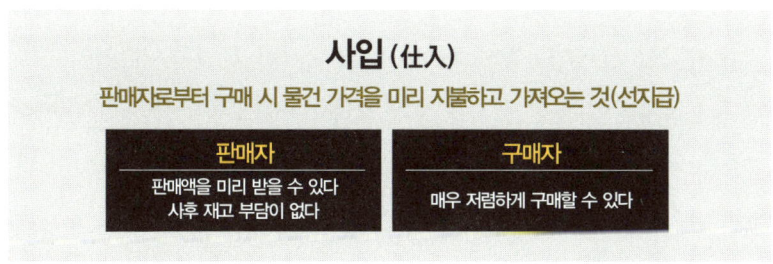

[표11] 사입 시스템의 구조

모든 제품의 구매액을 현금으로 지불하는 것으로 유명하다.

둘째, 100% 완사입을 한다. 웹사이트의 판매 품목에 제품을 올려놓고 실제 재고로는 이를 보유하지 않는 사업업체들이 많다. 주문량을 예측할 수 없기 때문에 주문이 들어오면 그제야 물건 값을 지불하고 가져오는 '선주문 후사입' 방식을 택하는 것이다. 이것은 구매자 입장에서는 편리할지 모르나, 판매액을 미리 받아 다른 용도로 자금을 운용하려고 계획하는 사입 판매자들에게는 불리하고 번거로운 일이다. 오케이아웃도어닷컴은 창고에 보유하고 있는 제품만 정직하게 판매 사이트에 기재하는 '실재고 체계'를 구축함으로써 사입 판매상들을 만족시켰다.

마지막 이유는, 이들이 2차, 3차의 하위 유통망을 가지고 있지 않다는 점이다. 사입 체계를 선택하는 업체들의 경우 구입해온 제품을 다 팔지 못하면 소위 '땡처리'라고 불리는 하위 유통망을 통해 재고를 처리하는 것이 보통이다. 사입 구매자들로서는 최대한 손해를 보지 않기 위해 선택하는 방식이지만, 판매자 입장에서는 제품의 브랜드 이미지가 실추되기 때문에 사실 달가운 일이 아니다. 오케이아웃도어닷컴은 10년간 단 한 번도 하위 유통망을 이용하지 않고 자체적으로 재고를 처리해나감으로써 사입 판매자들을 만족시켰다.

이런 독자적인 사입 방식을 통해 오케이아웃도어닷컴은 '100% 현금으로 거래하고, 구매해간 제품은 전적으로 본인들이 책임지고 다 팔더라'는 두터운 신뢰 관계를 구축할 수 있게 되었다. 그러다 보니 별도의 영업이나 관리 없이도 협력사들과 좋은 관계를 형성하게 되었고 사입 판매자들은 앞다투어 오케이아웃도어닷컴에 물건을 판매하려 했다. 이쯤 되면 이들이 현재 해외 명품 브랜드부터 국내 유명 브랜드, 마니아들을 위한 브랜드까지 총 700개 브랜드, 7만여 종의 다양한 아웃도어 용품을 보유하고 있다는 사실이 놀라울 것도 없다.

신뢰 구축 2 · 온라인의 한계를 허물어 소비자의 신뢰를 얻다

이들이 중요하게 여긴 신뢰 관계는 비단 거래업체에만 국한된 것이 아니다. 오케이아웃도어닷컴은 온라인 쇼핑몰이 가진 최대 약점, 즉 고객이 직접 입어 보지 않고 옷을 구매해야 한다는 불편함을 한 번에 없애버림으로써 소비자의 믿음까지 살 수 있었다.

의류의 경우 브랜드마다 사이즈나 색을 표기하는 방식이 모두 제각각이다. S, M, L(Small, Medium, Large)부터 90, 95, 100 등 사이즈 표기만 해도 천차만별이며, 같은 빨강색이라도 어떤 곳은 짙은 와인색에 가깝고 어떤 곳은 옅은 다홍색을 띄는 등 구별이 쉽지 않다.

이에 오케이아웃도어닷컴은 입점된 모든 제품의 사이즈를 1cm 단위로 분화해 다양한 각도에서 사이즈를 재고, 덧붙여 그 브랜드만이 가진 고유의 특성과 제품의 신축성, 무게까지 상세하게 적어놓았다. 또 색깔을 설명하기 위해 일부러 보정을 전혀 하지 않은 제품의 실물 그 자체에 가까운 사진을 찍어 쉽게 비교해볼 수 있도록 했다.

뿐만 아니다. 일반적으로 봄·여름·가을·겨울 4계절로 표시하지만, 이들은 봄·봄에 가까운 여름·여름에 가까운 가을·겨울에 가까운 가을 등 더 구체적으로 나누어놓았다. 또 '1·2·3월과 10·11·12월에 적극 권장하고, 4월과 9월 중후순에 사용 가능합니다'는 식의 설명을 덧붙여놓았다. 야외 활동을 위한 아웃도어 용품인 만큼 계절에 직접적인 영향을 받기 때문에 소비자들에게 최대한 다양하고 구체적인 정보를 주어 구매에 도움이 되고자 한 것이다.

그러나 이렇게 노력한다 해도 '옷은 역시 질감을 만져보고 직접 입어본 후 사야지'라고 생각하는 소비자층은 여전히 존재한다. 이런 소비자들을 위해 오케이아웃도어닷컴은 오프라인 직영점도 10군데나 운영하고 있다. 최근 들어 온라인 쇼핑몰과 오프라인 매장을 함께 운영하는 방식이 매우 흔해졌지만 오케이아웃도어닷컴의 오프라인 직영 매장은 다른 매장과 다른 점이 하나 있다. 바로 가격이다.

보통 온라인 사이트에서 제품을 보고 오프라인 매장에 가보면 제품의 재고가 없거나, 있어도 가격이 더 비싼 경우가 많다. 재고 관리가 실시간으로 이루어지지 않고 인건비, 가게 임대료 등 오프라인 매장 운영비를 충당하기 위해 가격을 더 올리기 때문이다. 그러나 오

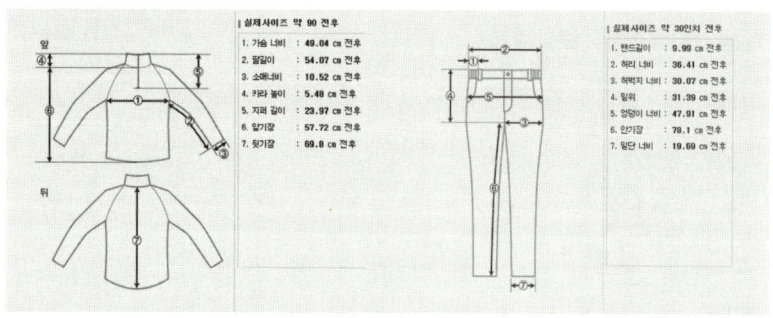

[표12] 오케이아웃도어닷컴의 제품 사이즈 표기 방법

케이아웃도어닷컴은 '기업의 사정을 고객에게 떠넘겨서는 안 된다'고 생각해 온-오프라인 매장의 재고와 가격이 100% 일치하는 통합 형태로 운영된다.

또 게시판에 올라온 고객의 질문에 답변이 20분 이상 걸릴 경우 2,000원을 보상해주며, 직원의 실수로 인해 고객이 피해를 봤을 때는 그 실수나 피해가 아무리 사소한 것이라도 최소 5,000원 이상을 보상하는 제도를 운영하고 있다. 고객에게 변하지 않는 신뢰 관계를 약속하겠다는 그들만의 다짐이다. 특히 이러한 제도는 실수를 한 직원의 직급이 높든 낮든 예외가 없으며, 그에 따른 성과 또한 인사고과에 그대로 반영된다. 돌발상황에 있어서도 마찬가지다.

소비자에게 다가가기 위한 이러한 노력 덕분에 오케이아웃도어닷컴은 별도의 마케팅을 하지 않아도 매년 소비자 만족도 조사에서 1위를 차지하고 있다.

신뢰 구축 3 · 조직 구성원들에게 신뢰의 DNA를 심다

사실 오케이아웃도어닷컴의 이러한 성공 전략을 담은 책은 이미 출간되어 있다. 장성덕 대표 본인이 직접 집필한 《오케이아웃도어닷컴에 OK는 없다》는 제목의 책이다.

그런데 이 책이 처음 발간되었을 때 직원들은 '이렇게 자세히 성공 노하우를 밝혀도 되나' 하는 걱정을 했다고 한다. 실제로 200여 개에 이르는 협력사와 경쟁사들이 앞다투어 이 책을 구매해 오케이아웃도어닷컴이 잘 나가는 이유에 대해 분석하고, 몇몇은 이들의 전략을 그대로 따라 해보기도 했다.

그러나 1년의 시간이 지난 지금, 오케이아웃도어닷컴을 따라 해 성공했다는 기업의 이야기는 아직 나오지 않고 있다. 그 이유는 무엇일까? 차이점은 바로 '신뢰'를 가장 중요한 가치로 생각하며 함께 움직이는 170여 명의 조직 구성원들이 보여주는 단결된 힘이다.

서로에 대한 신뢰를 보여주는 독특한 문화가 있다. 오케이아웃도어닷컴은 8시 30분이 출근 시간으로 정해져 있지만, 8시 20분이면 이미 모든 직원들이 회사에 와 있다. 청소를 하기 위해서다. 5분간 각자 자신의 자리를 청소하고 5분 동안은 공동구역을 청소하는데, 이 시간은 직급에 관계없이 모든 직원들이 하나가 되어 아침 인사를 나누고, 업무에 집중할 수 있는 깨끗한 사무 환경을 만드는 시간이다.

다양한 경험을 가진 뛰어난 경력직원보다 오히려 참신하고 새로운 아이디어로 충만한 성실한 신입직원을 더 선호한다는 오케이아웃도어닷컴. 자발적인 '신뢰'라는 가치로 똘똘 뭉친 조직이라 그런지 결코 적지 않은 업무량에도 불구하고 직원들의 얼굴에는 항상 자부심과 즐거움이 가득하다.

신뢰로 구축한 새 사업모델을 지속적인 성공으로 이끈 것은 '시스템'

700여 개가 넘는 거래업체, 55만 명이 넘는 사이트 회원 수, 170명의 직원들. 이들 모두와 탄탄한 신뢰 관계를 통해 온라인 쇼핑몰 시장에서 독보적인 1위를 점한 오케이아웃도어닷컴. 그들이 창업 초기부터 꾸준히 신뢰를 얻을 수 있었던 또 다른 비결은 바로 독자적인 '시스템'이다. 사람이 아닌 프로세스가 일하는 조직, 오케이아웃도어닷컴의 시스템의 힘이란 무엇일까?

거래업체로부터 외상과 어음 하나 없이 100% 현금으로 제품을 구매해오고, 구매한 제품은 책임지고 팔아낸다. 주요 고객인 40~50대 중년 남성도 전혀 문제없이 제품을 살 수 있도록 온라인 쇼핑몰에 눈에 보이는 듯 친절한 제품 설명을 올리는 것은 물론이고, 그것도 모자라 오프라인 매장도 10군데나 운영한다. 어느새 100명을 훌쩍 넘긴 크기의 조직이지만 일사불란하게 움직이는 것을 보면 여느 군대 못지않으며, 조직 구성원들은 바쁜 업무 중에도 늘 서로를 위해 헌신한다.

그런데 오케이아웃도어닷컴의 이런 성공 전략을 듣고 있자면 계속해서 떠오르는 의문이 하나 있다. '과연 그렇게 해서 돈이 될까?'

그러나 오케이아웃도어닷컴의 지난해 영업이익률은 21%로 다른 온라인 쇼핑몰들의 평균 영업이익률이 3~5%대인 것을 고려해보면 월등히 높은 수치다. 어떻게 이것이 가능할까?

비밀은 바로 '시스템'에 있다. 오케이아웃도어닷컴은 물류 관리, 상품 관리, 재고 관리, 매출 진단, 인사 관리 및 결재까지 독자적으로 개발한 시스템만 300여 개가 넘는다. 한 시스템당 많게는 1,000번도 넘게 수정과 보완을 반복해 모든 시스템을 최적화했다.

재고는 곧 자산,
재고 없는 시스템을 구축하라

　수많은 장점에도 불구하고 대부분의 유통업체들이 사업을 하지 못하는 이유는 바로 '재고 부담' 때문이다. 그러나 오케이아웃도어닷컴은 설립 10년간 단 한 번도 재고를 남긴 적이 없다. 과연 비결이 무엇일까?

　만물상처럼 잡다한 제품들을 모두 모아 파는 것 같지만, 오케이아웃도어닷컴은 사실 '팔릴 만한' 알짜배기 인기 상품들만 모아서 진열하고 있다. 이것은 상품개발팀 아래 5~7명으로 구성된 3개의 MD(머천다이저, 상품화 계획을 전문적으로 하는 사람) 팀이 꾸준하게 데이터를 축적하고 분석하기에 가능한 일이다. 그들은 지난 시즌 판매량과 올해 트렌드를 반영해, 다음 해에 판매할 제품들을 1년 전에 주문하는데, 그 판매 예상치의 정확도가 거의 80%에 이른다. 이 데이터는 다시 시스템에 축적되어 다음 시즌에 다시 주문할 때 MD들이 정확한 판단을 내리는 데 도움을 준다.

　제품의 가격을 책정할 때도 MD들의 주관보다는 시스템이 기준이 된다. 판매상으로부터 제품을 구매할 때 최대한 가격을 깎는 방법, 제품을 판매할 때 소비자가 지불할 용의가 있는 가장 높은 가격을 찾는 방법, 최종 할인 시 손해 보지 않는 선에서 가장 합리적인 가격을 정하는 방법 등이 모두 매뉴얼화 되어 있다.

　예를 들어 생산 및 수입 업체로부터 가격을 할인 받기 위한 가이

드라인은 이렇다. 우선 지난 시즌 구입가격과 업체 본사에서 제시하는 가격을 사전 조사해 대략의 예상 가격선을 정한다. 그다음 거래업체에서 가격을 낮출 수밖에 없는 조건, 즉 구매량(도매)과 결제 조건(즉시, 현금으로) 그리고 반품 조건(100% 오케이아웃도어닷컴 재고 부담)을 제시한다.

또 이런 상세한 가이드라인에도 어려움을 겪을 수밖에 없는 초보 MD들을 위해 '구매 노하우'라는 별도의 매뉴얼을 만들어 어떤 돌발 상황에도 이들이 침착하게 대응할 수 있도록 돕고 있다.

오케이아웃도어닷컴의 철저한 재고 관리 능력은 이미 업계 내에서 소문이 자자하기 때문에, 많은 협력사와 경영자들이 이에 대해 자주 자문하곤 한다. 그럴 때마다 오케이아웃도어닷컴의 대답은 한결같다. "못 파는 물건이 어디 있습니까? 다 팔면 되지요!" 너무나 간단하지만 아무나 할 수 없는 이 단순한 진리의 이면에는 사실 치밀하게 구축된 시스템이 자리하고 있었다.

소비자 만족이 곧 우리 만족, 큰 그림에서 효율적인 시스템을 개발하라

고객 만족을 위해 직영매장과 온-오프라인의 통합을 유지하는 일이 경쟁사들의 눈에는 대수롭지 않을 수도 있지만, 사실 이 또한 체계적인 시스템이 있었기 때문에 가능한 것이었다.

오케이아웃도어닷컴은 온라인 사이트와 오프라인 매장 재고의 완벽한 일치를 위해, 제품의 출하와 입고 시점뿐만 아니라 배송 중간 과정에서도 이를 철저히 관리한다. 예를 들어 일반 기업들은 창고에서 제품이 2개 출하되면 재고에 −2를 기록하고, 오프라인 매장에 이것이 도착했을 때 매장의 해당 제품 재고에 +2를 기록하는 것이 대부분이다. 재고관리를 잘한다고 자부하는 기업이라 해도 창고에서 제품이 출하되었을 때 이를 오프라인 매장에 동시에 기록하는 것 정도를 최선으로 여긴다.

그러나 오케이아웃도어닷컴의 생각은 다르다. 일단 해당 제품이 배송 중이라는 것을 안내해줘야 하고, 이 제품이 오프라인 매장에 곧 도착할 것이지만 아직은 보유하고 있지 않은 제품이기 때문에 판매는 불가능하다는 것 모두를 눈으로 확인할 수 있어야 한다는 것이다. 일찍이 오케이아웃도어닷컴은 재고 관리 시스템 내에서 이를 모두

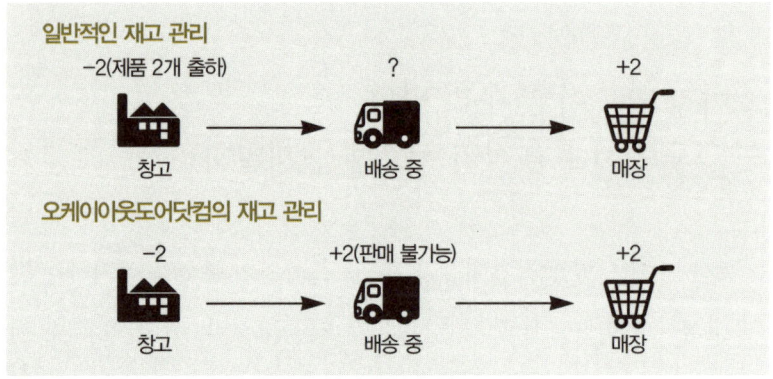

[표13] 오케이아웃도어닷컴의 배송 중 재고 관리 방법

확인할 수 있도록 해놓았다.

매장 내에서의 실시간 재고 관리 또한 매우 철저하다. 오프라인 매장에 있는 행거에는 모두 일련의 바코드와 그에 따른 고유번호가 부착되어 있어, 어떤 제품이 어떤 행거의 몇 번째에 걸려 있는지까지 모두 알 수 있다. 또한 고객이 옷을 입어보고 아무데나 걸어 두면 제품 진열이 흐트러지므로, 구경한 제품은 황금색 바구니에 넣도록 했다. 나중에 종업원이 일괄적으로 정리하기 때문에, 고객의 입장에서도 편리하고 매장에서는 제품의 위치도 바로 파악할 수 있다.

이처럼 철저한 온-오프라인의 100% 통합까지 총 5년이라는 시간이 걸렸다. 이 같은 노력이 단기적인 관점에서는 비용이 들지 모르나 장기적인 관점에서는 틀림없이 더 큰 이익을 가져다줄 것이라고 그들은 말한다.

실제로 오케이아웃도어닷컴은 2011년에 모바일 어플리케이션도 출시했는데, 위와 같이 독자적으로 개발한 시스템이 이미 구축되어 있었기 때문에 훨씬 수월하게 작업할 수 있었다고 한다.

언제 어떤 사람이 들어와도 일할 수 있는 시스템을 구축하라

회사에서 말하는 '인재'란 어떤 사람일까? 대부분의 경영자들은 이 같은 질문을 받으면 '아주 뛰어난 역량을 가진 직원'이라고 말할 것이다. 너무 뛰어나 그 사람이 없으면 일이 돌아가지 않을 정도의 직원 말이다.

그러나 오케이아웃도어닷컴에서는 이런 사람을 가장 형편없는 직원으로 평가한다. 가장 뛰어난 인재란, '그 사람이 없을 때도 일이 제대로 돌아가게 만반의 준비를 갖춰놓은 직원'을 의미한다.

이처럼 오케이아웃도어닷컴은 물류나 상품 관리와 같은 굵직한 업무도 시스템화 해놓는 동시에 명함 관리, 거래처 리스트 작성과 같은 사소해 보이는 일상의 업무 또한 모두 매뉴얼화 해 시스템에 저장한다. 상황이 이렇다 보니, 별도의 신입 직원 오리엔테이션이 없는 것이 어찌 보면 당연한 이야기일지 모른다.

사업을 하면서 가장 어려웠던 점이 무엇이냐는 질문에 '정든 직원이 나가버리는 것'이라고 답하는 장성덕 대표. 몇 번의 뼈아픈 경험을 통해 어떤 사람이 나가고 들어오더라도 흔들림 없이 일할 수 있는 조직이 정말로 강한 조직이라는 교훈을 얻었다고 한다. 지금 그의 목표는 대표 자신이 없더라도 원활하게 돌아가는 오케이아웃도어닷컴을 만드는 것이다.

오케이아웃도어닷컴은 전사적 자원관리(ERP) 시스템을 새롭게 개발하고 있다. 처음에는 전문 업체에서 만든 시스템을 들여왔지만 자사에 딱 맞게 최적화하기는 어렵다는 것을 깨닫고 독자적으로 만들기로 한 것이다. 오늘도 오케이아웃도어닷컴의 직원들은 밤을 지새우며 새로운 시스템 개발에 몰두하고 있다. 그러나 이들이 가장 중요하게 생각하는 것은, 단순한 외형적인 성장이 아닌 전체적인 균형이다.

올해로 설립 11년째를 맞는 오케이아웃도어닷컴. 창업 후 가장 큰 위기가 무엇이었냐는 질문에 장 대표는 사업 시작 후 매일이 위기였기 때문에 하나만 고르기 어렵다고 말한다. 그러나 곧 자신감에 가득 찬 목소리로 다음과 같이 덧붙였다.

"그러나 나는 우리가 언제나 위기 속에서 승리할 것이라는 것을 잘 알고 있습니다. 협력업체, 고객들과 쌓은 든든한 신뢰 관계를 바탕으로 우리가 진입하는 시장의 모든 경쟁자들이 긴장하도록 만드는 것, 그것이 오케이아웃도어닷컴의 미래입니다."

아웃도어란 말 그대로 문 밖에 있는 모든 영역이라는 그의 정의에, 오케이아웃도어닷컴의 밝은 내일이 보이는 듯했다.

2000년 일본 소프트뱅크 사의 회의실에서 기이한 일이 벌어졌다. 알리바바닷컴의 창립자이자 회장인 마윈이 자사의 비즈니스 모델과 비전에 대해 설명을 한 지 단 6분 만에, 손정의 소프트뱅크 회장이 2,000만 달러를 투자하겠다고 결정한 것. 대체 어떤 회사이기에 투자에 신중한 손 회장이 단 6분 만에 투자를 결정했을까?

마윈 회장은 알리바바닷컴의 성공을 가치관 경영 때문이라고 말한다. 탁월한 비즈니스 모델을 만들어 독보적인 경쟁력을 갖춘 데다, 가치관 경영의 이상적인 모델로도 주목받고 있는 알리바바닷컴, 그들의 경영에는 뭔가 특별한 것이 있다.

CHAPTER 15

소로스도 두말 않고 베팅한 알리바바닷컴의 저력

수익보다 진정성 우선한 가치관 경영으로 독보적 경쟁력 유지

Alibaba.com 알리바바닷컴

업종 전자 상거래 플랫폼
설립 1999년
대표자 마윈(馬雲)
매출액 56억 위안(2010년 기준)
직원 수 1만 2,000명(2007년 상장)
업적
- 전 세계 70여 개국 알리바바닷컴 지사 설립
- 전체 회원 6,890만 명(유료 회원 81만 5,000명)

기업 인사이트
- 전략적인 비즈니스 모델을 탄생시켜라.
- 무형자산을 선순환할 수 있는 기업 구조를 만들어라.
- 이 모든 것을 뒷받침하는 가치관 경영에 집중하라.

불황에도 멈추지 않는
알리바바닷컴의 성장세

　1999년 마윈 회장은 17명의 직원과 함께 알리바바닷컴을 설립한다. 그리고 이 회사는 불과 10년 만에 1만 2,000명이 일하는 글로벌 기업으로 성장하여 전 세계가 찬사를 보내는 기업이 된다.
　금융위기로 인해 중소기업들이 줄줄이 쓰러졌던 2008~2009년에도 알리바바닷컴의 성장세는 멈추지 않았다. 2008년에는 4,890억 원, 2009년에는 6,357억 원의 매출을 기록하며 성장을 계속했고 2009년 순이익만 1,630억 원에 달했다. 또한 최근 2011년 1~6월까지의 매출액만 따져도 5,870억 원에 달하는 등 승승장구를 거듭하고 있다.
　알리바바닷컴은 이렇게 돈만 잘 버는 회사가 아니다. 2008년 기업가들을 위한 세계적인 잡지 〈엔터프리너 Enterproncur〉는 알리바바닷컴을 가리켜 '기업가를 위한 최고의 사이트'라고 평가했으며 〈패스

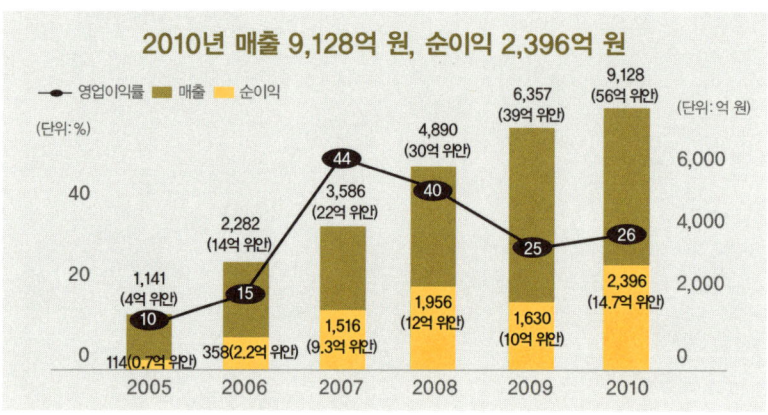

[표14] 알리바바닷컴의 매출과 순이익

트 컴퍼니Fast company〉는 이들을 '세계에서 가장 혁신적인 기업 3위'로 꼽았다. 심지어 〈하버드 비즈니스 스쿨〉에서도 알리바바닷컴의 비즈니스 모델이 성공사례로 분석되기도 했다.

그리고 다시 한 번 알리바바닷컴의 명성을 높여준 사건이 발생했다. 손정의 회장이 야후재팬과 알리바바닷컴이 전자상거래 전략적 제휴를 맺을 것을 선언한 것이다. 뒤이어 헤지펀드의 대부 조지 소로스도 알리바바닷컴에 베팅해 대주주가 됐다.

인터넷을 통해 전 세계의
무역파트너가 된 알리바바닷컴

1999년, 30년 동안 닫혀 있던 중국이 WTO 가입을 준비하자 세계는 12억 인구의 거대한 중국시장을 주목했다. 하지만 사회주의 국가인 중국에 대한 정보는 부족했고, 그것은 중국기업에 대해서도 마찬가지였다.

이때 35세였던 마윈 회장은 이미 인터넷 시장이 크게 성장하리란 것을 확신했다. 그리고 세계 곳곳의 기업과 중국기업을 연결해주어 그들이 편하게 비즈니스를 하도록 도와야겠다는 결심을 하게 되었다. 이렇게 탄생한 것이 바로 알리바바닷컴이다. 지금이야 인터넷을 통해 무역을 돕는다는 것이 쉽게 생각할 수 있는 아이디어일지도 모른다. 하지만 1999년 당시 이런 비즈니스 모델을 만들어낸 것은 그야말로 획기적인 발상이었다.

그렇다면 이후에 전자상거래 시장에 많은 경쟁자들이 뛰어들지 않았을까? 이에 대해 마윈은 다음과 같이 당당히 말한다. "망원경으로 보아도 우리의 경쟁자는 아직 보이지 않습니다." 어떻게 이렇게 자신감이 넘칠 수 있을까? 경쟁사가 모방할 수 없는 무엇인가가 있기 때문이 아닐까?

어떤 상황에서도 고객의
비즈니스를 도와 신뢰를 얻는다

기업이 시장에서 성공하면 반드시 이들을 벤치마킹하는 다른 기업이 나타난다. 그렇기 때문에 성공한 기업들은 경쟁자의 진입을 막고자 특허신청, 기술개발 등의 장벽을 만들어낸다. 그런데 알리바바닷컴이 만든 장벽은 이러한 것들과 조금 다르다. 이들은 최고급 정보를 제공하고 고객들과의 신뢰를 구축함으로써 '보이지 않는 장벽'을 만들었다.

"우리는 수익을 위해서 존재하는 것이 아니다. 고객이 더 편하게 비즈니스를 할 수 있도록 도와주기 위해 존재한다. 그러므로 우리는 인터넷 기업이 아니라 서비스 기업이다." 마윈 회장이 직원들에게 늘 하는 말이다.

실제로 알리바바닷컴은 기존의 인터넷 기업과 사업 방식이 다르다. 일반적으로 인터넷 기반 기업들의 가장 중요한 목표는 '최대한 많은 회원을 모집하는 것'이다. 그 다음에는 모집된 회원들을 대상으로 가입비, 거래수수료 등을 받거나 광고를 유치하여 수익을 창출하기 시작한다.

하지만 알리바바닷컴은 다르다. 회원을 최대한 많이 모집하는 것은 다른 곳과 같다. 많은 회원이 확보되어야 고객들이 거대한 온라인 시장에서 자유롭게 거래처를 선택해서 거래를 할 수 있기 때문이다. 그러나 두 번째 단계에서 기존 기업처럼 수익을 목표로 하지 않는다.

알리바바닷컴은 어떻게 하면 회원의 어려움을 잘 해결해주고 그들이 편하게 비즈니스를 할 수 있을지 고민하고 도와주는 데 초점을 맞춘다. 거래 수수료를 따로 받지 않으며 추가 서비스가 필요한 기업들은 2,999달러의 연회비만 내면 된다. 만약 유료로 사용하고 싶지 않다면 무료 서비스만으로도 얼마든지 충분한 정보를 얻을 수 있다.

이렇게 돈보다 진정성을 우선시하는 알리바바닷컴의 대표적인 일화가 있다. 2002년, 사스(SARS, 급성중증호흡기증후군)로 중국 전체가 혼란에 빠졌을 때의 일이다. 알리바바닷컴도 직원 중 1명이 사스 환자로 판단되어 전체 회사가 봉쇄되었다. 하지만 이러한 비상 상황에서도 무역을 하고자 하는 중소기업들은 여전히 알리바바닷컴의 도움이 필요했다.

마윈은 이 문제를 해결하기 위해 모든 직원의 집에 인터넷을 설치해줬다. 당시 인터넷이 보편화되지 않았던 중국의 상황을 감안해보면 매우 큰돈이 들어가는 투자였지만, 마윈은 이를 아까워하지 않았다. 알리바바닷컴의 전체 직원은 집에서 차질 없이 업무를 처리했으며 고객들은 불편 없이 서비스를 이용할 수 있었다. 이는 알리바바닷컴에 대한 신뢰를 강화하는 좋은 계기가 되었다.

오직 알리바바닷컴에서만 찾을 수 있는 고급 정보

일반적으로 기업들이 해외시장에 진출할 때 겪는 3대 어려움이 무엇일까? 무역장벽, 시장창출의 어려움, 자금부족이 바로 그것이다. 알리바바닷컴은 이 3가지를 모두 해결해주는 것을 목표로 한다.

해외기업과 무역거래를 하고자 할 때 많은 준비 작업이 필요하지만, 그중에서도 함께 할 파트너 기업을 검색하는 일이 전체 무역 프로세스의 52%로 가장 중요하다. 검색이 끝나면 구체적으로 시안을 내고, 함께 커뮤니케이션을 하고, 샘플링을 보내 협상 계약을 한다. 이때 계약을 하는 것은 전체 시간의 10%면 충분하고 나머지 프로세스에 90%의 시간이 소요된다. 이때 알리바바닷컴의 키워드 검색을 활용하면 상대 기업을 훨씬 쉽게 검색할 수 있다. 나머지 프로세스도 알리바바닷컴의 메신저로 편하고 빠르게 진행할 수 있다. 즉 무역장벽을 해결하는 원스톱솔루션을 제공하는 셈이다.

이렇게 해외 무역장벽을 넘었다면 그다음으로 해결해야 할 난제는 무엇일까? 바로 시장을 창출하는 일이다. 알리바바닷컴은 고객의 이런 어려움을 예측하고 남다른 마케팅을 펼쳤다. 일반적으로 인터넷 시장에서는 판매자, 즉 셀러를 많이 모을수록 연회비가 많아져 수익이 올라간다.

그러나 알리바바닷컴의 모든 마케팅 영업활동은 셀러가 아닌 바이어, 즉 구매자들을 대상으로 한다. 고객인 셀러들을 위해 적극적으로 바이어를 끌어들여 해외에서 쉽게 시장을 만들 수 있도록 도와주는 것이다.

2008년, 어려운 환경 속에서도 알리바바닷컴은 3,000만 달러를 투자해 바이어 타깃팅 광고를 했다. 중소기업 셀러 고객들을 위해 더 많은 바이어들을 모집하기 위해서였다. 이런 노력으로 알리바바닷컴은 회원의 90%를 바이어로 채울 수 있었고, 바이어가 많으니 셀러들도 자연히 알리바바닷컴으로 모여들었다.

마지막은 자금 문제다. 대기업은 신용이 좋아 그나마 자금 조달이 쉽지만 중견기업이나 소규모 기업으로선 매우 어렵다. 알리바바닷컴은 자금 문제도 직접 나서서 해결하고자 했다. 마이크로 크레딧 기관인 그라민 은행의 창시자 무하마드 유누스와 손을 잡고 '중국판 그라민 은행'인 그라민 차이나를 만들어 서민을 위한 소액대출서비스를 기획한 것이다. 이렇게 알리바바닷컴은 본인들의 수익만을 위해 움직이는 다른 기업들과 달리 중소기업들의 고민을 하나씩 해결해주면서 기업의 든든한 지원군이 될 수 있었다.

또한 알리바바닷컴은 좀 더 정확한 정보를 제공하기 위해 데이터 수집에 심혈을 기울이고 있다. 본사의 6층에 가면 벽 전체가 모니터로 된 모니터링 룸이 있는데, 거기서는 형형색색의 현재 거래 현황이 30초 단위로 24시간 내내 표시된다.

이렇게 알리바바닷컴은 기업들이 정확하게 의사결정을 할 수 있도록 10여 년 동안 자사 및 경쟁사의 트렌드를 정확히 분석하여 탄탄한 정보를 축적해놓았다.

10년 동안 축적된 고급정보는 자연스럽게 고객의 신뢰로 이어졌고 덕분에 회원 수도 크게 증가했다. 2011년 현재 알리바바닷컴은 전체 회원 6,890만 명, 유료 회원 81만 5,000명이 가입되어 있다.

모든 결정의 근간이 되는
가치관 경영

마윈 회장은 처음부터 지금까지 언제나 고객에게 최고의 서비스를 주고자 노력했으며 수익은 그다음이었다. 그런데 다른 직원들도 생각이 똑같을까? 수익을 추구하지 않는 회사에서 일하고 싶은 마음이 들까?

당연히 아니다. 실제로 사업 초기에 중국의 검색 포털 사이트인 시나Sina와 소후Sohu와 같은 곳은 돈을 잘 벌었지만 알리바바닷컴은 수익이 없었고, 몇몇 직원은 수익성이 더 좋은 다른 포털사이트로 이직했다.

그러나 마윈은 강력히 자신의 비즈니스 모델을 밀고 나갔고, 그 과정에서 모든 직원이 한 방향을 바라보며 같은 목표와 생각을 갖는 것이 중요하다는 것을 깨달았다. 알리바바닷컴이 고객의 비즈니스를 도와주며 장수하기 위해서는 가치관으로 무장한 기업이 되어야 한다고 판단한 것이다. 그 후 모든 면에서 '가치관'을 앞세웠다.

이들의 가치관은 일상 업무에도 살아 있다. 직원의 성과평가에 가치관을 50%나 반영하기 때문이다. 조직의 사업확장부터 전략수립까지 모든 활동의 기반을 가치관으로 삼는 것은 물론이고, 직원뿐 아니라 임원들도 모두 가치관 평가를 받아야 한다.

평가 방법도 재미있다. 먼저 고객우선, 팀워크, 변화에 대한 수용, 열정, 정직, 책임이라는 총 6개의 가치관이 있다. 그리고 각각의 가

고객 우선	팀워크
1점: 타인을 존경하고 언제나 알리바바닷컴의 이미지를 보호한다. **2점**: 질책을 받거나 억울해도 웃음을 잃지 않고 적극적인 자세로 고객과의 문제를 해결하려고 노력한다. **3점**: 고객과의 커뮤니케이션 중 자신의 잘못이 아니더라도 공손하게 받아들인다. **4점**: 고객 입장에서 생각하고 고객 만족을 실현하며 원칙을 지키며 회사와 고객이 윈-윈 하도록 항상 힘쓴다. **5점**: 고객의 요구에 앞서 미리 서비스를 해준다.	**1점**: 팀의 활동에 적극 참여하고 동료의 도움을 적극적으로 받아들이며 함께 목표달성을 한다. **2점**: 중요한 결정 전에 건설적인 의견을 제시하며, 토론에 적극적인 자세로 임한다. 토론 후 결정이 된 사항은 개인이 동의하지 않아도 말과 행동 모두 무조건 따른다. **3점**: 적극적으로 업무지식과 경험을 공유하고, 동료에게 적극적인 도움을 준다. 집단의 힘을 현명하게 사용하여 문제를 해결하려고 노력한다. **4점**: 성격이 다른 다양한 동료와 함께 일할 수 있으며 개인의 선호를 업무에 개입시키지 않는다. **5점**: 주인의식이 있으며 팀에 긍정적인 영향을 주고 팀의 분위기를 개선하고 열정을 불어넣는다.

변화에 대한 수용	정직
1점: 회사의 변화에 적응하고 불평하지 않는다. **2점**: 변화를 이성적으로 받아들이고 충분히 소통하여 성실하게 임한다. **3점**: 변화과정 중 일어나는 실패나 좌절에서 자기 조절을 할 수 있고 기타 동료들에게도 긍정적인 영향과 격려를 해준다. **4점**: 업무 중 새로운 방법, 새로운 아이디어를 항상 생각해본다. **5점**: 변화를 추구하고 성과에도 큰 변화를 가져온다.	**1점**: 성실하고 정직하다. **2점**: 적절한 방법으로 자신의 의견을 제시한다. 잘못을 평가할 때도 해결책을 함께 제시하며 직접적으로 의견을 제시해야 한다. **3점**: 확인되지 않은 소식은 퍼뜨리지 않으며 다른 사람 뒤에서 일과 타인에 대해서 불평하지 않는다. **4점**: 잘못을 인정하고 잘못에 대해서는 책임을 진다. **5점**: 회사에 이익이 되지 않는 불성실한 행위를 효과적으로 자제한다.

열정	헌신
1점: 자신의 일을 사랑하고 알리바바닷컴의 기업문화를 인정한다. **2점**: 회사에 헌신하고 개인적 이익보다는 회사의 이익을 앞세운다. **3점**: 적극적인 자세로 업무에 임하며 힘들어도 포기하지 않고 목표를 달성한다. **4점**: 언제나 낙관적인 태도와 필승하는 자신감으로 동료와 팀원들에게 힘을 준다. **5점**: 높은 업무 목표를 세우고 오늘에 최선을 다하면 내일은 수월해진다고 믿는 자세로 일한다.	**1점**: 오늘의 일은 오늘 완성하고 근무 중 업무와 관련된 일만 한다. **2점**: 회사의 시스템을 따르며 반복되는 잘못은 하지 않는다. **3점**: 끊임없이 공부하고 자신을 계발하며 일을 할 때는 결과 지향적으로 한다. **4점**: 중요한 일과 급한 일을 구분할 줄 알고 일을 정확하게 수행한다. **5점**: 이전 업무 프로세스에 얽매이지 않고 복잡한 프로세스를 간소화하려고 노력하며 적은 인풋으로 많은 아웃풋을 추구한다.

[표15] 알리바바닷컴의 가치관

치관 아래 다시 구체적인 행동양식 5가지를 제시한다. 5가지 행동양식은 각각 1점부터 5점까지로 나누어져 있는데, 1점은 상대적으로 실행하기 쉬운 것이고 5점은 실행하기 어려운 행동이다.

하지만 5점짜리 행동을 했다고 하더라도 1점짜리 행동을 실천하지 않았으면 그 항목의 평가에서 5점을 받을 수 없다. 오른쪽의 표를 보면 알 수 있듯이 평가표는 기본에 충실하게 가치관을 수행하도록 설계되어 있다.

또한 철저히 구체적인 사례를 통해 평가 점수를 매긴다. 평가를 받을 사람은 먼저 구체적인 사례를 근거로 하여 스스로 1차 평가를 한다. 그리고 상사와의 조율을 통해 최종 점수를 받는다. 예를 들어, 고객에게 헌신하는 가치관을 평가할 때는 '이런 상황에서 이런 행동을 했기 때문에 이 점수를 받는 것'이라는 구체적인 묘사가 있어야 한다.

평가결과에서 업무역량이 떨어지는 것으로 나타나면 재교육을 통해서 해당 역량을 키우도록 하지만, 가치관이 잘못되어 있으면 무조건 해고한다. 실제로 회사에서 세일즈 실적이 톱이었던 직원 2명을 해고한 적이 있다. 고객에게 거짓된 약속을 했기 때문이다.

마윈은 알리바바닷컴의 모든 것이 바뀌어도 단 한 가지, 가치관 경영만은 변하지 않을 것이라고 말한다. 훌륭한 가치관이 기업에 얼마나 깊게 뿌리내렸느냐에 따라 알리바바닷컴이 100년 넘게 살아남는 장수 기업이 될 수 있는지의 여부가 달려 있다고 생각하기 때문이다.

1,000만 중소기업의
손과 발이 되겠다는 다짐

알리바바닷컴은 이처럼 외부고객인 소비자들에겐 '편하게 비즈니스를 하도록 돕는 것'을 목표로 하고, 내부고객인 직원에게는 이를 위한 가치관을 강조하면서 승승장구해왔다.

그럼 앞으로의 알리바바닷컴은 어떨까? 마윈의 목표는 뚜렷하다. "우리는 향후 10년 동안 1,000만 중소기업이 우리를 통해 비즈니스를 하고, 이를 통해 1억 개의 일자리가 창출되며, 10억 명이 소비하는 플랫폼을 만들 것이다."

업종 자체에 대한 부정적 인식과 편견이 지배적인 상황에서 한 기업의 노력이 소비자의 마음을 사로잡을 수 있을까? 여기 '결혼정보업'이란 다소 생소하고, 대중의 신뢰가 높지 않은 보수적인 시장에서 10여 년 동안 독주를 계속하는 기업이 있다. 바로 듀오다. 후발 주자로 시작해 업계 선두로 우뚝 선 이들의 서비스, 마케팅, 인재 관리의 노하우는 무엇이었을까? 듀오의 창업 스토리와 서비스 전략 속에는 진정한 고객 만족 경영의 해답이 들어 있다.

CHAPTER 16

'업'의 패러다임을 뒤바꾸며 업계 선두 차지한 듀오

젊은 세대 공략한 감성 마케팅으로 업종 자체의 부정적인 인식 전환

듀오 듀오

업종 결혼정보업
설립 1995년
대표자 김혜정 (창업자는 정성한 현 경영고문)
매출액 226억 원 (2010년 기준)
직원 수 320명

업적
- 결혼정보 시장점유율 60%
- 성혼 커플 2만 쌍, 온라인 회원 수 80만 명, 연간 신규 회원 1만 5,000여 명

기업 인사이트
- 기업의 입장이 아닌 고객의 입장에서 모든 활동을 전개하라.
- 데이터 구축과 IT 역량을 비즈니스의 핵심으로 삼아라.
- 진정성이 담긴 마케팅으로 고객의 마음을 움직여라.
- 우리에게 맞는 핵심인재를 명확히 정의하고, 그들을 스타로 키워라.

㎅ 듀오

사랑의 스튜디오를 만들어낸
숨은 공신

1990년대 중반 MBC에서 방영한 '사랑의 스튜디오'를 기억하는가? 전국의 청춘 남녀를 연결해주며 선풍적 인기를 끌었던 짝짓기 프로그램의 원조다. 2001년까지 총 7년여의 방송기간 동안 무려 1,432쌍의 남녀가 출연했으며, 최고 시청률이 24%에 육박할 만큼 인기가 있었다. 방송 시간이 일요일 오전 시간대였다는 걸 감안하면 그야말로 남녀노소 전 국민에게 사랑받았던 프로그램이라고 할 수 있다.

그런데 이 프로그램의 성공을 가능케 했던 일등공신은 따로 있다. 바로 이 프로그램을 제작지원한 듀오였다. 이들은 출연자 관리에서부터 프로필 매칭 시스템까지 도맡아 했다. 1995년에 설립된 듀오가 1년 만에 이 커다란 프로젝트를 감당해낼 수 있었던 노하우는 무엇이었을까? 또한 프로그램의 인기와 더불어 대중의 인식 속에 뿌리 깊게 자리매김할 수 있던 비결도 함께 알아본다.

더 좋은 배우자를 만나기 위한 젊은 세대의 선택, 결혼정보회사

공정거래위원회의 정의에 따르면, 결혼정보업이란 '결혼을 원하는 남녀를 회원으로 모집해 최적의 배우자상을 찾아서 만남의 기회를 제공해주는 새로운 업종'이다. 쉽게 생각하면 중매 사업이라 여길 수 있지만, 굳이 차이를 구분하자면 아래 표와 같다.

처음에 중매쟁이에게 의지하던 중매가, 개인사업 형태의 결혼상담

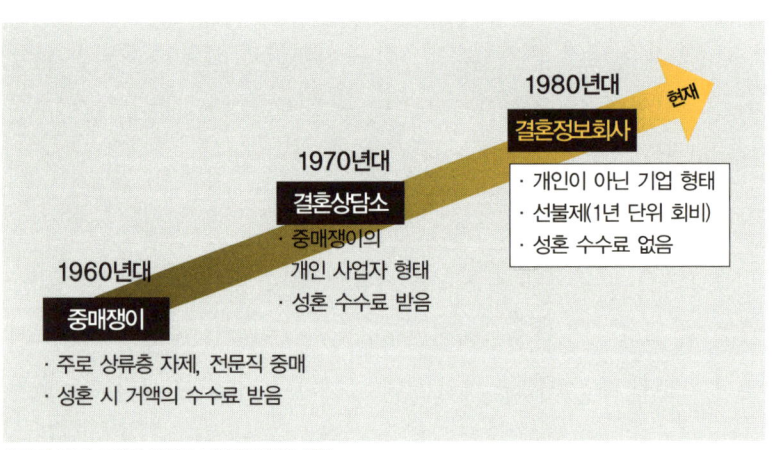

[표16] 중매 사업의 발전과 결혼정보업의 태동

소에 의해 이루어지다가, 성혼 수수료를 받지 않고 대신 유료 회원의 가입비를 수익구조로 하는 전문 결혼정보회사로 진화한 것이다. 즉, 만남을 제공하는 '중매'의 성격은 유지하되 비즈니스 모델만 변형되었다고 볼 수 있다.

연애결혼이 보편화되었지만 아직도 우리나라 전체 결혼의 3분의 1 정도는 중매를 통해 이루어지고 있다. 또한 결혼정보업체에 가입하는 회원을 분석해보면 평균 20~30대의 대졸 회사원으로, 지극히 평범한 청춘 남녀들이라는 것을 알 수 있다. 현재도 '중매시장'이 여전히 존재한다는 뜻이다.

국내 최초의 결혼정보회사는 1985년에 설립된 '알트만'이다. 그 후 1994년에 사업자 허가제에서 신고제로 법이 바뀌고, 또 4년 뒤인 1998년에 등록제로 개정되면서 업체 수가 폭발적으로 증가해 현재 전국 863개의 결혼정보회사가 성업 중이다.

그렇다면 이렇게 중매 산업이 계속 발전하는 이유는 뭘까? 결혼을 집안과 집안의 만남으로 보는 뿌리 깊은 유교 문화의 영향과 젊은 세대의 실리 추구 경향을 가장 큰 요인으로 꼽을 수 있을 것이다. 또한 핵가족화 등으로 젊은 남녀가 주위 지인을 통한 만남의 기회를 갖기 어려워진 것도 결혼정보업의 발전을 가져왔다.

2009년에 결혼문화산업연구소가 결혼정보업체에 가입한 남녀들을 대상으로 가입 이유를 묻자 '이상형을 만나기 위해서' 그리고 '더 많은 만남의 기회를 갖기 위해서' 등의 대답이 나왔다. 더 좋은 배우자를 선택하고자 하는 젊은이들의 갈망이 반영된 셈이다.

창업부터 제대로!
업의 본질을 꿰뚫어라

결혼정보업체 중에서도 듀오는 성혼 커플이 2만 쌍에 달하며, 연간 신규 회원도 약 1만 5,000여 명에 이르는 등 전체 결혼정보시장 점유율의 60%를 차지하고 있다. 보수적이기로 유명한 결혼정보업 시장에서 후발 주자로 시작해 10여 년간 업계 1위를 지켜온 듀오는 자신들의 성공 비결은 한마디로 '고객의 입장에 서는 것'이라고 말한다. 그러나 '고객 만족'을 추구한다고 해서 모든 기업이 성공하는 것은 아닐 것이다. 듀오는 어떻게 진정한 고객 만족 경영으로 오늘날의 성공에 이르렀을까?

듀오는 정성한 창업주(현재 경영고문)의 맞선 경험에서 탄생했다. 중매꾼의 말과 달리 자신의 이상형과 거리가 먼 상대가 나오거나, 간혹 마음에 드는 상대를 만나도 어색한 분위기 때문에 난감한 적이 많았던 것이다. 주변 친구들도 대부분 비슷한 상황을 겪었고, 심지어 주선자 말만 믿었다가 나중에 상대의 조건이 거짓이었다는 것이 밝혀져 허탈했다는 이들도 여럿 있었다는 사실을 알게 되었다. 인생의 반려자를 찾는 중요한 일이 이렇게 주먹구구식으로 궁색하게 이루어지는 것을 경험하며 그는 새로운 사업 아이템을 떠올렸다. "'제대로 된' 이상형과의 '즐거운' 만남을 제공하는 사업을 해보자!"

사업을 시작하기 위해 업의 본질을 파악하는 것은 필수. 정 고문은 먼저 결혼정보업 시장에 대한 이해를 바탕으로, 결혼정보회사의 비즈니스 모델을 분석했다. 회원의 가입비에서 수익을 충당해야 하는 만큼 결혼적령기의 남녀 회원을 많이 확보하는 것이 중요했다. 그 당시 영세한 결혼정보회사들은 회원들을 모집하기 위해 값싼 가입비를 제시하거나 연예인을 내세우는 한편, 신원조회도 제대로 거치지 않고 무분별하게 회원을 모집하고 있었다. 이러한 환경에서 듀오는 '믿을 만한' 기업이 되는 것을 목표로 정했다. 한국보다 10여 년 앞서 있는 일본의 결혼정보시장을 벤치마킹하고 내린 그의 결론이었다.

참신하고 차별화된 서비스로 승부

자신의 짝을 찾고 싶은 고객의 입장은 어떨까? 일단 '아무나' 만나고 싶지 않을 것이며, 만남의 기회를 자주 갖는 일 자체가 어려울 것이다. 당연히 딱딱하고 어색한 분위기의 만남은 싫을 것이고, 연애에 쑥맥인 사람은 상대가 맘에 든다 해도 더더욱 어떻게 해야 할지 난감할 것이다. 듀오는 이러한 고객의 어려움들을 하나하나 해결해주는 차별화된 서비스를 제공했다.

우선 중매꾼에 의해 주먹구구식으로 이루어졌던 기존 방법에 대한 새로운 대안으로 '시스템을 이용한 매칭'을 제시했다. 2년여의 창업 준비기간 동안 일본의 매칭 시스템을 벤치마킹한 뒤, 한국의 독자적 특성을 반영해 DMS(Duo Matching System)라는 과학적 매칭 시스템을 개발했다.

DMS는 직업, 학력, 종교, 외모, 경제력 등 기본적인 9가지 영역에 160여 가지의 정보를 입력해 자신에게 맞는 상대를 찾아주는 시스템이다. 한국인에게 중요한 형제 관계나 시부모와의 동거 여부, 재혼일 경우에는 상대 자녀의 수용 여부까지 선택할 수 있다. DMS를 활용한 1차 매칭에 이어, 2차로 전문 커플 매니저들이 회원의 특색을 파악해 가장 적당한 짝을 매칭해주는 체계적인 프로세스로 고객들의 이목을 사로잡을 수 있었다.

또한 대부분의 결혼정보회사들이 만남의 기회를 5~7회 정도 제공하는 횟수 기반의 서비스만을 제공하고 있었는데, 듀오는 이를 과감히 탈피하여 만남의 기회를 대폭 늘린 기간제 서비스인 '클래식 서비스'를 제공했다. 이 서비스를 이용할 경우 1년 동안 매달 3명의 이상형 프로필 정보를 받고, 그중 본인의 의사에 따라 만남을 결정할 수 있다. 만약 자신이 이상형 조건에 적합한 상대로 선정되면, 그만큼 상대 회원의 프로필 정보를 많이 받아보게 되고, 만남의 횟수도 늘어난다.

뿐만 아니라 회원들은 자신의 프로필 정보를 공유할 수 있는 온라인상의 멤버스 클럽에서 이성 회원을 검색하여 한 달에 2명까지 직접 연락을 취할 수 있기 때문에, 만남의 기회는 거의 무한대라고 할 수 있다.

실제로 횟수제 서비스 회원에 비해 기간제 서비스 회원이 갖는 만남의 횟수를 살펴보면 평균 15~17회로 3배가 더 많다. 비싼 입회비를 내는 고객의 입장에선 그야말로 고마운 서비스였고, 듀오는 이 서비스를 제공한 이후 신규 회원이 폭발적으로 증가하는 만족스런 성과를 얻을 수 있었다.

듀오만이 가진 또 다른 차별화된 서비스는 바로 자연스러운 만남의 장이다. 듀오는 연간 150~200회의 이벤트를 개최해 어색함을 최소화한 만남의 기회를 제공한다. 이벤트의 종류도 여행, 공연, 문화, 기념일 테마 이벤트 등 무척 다양하다. 대기업의 요청으로 기업 단위의 제휴 이벤트를 하기도 했다.

이벤트는 참가 인원(일반적으로 50명)의 성비를 맞추고, 신원 보증이 확실히 이루어져야 할 뿐 아니라 유쾌한 분위기까지 이끌어내야 하기 때문에 주최측의 역량이 매우 중요하다. 듀오는 활동 회원 수가 2만여 명에 달해 이벤트 참석인원 확보가 쉬울 뿐더러, 이벤트 팀

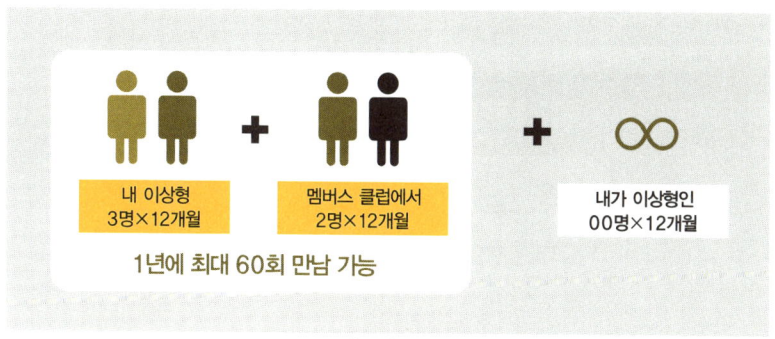

[표17] 기간제 서비스 '클래식 서비스'로 다양한 만남 주선

이 따로 운영될 정도로 역량과 노하우를 축적하고 있다. 진행을 전문으로 하는 5명의 베테랑 이벤트 매니저들은 참가자들에게 재미와 감동을 준다. 무엇보다 능숙한 진행으로 커플로 이루어질 수 있는 분위기를 조성하여, 이벤트당 평균 30%라는 높은 커플 성사율을 자랑한다.

그 외에 연애에 서툰 회원들을 돕기 위해 매니저들이 연애 상담을 해주기도 하며 연애 관련 특강은 물론 도서 출간까지 진행하고 있다. 유료 회원뿐만 아니라 잠재 고객인 홈페이지 무료 회원들에게도 데이트 코스 추천, 연애 상담, 심리 테스트 등 경쟁 업체에 비해 유용한 정보를 제공하고 있다. 온라인 회원만 무려 80만여 명에 이른다고 하니 서비스 수준이 어느 정도인지 가늠해볼 수 있다.

결혼당사자들에게 익숙한
온라인 매체 활용

이처럼 듀오는 '좋은' 사람을 '제대로' 만날 수 있게 해주는 서비스로 고객의 신뢰에 한 걸음 다가섰다. 그러나 탁월한 서비스 품질만으로 성공할 수 있을까? 아무리 뛰어난 제품이어도 그것을 알아주는 소비자가 있어야만 빛이 나는 법이다. 회원 수가 늘었어도 결혼정보업 자체에 대한 대중의 부정적인 시선은 쉽게 사라지지 않았다. 이를 극복하고 결혼정보업 시장의 대표 브랜드로 자리 잡기까지 듀오는 마케팅과 인재관리에 심혈을 기울였다.

먼저 듀오는 당시 영세 결혼정보업체들과 달리, 업계 최초로 전담 대외 홍보팀을 구성할 정도로 홍보에 주력했다. 마케팅 대상은 실리주의적이고 안정지향적이나 능동적인 20~30대의 결혼적령기의 젊은이들로 잡았다. 당시 결혼 결정의 주체가 부모에서 결혼당사자로 옮겨가는 사회적 분위기가 조성되는 시기였고, '중매'에 대한 젊은 층의 인식이 달라지고 있었기 때문에 내린 결정이었다.

젊은 세대를 공략하기 위해 듀오가 처음 시도한 것은 그 무렵 한창 유행하던 온라인 통신이었다. 인터넷 태동기인 1990년 대 중반, 20~30대를 중심으로 온라인 통신이 급격히 확산되었는데, 듀오는 1996년에 온라인 통신 사상 최초로 이성 정보 제공 서비스를 시작했다. 천리안, 하이텔 등에서 자신을 소개하고, 쪽지 기능을 활용해 상대의 정보를 확인한 후 만남으로 발전시킬 수 있는 매우 기초적인 형태의 데이팅 서비스였다. 그러나 젊은 층의 반응은 폭발적이었다. 영화 '접속'의 선풍적 인기로 온라인 통신 붐이 조성된 것도 창업 초기 듀오의 이름을 알리는 데 호재로 작용했다.

뿐만 아니라, 유력 일간지에 '컴퓨터 중매 회사'로 소개된 것 또한 합리적이고 이성적인 젊은 층에게 어필하기에 더없이 좋은 기회였다. 당시 결혼정보시장 자체가 형성되기 시작하는 시기였기 때문에, 선두 기업이 없는 상황에서 언론보도를 통해 객관적인 권위가 부여되자 '컴퓨터 매칭 결혼정보회사 = 듀오'라는 인식을 심어주는 데 성공한 것이다.

감성 마케팅으로
홍보도 차별화

　이처럼 듀오는 최초의 온라인 통신 서비스가 인기를 끌며 언론 매체에까지 보도되어 초기 브랜드 인지도 구축에 성공했다. 이처럼 '이름 알리기'가 어느 정도 안정권에 들어가자, 듀오는 무조건적으로 대중매체에 많이 노출하기보다는 결혼정보회사의 '전문성'을 부각하는 것에 초점을 두기 시작한다. 신생 기업이었기 때문에 방송 프로그램에 한 번이라도 더 이름을 노출하고 싶은 것이 당연할 텐데도, 듀오는 오히려 방송사에 간접적으로 노출되는 PPL 형식의 협찬 요청을 대부분 거절했다.

　대신 '사랑의 스튜디오'와 같은 구성의 방송 프로그램에 제작을 지원하거나, 영화 '좋은 사람 있으면 소개시켜줘(2002년, 모지은 감독)', '작업의 정석(2005년, 오지환 감독)' 등 커플 매니저가 주인공으로 등장하거나 결혼정보회사를 배경으로 하는 작품에 각종 정보와 노하우를 제공하는 등 최소한의 활동만 해왔다.

　대중에게 기억되지 못하는 기업이라면 감히 엄두도 내지 못할 방법이지만, 듀오의 홍보 담당자는 이것이 듀오의 브랜드를 더욱 가치 있게 만들기 위한 전략이었다고 설명한다. 이러한 홍보 활동으로 듀오의 인지도가 향상되었을 뿐 아니라 커플 매니저란 직업이 각광받는 직업으로 부상하고, 결혼정보업 자체에 대한 인식까지 개선된 것을 보면 듀오의 판단은 전적으로 옳았다고 말할 수 있다.

[그림13] 감성 마케팅으로 대표되는 듀오의 지면광고

만약 당신이 경쟁사와 비교할 수 없는 뛰어난 서비스를 갖췄지만 마케팅 여력이 한정된 중소기업 사장이라면 어떤 광고를 하겠는가? 또한 TV 광고는 할 수 없고 옥외광고만 가능하다면 아마 서비스의 우수성을 최대한 많이 채워 넣고 회사의 이름을 큼지막하게 박아두려고 하지 않을까?

그러나 듀오는 서비스의 장점으로 지면을 도배하기보다, 오히려 소비자에게 꼭 필요한 '동반자'라는 메시지를 전달하는 데 집중했다. 듀오의 전담 광고팀은 사업 초기부터 지금까지 10여 년 동안 젊은 세대들의 연애관, 새로운 결혼 트렌드 및 패러다임을 반영하며 꾸준히 '감성'을 자극하는 광고 제작에 힘쓰고 있다. 이들은 지난해 '결혼해 듀오' 시리즈로 '한국의 광고 PR인 2009' 옥외광고 부문상을 수

상하면서 감각과 실력을 인정받았다. 또한 듀오가 해마다 결혼정보업 부문 소비자 선정 브랜드 대상 등을 놓치지 않을 만큼 소비자의 큰 사랑을 받는 데에도 일조하고 있다.

커플 매니저를 스타로 만든 인재 관리 프로세스

마지막으로 듀오가 고객의 필요에 착안해 주력한 것이 바로 '전문가를 만드는 일'이었다. '컴퓨터 시스템 매칭'으로 유명한 듀오이기 때문에 커플 매니저의 역할이 별로 크지 않을 것이라 생각할 수도 있다. 그러나 이들의 역할은 상당하다. DMS 시스템을 통한 1차 매칭 후, 2차 매칭에서는 커플 매니저의 경험에 의한 감각과 노하우가 거의 결정적인 역할을 하기 때문이다.

듀오는 전문 커플 매니저를 육성하기 위해, 전화상담·회원가입을 담당하는 상담 매니저와 매칭·회원관리를 담당하는 매칭 매니저로 역할을 구분했다. 대부분의 결혼 정보업체들이 한 사람의 매니저가 상담부터 매칭까지 모두 책임지는 것과 달리, 듀오의 매니저들은 전담 업무에 집중하면서 전문성을 키웠다. 이것은 매니저 당사자의 발전뿐 아니라 고객만족의 향상으로까지 이어졌다.

커플 매니저에 적합한 인재는 커뮤니케이션 능력, 다양한 인생 경험 그리고 풍부한 연애 지식 등을 갖춘 사람으로, 주부를 가장 선호한다고 한다. 실제로 현재 듀오의 커플 매니저 중 80% 이상이 주부이며, 평균 연령은 40대 중반이다. 이들은 1주일간 직무교육을 받고 3개월 간 사수제 밀착 교육을 수료하여 전문가로 태어난다. 실적 1위 매니저의 노하우를 공유하는 일도 중요한 교육 과정 중 하나다.

프로를 만들었다면 프로에 걸맞은 대우도 필요한 법. 실적에 따른 인센티브를 위해 매년 정확한 평가가 이루어진다. 매칭, 성혼율, 재가입 건수, 만족도 등 11가지 항목에 대한 객관적 평가와 임원 평가를 합산해 고과에 반영하고, 점수가 낮을 경우 재교육이나 보직 이동 등의 조치를 취하기도 한다. 채용부터 교육, 육성, 그리고 평가까지 확실한 인재관리 프로세스를 갖추는 것이다.

더 나아가 듀오는 매니저 한 사람 한 사람을 스타로 만들기에 주저하지 않는다. 업무 시간에 외부 강연, 방송 출연 등을 허용하는 한편 연애와 결혼에 관련된 도서를 출간하면 이를 적극 홍보해주기도 한다. 그 덕에 '대한민국 1호 연애강사' 이명길 씨, 듀오가 자랑하는 이벤트 매니저 이재목 씨 등 스타 매니저들이 탄생할 수 있었다. 이러한 회사의 탄탄한 뒷받침은 매니저들이 전문성을 더욱 쌓기 위해 노력하는 데 동기부여가 되는 것은 물론, 회사 입장에서도 스타 매니저를 보유하게 되므로 큰 이점으로 작용한다.

고객과 평생을 함께하는
인생 종합컨설팅 회사를 꿈꾸며

듀오는 매년 각종 소비자 대상을 휩쓸고 있다. 뿐만 아니라 지난 4월 소비자 보호원의 조사 결과, 결혼정보업체와 웨딩업체 가운데 소비자 피해가 단 1건도 접수되지 않았을 만큼 고객에게 신뢰를 주는 기업이 되었다. 2002년부터 확장한 듀오 웨드, 듀오 아카데미도 선전하고 있다.

그러나 호사다마였을까. 얼마 전 경쟁사의 소송으로 광고에서 '1위 업체'라는 말을 사용하지 못하게 되었고, 타 업체에서 유출된 회원의 '등급표'가 듀오의 등급표라는 오해를 사기도 했다. 또 아직도 가시지 않은 결혼정보업 시장 자체에 대한 부정적인 인식 때문에 2001년부터 코스닥 상장 신청에서 세 차례나 탈락하기도 했다. 군소업체의 난립으로 시장이 성숙하지 못하고 포화상태로 발전하고 있는 것도 듀오에겐 장해물이다.

그러나 듀오는 변함없이 또 한 걸음 고객에게 다가서기 위해 노력하고 있다. 그 일환으로 2010년부터 부부의 날을 맞아 무료로 '부부 상담 클리닉'을 운영하기 시작했다. 이는 향후 또 다른 사업으로 발전시키기 위한 준비이기도 하다. 고객과 평생을 함께하는 '인생 종합컨설팅 회사'로 발전해간다는 비전에 맞춰 자신만의 길을 가고 있는 것이다.

업계의 선두로서 시장 자체에 대한 인식을 개선하기 위한 책임감이 막중한 가운데, 늘 고객의 입장에서 생각하려는 듀오의 내일은 무척 밝아 보인다.

설립 후 4년 만에 코스닥에 상장된 메가스터디는 '2008년 예상 매출액 2,100억 원', '영업 이익률 38.5%', '2008년 11월 14일 시가총액 1조 원 재돌파'와 같은 놀라운 수치를 이루어냈다.

메가스터디 이전에는 누구도 학원, 과외 등의 사교육이 '산업'이 될 수 있다고 생각하지 못했다. 사교육은 강사 개인의 실력이나 인기에 많은 부분을 의존할 뿐 아니라, 학원의 위치에 따라 좌우된다는 지역적인 한계가 분명히 존재했기 때문이다. 그러나 메가스터디는 '온라인 교육'이라는 비즈니스 모델을 바탕으로 우리나라 입시 교육의 흐름을 바꾸고, 전국적으로 유명한 스타 강사들을 배출함으로써 사교육의 '산업화'를 이뤄냈다.

CHAPTER 17

앞선 시각으로 사교육 시장의 룰 깬 메가스터디

온라인과 오프라인 최상의 조화로 스타 강사들의 꿈의 무대 등극

megastudy 메가스터디

업종 방문 및 통신, 온라인 교육
설립 2000년
대표자 손주은
매출액 2,457억 원(2010년 기준)
직원 수 620명
업적
- 설립 후 10년간 평균 영업 이익률 38.5%
- 고등부 온라인 교육시장 70% 점유
- 코스닥 상장 후 3년 만에 시가총액 1조 원 돌파

기업 인사이트
- 업의 핵심을 명확하게 파악하고 강점을 극대화하라.
- 트렌드를 따라가되 원칙과 핵심을 잃지 마라.
- 핵심 역량을 지속적으로 강화하여 시너지 효과를 내라.

홈쇼핑처럼 집에서도
교육 받을 수 있는 세상

　1990년대 말, 손주은 대표는 강남 대치동 일대를 주름잡는 유명 강사였다. 하지만 당시 사회 분위기상 '공교육을 망치는 주범'으로 비난 받기 일쑤였는데, 이유는 대치동 등 특정 지역에 거주하는 부유층에게만 그 혜택이 돌아갔기 때문이다.
　이처럼 개인적으로 '좋은' 것과 사회적으로 '나쁜' 것 사이의 간격을 메우는 것이 당시 사교육계의 큰 숙제였다. 손주은 사장도 역시 그런 고민을 안고 있었다. 그러던 중 우연히 TV 홈쇼핑을 보다가 '집 안에서 백화점처럼 쇼핑할 수 있는 세상인데 교육도 그렇게 되어야 하지 않을까?'라는 생각이 들었다. 안 그래도 현재 사교육 시장의 부정적인 면을 극복하는 '깨끗한 기업'을 만들고 싶었던 손 대표는 무릎을 탁 쳤고, 이러한 목적으로 2000년 메가스터디를 설립했다.

온라인과 오프라인 간 최상의 시너지 효과를 낸다

물론 메가스터디가 시장에 가세하기 전에도 온라인 강의는 존재했다. 온라인 강의는 오프라인 강의와는 달리 시간이나 공간의 제한 없이 들을 수 있으며, 초기 투자가 이뤄지면 이후의 추가 비용은 많이 들지 않는다는 장점이 있다. 하지만 현장감이 떨어지기 때문에 수강생들이 오래 집중하기 힘들고, 강사와 소통할 수 없으며, 학습을 주도적으로 관리하기 어렵다는 단점도 분명히 존재한다.

메가스터디는 온라인 강의의 이러한 단점을 극복하는 것에 주력했다. 먼저 오프라인 학원의 강의 모습을 그대로 녹화해 현장감을 살렸다. 학생들과 농담하고, 조는 학생을 향해 분필을 던지는 모습까지 그대로 보여준다. 이러한 현장감 때문에 단조롭게 카메라 앞에서 강의하는 것을 볼 때보다 학생들의 집중력은 올라간다.

또한 각 강좌별로 질의응답 게시판을 만들어 질문을 올릴 수 있도록 했는데, 메가스터디에서는 강사가 이런 질의응답에 얼마나 성실히 대답해주는지가 강사 평가에 포함된다고 한다. 마지막으로 수준별 강좌나 강좌 가이드를 제공하고 일정 기간 내에 강의를 듣지 않으면 강의가 자동으로 삭제되는 시스템 등을 적용해 학생들 스스로 학습 스케줄을 관리할 수 있도록 했다.

또 온라인과 오프라인의 비율을 7 : 3으로 정해 시너지 효과를 높인다. 전체 매출의 70% 이상이 온라인에서 발생하며, 오프라인 학원은 강사에게 지급하는 수수료도 온라인에 비해 2배 가량 높고, 임대료와 운영 인력 인건비 등으로 영업이익률이 낮다. 그런데도 이들이 온라인과 오프라인의 비율을 일정하게 유지하는 이유는 뭘까?

메가스터디가 직접 운영하는 오프라인 학원은 강남, 서초, 노량진 등 철저히 입시 교육의 핵심지역에 위치하고 있다. 이 학원들이 메가스터디 브랜드 인지도의 기반이 되며 스타 강사를 발굴하는 산실의 역할을 한다. 손 대표는 온라인 사업을 하는 기업들은 항상 오프라인 사업과 어떤 시너지를 낼 수 있는지를 고민해야 한다고 강조한다.

모든 스타 강사들의 '꿈의 무대'

축구선수라면 누구나 들어가고 싶은 꿈의 팀이 스페인의 '레알 마드리드'이듯, 강사들에게 메가스터디는 꿈의 무대다. 메가스터디는 창립 초기부터 스타 강사들을 영입하는 데 가장 공을 들였다. 우수한 강의야말로 회사의 성패를 좌우할 결정적인 요인이기 때문이다.

하지만 스타 강사들은 쉽게 움직이지 않았다. 인터넷 강의에 대한 인식이 확산되지 않았을 당시, 강사들은 오프라인 학원에서 훨씬 높은 수입을 얻고 있었다. 게다가 온라인 강의를 통해 자신들의 강의 내용을 접하게 되면 오프라인 학원의 수강생이 줄어들 것을 염려했다. 손 대표 역시 자신이 스타 강사 출신이었기 때문에 다른 강사들의 이러한 염려와 걱정, 이해관계를 잘 알고 있었다. 하지만 그는 "회사가 커지면, 당신에게도 큰 혜택이 돌아갈 수 있다."며 강사들을 설득하고 초반에 주주로 참여시킴으로써 이런 우려를 잠재웠다.

우수한 강사가 있으면 몇 번이고 직접 찾아갔고, 연구실을 제공해 강의에만 전념할 수 있는 환경을 제공했다. 이렇게 메가스터디는 다수의 스타 강사들과 함께 시작할 수 있었고, 아직까지도 한 사람의 연 매출이 수십 억 원에 이르는 스타 강사들을 많이 보유하고 있다.

수험생들의 다양한 요구를 충족하는 맞춤 서비스

손 대표는 메가스터디가 짧은 기간 안에 성공할 수 있었던 이유로 '다른 학원에 비해 보다 다양한 서비스를 실시한 것'을 꼽는다. 실제로 수험생들과 이야기를 나눠보면 치열한 입시 시장에서 '공부 하나만 잘 해서는 원하는 대학에 가기 힘들다'는 것을 알 수 있다. 대학별 입시 정보에 따라 치밀하게 지원 전략을 세워야 함은 물론, 배운 내용을 수학능력시험에 맞춰 다시 정리하는 것도 필요하다.

메가스터디는 이 모든 것을 각 수험생들의 입맛에 맞게 제공하고 있다. 분기별 대학 배치표는 물론이고 수험생의 진도 체크 및 복습 확인까지 온라인과 오프라인으로 진행하는 것이다. 이렇게 꼼꼼하게 수험생 한 명, 한 명을 챙긴 결과, 실제로 고등학교 3학년 교실에선 각종 사교육 업체의 배치표를 마다하고 대부분 메가스터디의 것을 비치한다고 한다. 또한 다른 곳으로 학원을 옮겼다가도 곧 메가스터디의 맞춤형 서비스가 그리워 돌아오는 학생들도 많다고 한다.

그렇다면 어떻게 메가스터디는 이렇게 다양한 학생들의 요구를 모두 충족시킬 수 있었던 것일까? 우선 메가스터디는 고객의 경험을 분석하는 작업, 수험생의 공부하는 습관을 관찰하는 것부터 시작했다.

학습자는 온라인에서 공부를 하기 전 우선 자신이 어느 정도의 수준인지를 파악해, 어떤 강의를 들을지를 결정한다. 이후 실제 학습을 진행하고 나면 그것을 잘 소화했는지 확인하고, 간혹 예습도 한다.

메가스터디는 이를 활용해 인터넷 강의 서비스를 확장했다. 사전에 개인별로 수준을 파악할 수 있도록 한 뒤 맞춤형 학습지도안을 제공하고, 그것을 토대로 수강 현황을 지속적으로 관리해주며, 강의 후에는 입시와 관련된 각종 커뮤니티를 구성해 전문가의 의견을 들어보게 함은 물론 친구들과의 유대감도 가질 수 있게 했다. 단순히 수업만 듣고 마는 것이 아니라 다양한 부대 서비스를 제공하여 수험생과의 관계를 확장하고 그로 인한 추가 수익을 창출한 것이다.

상황이 이렇다 보니 메가스터디의 입지가 날로 탄탄해지는 것은 당연하다. 그럼 경쟁사들은 왜 이렇게 못하는 것일까? 경쟁사들은 누군들 안 하고 싶어서 안 하겠느냐고 답한다. 메가스터디는 선두업체로서 여유가 있기 때문에 어떤 서비스든 할 수 있겠지만, 그들은 단순히 쫓아가기도 벅차다고 하소연하다

그러나 메가스터디가 하는 이 서비스들이 모두 다 여유 있는 자의

자가 학습 수준 체크	학습할 내용 탐색, 선택	학습	학습 결과 분석	다음 진도 정보 탐색
자가 학습 수준 체크		인터넷 강의	자가 학습 수준 체크	
· 개인 맞춤형 학습방법 제시 · 필요시 학력 평가 및 학습 관리 서비스			· 대학별 입시요강 · 입시 성향 분석 및 전략 설명 · M-zone : 학습 정보 공유 · T-zone : 선생님 코멘트	

[표18] 다양한 수준으로 고객의 경험을 관찰하는 메가스터디

특권이라고만은 할 수 없다. 메가스터디는 다양한 맞춤 서비스를 제공하기 위해 학생들의 강점과 약점을 낱낱이 분석하고, 자신들 안의 '숨은 자산(Hidden Asset)'을 발굴하는 데 최선을 다했다. 메가스터디가 경쟁사에 비해 수익이 높은 것은 사실이지만, 이들은 분명 수익 외에 경쟁사가 가지지 못한 자신들만의 강점에 집중하고 이를 극대화하기 위해 조직이 가진 자원을 효과적으로 활용하고 있다.

스타 강사를 넘어 브랜드로 승부하라

스타 강사는 분명 메가스터디를 성공으로 이끈 일등공신이다. 하지만 이들은 엄밀히 말해 메가스터디의 직원이 아니라 계약을 바탕으로 움직이는 '파트너'다. 따라서 메가스터디가 건강한 기업이 되

기 위해서는, 파트너 개개인의 역량에 좌지우지되는 것이 아니라 좋은 파트너를 '관리'하고 '지원'함으로써 파트너의 역량을 키워주고, 더 나아가 좋은 파트너가 저절로 메가스터디에 모일 수 있는 브랜드 역량을 갖추는 것이 무엇보다 중요하다.

메가스터디의 담당자에 따르면 설립 초기에는 스타 강사의 파워가 컸다고 한다. 하지만 2003년 이후로는 '메가스터디'라는 브랜드가 스타 강사 개개인의 파워를 앞선 것으로 평가되고 있다. 2003년 이후, 매출 상위 10위권 안에 드는 강사의 비중과 20위권 안에 드는 강사의 비중은 꾸준히 낮아지고 있다. 즉 몇몇 스타강사에 매출이 집중되던 현상이 점점 완화되고 있다는 의미다. 2005년 11월 몇몇 스타 강사가 이탈하는 일이 있었지만 메가스터디는 큰 타격을 받지 않고 이후에도 꾸준히 성장을 이어갔다. 어떻게 이것이 가능했을까?

먼저, 우수 강사만 살아남을 수 있는 독특한 경쟁 시스템을 꼽을 수 있다. 메가스터디에서 서류와 면접, 시범 강의 등을 거쳐 채용된 신인 강사는 먼저 종합반에서 수업을 한다. 종합반은 국·영·수 등 여러 과목을 묶어서 소수의 학생들에게 제공하는 형태다. 학생들이 강사를 선택할 수 있는 범위가 제한적이며 고정된 급여를 받는다. 종합반에서 인정받는 강사는 단과 강의로 올라간다. 단과는 대형 강의가 가능하며 학생들이 강사를 자유롭게 선택할 수 있다. 단과 강의에서 강사는 수강료의 50%를 받게 되고 스타급으로 인정받는 경우에 인터넷 강의도 함께 할 수 있다. 수강료의 23%를 강사가 수수료로 받는다. 인터넷 강의는 수강생이 전국에 걸쳐 있을 뿐 아니라 수

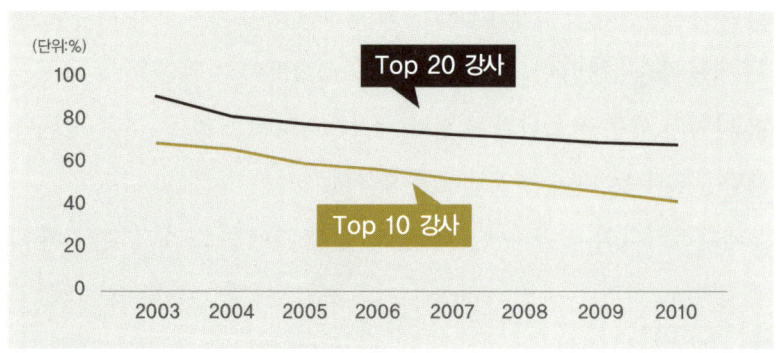

[표19] 톱 강사들의 매출이 전체 매출에서 차지하는 비율

업 장면을 그대로 촬영하는 경우가 많기 때문에 인터넷 강의로 유명해질 경우 추가적인 노력 없이 큰 추가 수익을 거둘 수 있다.

이처럼 상위 단계로 올라갈 때마다 늘어나는 인센티브로 인해 자연히 우수한 강사들만 인터넷 강의가 가능해지고 이런 시스템을 통해 메가스터디는 지속적으로 새로운 스타 강사를 배출하게 된다.

다음은 기획 능력이다. 메가스터디 내에는 '콘텐츠 개발실'이 있다. 이곳은 연간 커리큘럼 기획 및 강사 육성과 홍보 등의 업무를 담당하면서 브랜드의 역량을 높이는 역할을 한다. 먼저, 이들은 대고객관계(CRM, Customer Relationship Management) 부서에서 학생들을 분석한 자료와 입시 제도의 변화, 강사 의견을 종합하여 연간 커리큘럼을 짜고 특별 강좌 및 추가 서비스를 기획한다. 또한 강사에게 각자의 강의 스타일과 이들의 수강생을 분석한 자료를 제공하고, 효과적인 발성법과 제스처까지 알려주며 강사들을 지원한다.

또한 강의 홍보도 담당하는데, 홍보할 강사를 선정할 때의 기준은 메가스터디에 대한 기여도다. 매출을 얼마나 올렸는지, 질문 게시판에 얼마나 성실하게 대답했는지, 얼마나 좋은 자료를 제공했으며 강의 만족도는 어떤지 등을 종합적으로 평가한다. 실제로 콘텐츠 개발실에서 강의와 교재를 개선한 과목은 다른 강좌에 비해 매출이 100% 가까이 성장했으며, 다른 강좌로의 연계구매도 증가하고, 강좌 및 교재 만족도도 높아졌다고 한다.

메가스터디의 2008년 예상 매출액은 2,100억 원이었지만 시장가치는 훨씬 높다. 경제위기로 폭락을 거듭했던 최근 주식시장에서 메가스터디의 시가총액은 2008년 11월 14일 또 다시 1조 원을 돌파했다. 이처럼 실제 매출액에 비해 시장에서 이들을 훨씬 높게 평가하는 이유는 무엇일까? 무엇보다 눈에 보이지 않는 이들의 핵심 역량인 '강사 관리'와 '브랜드 가치' 때문일 것이다.

물론 이들의 미래에 대한 우려의 시선도 있다. 손 대표 역시, 명문대학에 입학하는 것만으로 신분 상승을 할 수 있는 흐름이, 10년 이내로 한계가 오면서 사교육 시장이 위축될 것이라고 내다봤다. 때문에 메가스터디 역시 고등학생 입시 위주의 시장에서 중학생과 성인 교육으로 시장을 넓혀가고 있는 중이다. 사교육 시장의 패러다임을 바꾸어놓은 그들의 다음 행보는 무엇일지 귀추가 주목된다.

오스템 임플란트

휴맥스

벨킨

할리데이비슨

한미글로벌

PART **IV**

오리진 테크니션

: 독보적 기술력으로
세계인의 마음을
사로잡다

치과용 임플란트는 두 종류다. 오스템인가, 오스템이 아닌가. 임플란트 업계 국내 1위 오스템 임플란트는 창업 10년 만에 스스로를 '오리지널'이라 칭할 만큼 성장했다. 아무리 업계 1위 기업이라 하더라도 이런 자신감을 갖기는 쉽지 않다. 오스템을 외국 회사로 알고 있는 이들이 훨씬 많지만, 치과의사 출신 최규옥 대표가 창업한 토종 한국기업이다. 국내에서뿐만이 아니다. 중국, 홍콩, 대만을 비롯해 전 아시아 지역에서 시장점유율 1위를 차지하며 세계시장에 맞서는 유일한 아시아 기업이다.

CHAPTER 18

한국 치과 치료기술의 수준을 향상시킨 오스템 임플란트

선구자적 교육 투자와 브랜드 마케팅으로 임플란트 시장 자체 확장

OSSTEM IMPLANT 오스템 임플란트

업종 치과용 임플란트 제조 외
설립 1997년
대표자 최규옥
매출액 1,348억 원(2010년 기준)
직원 수 739명
업적
- 시장점유율 32%로 국내 1위 차지
- 아시아 시장 1위, 세계 시장 6위 달성

기업 인사이트
- 잠재력 높은 해외시장을 발굴하고 선점하라.
- 시장 특성에 맞는 교육과 투자를 아끼지 마라.
- 최종 소비자까지 오스템을 믿고 선택할 수 있게 만들어라.

생소했던 임플란트 치료법을 뿌리내리다

건물이 낡으면 재건축을 한다. 기계가 낡으면 보수하거나 새로 사면 된다. 그런데 우리 몸의 치아가 빠지거나 치료하기 힘들 정도로 상했을 때는 어떻게 할까? 불과 10년 전만 해도 틀니를 하거나, 망가진 치아의 양 옆 치아를 깎아내 지지대를 세우는 방식의 크라운을 씌우는 게 다였다. 그러나 현재는 이런 경우 누구나 임플란트 시술을 떠올린다.

임플란트는 치아가 너무 상해 뿌리조차 남아 있지 않을 때, 결손 치아의 빈 자리에 인공뼈를 심어 진짜 치아처럼 사용하게 하는 시술법이다. 생소하기만 했던 임플란트 치료법을 국내에 뿌리내리게 한 것은 유명한 치과대학이나 치과병원이 아니다. 바로 오스템 임플란트라는 기업이다.

오스템 임플란트는 1997년에 설립된 치의료용구 제조업체로, 임플란트 분야 시장점유율 32%에 빛나는 국내 1위 선두기업이다. 2005년부터 해외 진출을 시작해 아시아 1위, 세계 시장 6위로 발돋움하며 그 위상을 높이고 있다. 임플란트 제조 외에도 치과 기자재 유통과 IT 사업을 함께 펼치며 치과의사들의 가려운 곳을 긁어주는 기업으로 자리매김하고 있다. 이처럼 빠른 오스템의 성장의 비결은 무엇일까?

치과의사의 마음을 가장 잘 아는 CEO

창업자인 최규옥 대표는 서울대 치대를 졸업한 치과의사 출신으로 '치과의사의 마음을 잘 아는 CEO'라는 평가를 받는다. 1992년부터 개인병원을 운영하며 치과의사로서 안정적인 삶을 살고 있었다. "치과의사들이 더 행복하게 진료할 수 있게 해주고 싶다"는 것이 그의 소박한(?) 경영관이다. 그가 사업가로 변신하게 된 계기는 무엇이었을까?

최 대표는 진료를 하던 중 문득 환자 차트 관리, 의료보험 관리 등의 행정업무가 너무 불편하다는 생각이 들었다. '치과 운영을 편하게 해주는 소프트웨어를 만들 수는 없을까?' 진료만 할 줄 알았지 컴퓨터 소프트웨어에는 문외한인 그였지만, 불편함을 고쳐보겠다는 일

념으로 일을 벌이기 시작했다. 각고의 노력 끝에 그는 단 2번의 클릭으로 의료보험 관련 업무를 편하게 할 수 있는 소프트웨어 '두번에'를 시장에 내놓는다. 이것이 사업가로서 그의 첫 발이었다. 최 대표와 똑같은 불편을 느꼈던 수많은 치과의사들의 호응은 뜨거웠고, 그 후 전체 치과의 65%에서 이 소프트웨어를 사용하게 됐다.

그렇게 사업에 발을 들여놓은 최 대표에게, 뜻밖의 기회가 찾아왔다. 1997년 임플란트를 제조하던 한 중소기업 사장이 제품을 알리려 병원에 찾아왔다가 대화를 나누는 도중에 대뜸 다음과 같은 제안을 한 것이다.

"원장님, 혹시 우리 회사 인수할 생각 없으십니까? 투자비용은 계속 들어가는데 매출은 안 나고…, 당장 팔아치우라는 마누라 등쌀에 죽겠습니다."

그 회사는 1992년에 설립되어 국내 최초로 임플란트 제조 기술을 가지고 있던 '수민종합치재'였는데, 수입제품에 밀려 연 매출 10억 원으로 근근이 꾸려나가는 어려운 상황이었다.

당시 국내 임플란트 시장은 열악했다. 임플란트를 시술할 줄 아는 의사가 별로 없었기 때문에 규모도 정확하게 추정하지 못할 정도로 시장이 작았다. 그조차도 유럽산 브랜드들이 80% 이상 차지하고 있었고, 국내 기업들은 변변한 기술력도 이름도 없이 매우 영세한 수준이었다.

그러나 따져보면 국내시장은 임플란트가 뿌리내리기에 적당한 조건을 갖추고 있었다. 우선 임플란트가 대중화되려면 무엇보다도 소득이 일정 수준 이상 되어야 한다. 2000년대 초반 한국 사회는 고령화 사회로 접어들고 있었고, 1인 소득 2만 달러 시대를 맞이하는 시점이었다.

당장 돈이 될 거라고 생각하진 않았지만, 최 대표는 임플란트 시장의 무한한 성장가능성을 봤다. '제대로 교육해서 안전하게 임플란트를 시술할 수 있는 의사를 길러내면 시장이 커지지 않을까?' 아무도 나서지 않았던 치과용 소프트웨어를 만들어낸 보람을 이미 경험했던 최 대표는, 결국 고민 끝에 수민종합치재를 70억 원에 인수하고, 회사명도 오스템으로 바꿨다. 'Osseous Technology(뼈에 관한 기술)'과 'Digital System'의 앞 세 글자, 뒤 세 글자를 더해 만든 이름이다. 임플란트와 치과용 소프트웨어, 두 마리 토끼를 모두 잡겠다는 다짐이었다.

오스템 교육만 받으면
임플란트 시술을 할 수 있게 하자

당시 1만 8,000명의 치과의사 중 임플란트 시술을 할 수 있는 의사는 단 300명에 불과했다. 주로 외국에서 임플란트를 배워온 '선구자'들은 출신학교를 중심으로 사설 임플란트 연구회를 열어 1인당 500~600만 원의 높은 비용을 받고 알음알음 임플란트 시술법을 전파했다. 여타 치과 진료와는 달리 임플란트는 일종의 외과수술이기 때문에 실습이 매우 중요한데, 막상 1인당 실습비가 수백만 원에 달해 이론으로만 배우는 것이 고작이었다. 치과의사들에게 임플란트는 다른 치과 치료에 비해 단가가 높아 수입 면에서도 이득이었지만 시술법 자체를 배울 기회가 요원해 그야말로 '그림의 떡'이었다.

오스템은 이 점에 주목했다. 임플란트를 제대로 교육하고 시술할 수 있게 만들자는 최 대표의 의지는 확고했다. 교육이야말로 시장을 발굴하고 키울 수 있는 열쇠였다. "투자비용이 많이 들어도 의사들에게 제대로 된 교육을 제공해야 한다고 생각했습니다. 그래야 임플란트 시장이 커지고 오스템도 함께 클 테니까요." 결국 오스템은 2000년 서울 삼성동에 AIC 교육센터(Apsun Dental Implant Research & Education Center)를 오픈했다.

과감한 교육 투자로
거칠 것 없는 성장세를 보이다

"오스템이 뭐하는 데야?" 시작은 결코 만만치 않았다. 임플란트 시술법을 교육할 교수를 모집하는 일부터 난항에 부딪힌 것이다. 이미 임플란트로 이름을 날리고 있던 인지도 높은 교수나 의사들은 오스템의 제의를 하나같이 거절했다. '기업'을 위해 강의할 수는 없다는 것이 그 이유였다.

오스템은 발상을 바꿔 '숨은 고수'를 찾아 나섰다. 치과의사들은 다른 과목 의사들에 비해 응급상황이 적고 퇴근 후 저녁시간에 여유가 있어 관련 세미나에 참석하는 등 외부활동이 많은 편이다. 오스템은 전국에 구축한 영업지사를 통해 각 지역에서 매달 2차례씩 관련 세미나를 열면서 열정적이고 실력 있는 의사를 찾아냈다. 그리고 이들을 AIC 교육센터의 주임교수격인 디렉터director로 초빙했다. 교육 때 실습을 도맡을 조교격인 패컬티faculty들은 디렉터가 직접 지인과 후배 위주로 끌어왔다.

잘 가르칠 사람들을 찾았으니 이제 제대로 된 교육 프로그램을 만들어야 했다. 교육에 대한 확고한 의지가 있었기에, 그 누구도 하지 않았던 과감한 비용 투자를 감행했다. 교육생들이 각각 따로 실습할 수 있게 1인용 실습테이블을 마련했고, 실습할 때에는 아낌없이 실제 제품을 쓰게 했다. 베이직 과정에서는 약 6개월에 걸쳐 임플란트 전반을 배우고 교육생 1명이 각각 실습대를 가지고 환자의 구강구조와 동일한 모형을 활용해 임플란트 시술을 해본다. 마지막에는 실제 환자를 데리고 와 시술을 하는 실제 시술을 마쳐야만 교육과정을 수료할 수 있다. AIC 교육센터의 설립부터 총괄 담당자를 맡아온 기현주 실장은 이 모든 것이 단 한 번에 이뤄진 일이 아니었다고 말한다.

"한 번 교육할 때 20명 정도씩 했어요. 한 테이블 당 500만 원 정도가 드니까 우선 딱 20테이블만 시설을 만들고 교육을 했죠. 그리고 다음 번에 더 필요해지면 더 투자하는 식으로 계속 늘린 것이죠."

삼성동에서 시작한 AIC 교육센터는 이제 전국 18개 센터로 확장되어 지방의 치과의사들도 편리하게 교육받을 수 있다.

오스템의 교육과정은 이것이 다가 아니다. 베이직 과정 이수 후에 더 나은 기술을 배울 수 있는 어드밴스드advanced 과정, 치기공사들을 위한 과정, 실제 시술 장면을 온라인상으로 보고 배울 수 있는 화상교육 등 한 번 배우고 끝나는 것이 아니라 지속적으로 시술 수준을 높여줄 수 있는 체계적 교육 프로세스를 세웠다. 특히, 치과 커뮤니티 웹사이트인 덴플(www.denple.com)은 임플란트 수술 및 강의 동영상을 무료로 제공하자 단숨에 회원 수가 1만 7,000명으로 늘어나 국내 최대 규모의 치과 커뮤니티가 됐다.

그 누구도 시작하지 못했던 대규모 교육 투자였지만, 결국 이 투자가 오스템의 오늘을 가능하게 만들었다. 오스템에서 실습 교육을 받고 임플란트를 시술할 수 있게 된 치과의사들은 자연스레 오스템 제품을 구입하고 환자들에게 시술을 했다. 처음 손에 쥔 도구를 쉽사리 바꾸지 않는 치과의사들의 특성을 간파한 마케팅 방법이었던 것이다.

AIC 교육센터를 수료한 의사 수가 급증하면서 오스템의 매출도 성큼 뛴 것은 어찌 보면 너무나 당연했다. 2007년에는 전체 시장의 40%를 차지하는 1위 기업으로 성장하고, 코스닥에 상장하자마자 시가총액 2위 기업으로 올라서는 등 화려한 데뷔를 했다.

말 그대로 거칠 것 없는 성장이었지만, 시시각각 시장은 좁아지고 있었다. 제대로 된 교육 마케팅으로 블루오션을 개척한 오스템 임플란트의 노하우를 그대로 따른 후발 주자들이 속속 시장에 진입하며 세를 키우고 있었기 때문이다. 경쟁자들을 제치고 한 단계 더 도약

할 수 있었던 오스템 임플란트만의 또 다른 비결은 무엇이었을까?

논스톱 성장 가능케 한
시장 확대·브랜드 마케팅 전략

오스템 임플란트는 치과의사를 상대로 제품을 판매하는 B2B 기업이지만, 환자들이 먼저 알고 찾는 것으로 유명하다. 또한 오스템의 인기는 한국을 넘어 해외시장에서도 높다. 세계 12개의 현지법인을 가지고 있고, 딜러를 통해 40여 개 나라에서 오스템 제품을 팔고 있으며 추가로 14곳에 현지법인을 설립하기 위해 박차를 가하고 있다. 국내를 넘어 아시아 대표 임플란트 기업으로 성장한 오스템의 성장 원동력은 다음과 같다.

'오스템 교육만 받으면 어떤 치과의사라도 임플란트 시술을 할 수 있게 하겠다!'라는 과감한 교육 마케팅으로 국내시장을 한 손에 쥔 오스템 임플란트. 그러나 2000년대 초반 블루오션이었던 임플란트 시장은 어느새 레드오션으로 변해 있었다. 덴티움dentium, 디오dio 등 후발업체들이 진입해 하루가 다르게 오스템의 뒤를 바짝 쫓아왔기 때문이다.

경쟁사들의 추격보다 문제인 것은 한정된 시장이었다. 임플란트를 시술할 수 있는 의사가 300명이던 시절에 교육 마케팅을 시작해 1만 명을 길러내고 나니 시장이 포화 상태에 다다른 것이다. 어느새 한국은 임플란트 종주국인 유럽과 미국을 제치고 세계에서 가장 임플란트를 많이 시술하는 나라가 되어 있었다.

한국 시장은 포화에 다다랐지만 이 즈음 오스템에게 또 다른 기회가 열렸다. 한국이 임플란트로 유명해지고 그중에서도 오스템이 최고라고 알려지자 해외에서 먼저 판매 문의가 들어온 것이다. 오스템은 딜러를 통해 제품을 공급하는 것보다 직접 법인을 내고 진출하는 게 좋겠다고 결정하고, 해외시장 중에서도 아시아 시장을 공략할 채비를 한다. 오스템은 왜 아시아 시장에 주목한 것일까?

임플란트의 탄생지는 스웨덴이다. 1960년대 스웨덴의 정형외과 의사 브레네막Per-Ingvar Branemark 교수가, 골절 사고가 많은 스키 등 동계 스포츠를 즐기던 유럽인들을 치료하다가 개발한 시술법이다. 때문에 노벨 바이오케어Nobel Biocare, 스트라우만Straumann 등 세계 유수의 임플란트 제조업체는 대부분 유럽 기업들이다. 아시아 국가들에서 임플란트 시술이 활성화되지 못한 것도 유럽 제품들의 가격이 워낙 비싼 데다 치과의사들 대부분이 아직 임플란트 시술을 할 줄 몰랐기 때문이다.

즉 일본을 제외한 아시아 국가들의 상황은 소득수준이 빠르게 높아지고 있지만 시장은 아직 미개척 상태이던 처음의 한국시장과 비슷했던 것이다. 유럽 브랜드 제품들이 몇 곳에서 팔리고 있었지만 초보적 단계였다. '한국 시장에서 통했던 전략을 똑같이 쓰면 승산이 있지 않을까?' 더구나 아시아 지역은 한국과 지리적으로 가깝고 운영비용도 상대적으로 적게 들었다. 때마침 대중문화로부터 시작한 한류의 인기가 전 아시아에 퍼져나가고 있었기에 시기적으로도 안성맞춤이었다.

오스템은 2004년부터 해외 진출을 추진해 2005년 1월 대만을 시작으로 3년에 걸쳐 무려 12곳에 현지법인을 세웠는데, 그중 미국, 독일, 호주를 제외한 9개 법인이 아시아에 몰려 있다. 한국에서와 같이 촘촘한 직영 영업망을 만들어 동일한 제품을 공급하고, 의사들을 대상으로 실습형 교육을 실시했다.

오스템의 교육 마케팅은 현지법인에서도 톡톡한 효과를 봤다. 제품을 팔기보다 AIC 교육을 먼저 홍보해 아시아에서만 치과의사 5,000명에게 AIC 교육을 실시했다(2010년 11월 현재). '교육=매출 증대' 공식이 해외에서도 이어진 것이다. 중국에서는 2007년 354명, 2008년 636명, 2009년 750명의 의사들에게 교육을 실시했고, 자연히 시장점유율도 2007년 8.5%에서 2008년 21%, 2009년 40%까지 늘었다.

이처럼 과감한 해외 진출을 감행했지만 생각지 못했던 어려움도 따랐다. 최 대표는 "해외법인에 200억 원 정도만 투자하면 될 것이라 생각하고 시작했는데 막상 1,200억 원도 넘게 계속 투자가 들어갔죠. 그렇게 현금 흐름이 어려워지고 결국 M&A 이야기가 나올 정도였습니다."라고 털어놓았다.

그러나 해외 진출 3년 차인 2009년을 기점으로 흑자를 내는 해외법인이 생기는 등 또 한 번의 도약 기회를 맞게 된다. 이로써 오스템은 유수의 글로벌 브랜드를 전부 제치고 아시아 1위 브랜드로 우뚝

서기에 이르렀다. 특히 성장가능성이 가장 높은 중국시장에서 확고한 1위를 지키고 있다는 사실은 매우 고무적이다. 허가가 나지 않아 법인을 세우고도 제품을 팔지 못해 속을 태우던 일본법인에서는 최근 3년 만에 후생성 허가를 획득해 새로운 전기를 마련하기도 했다.

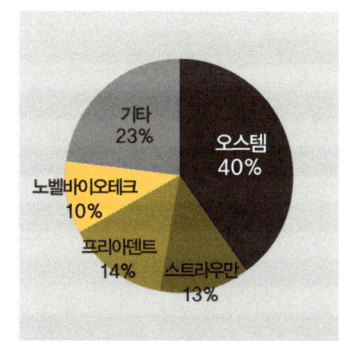

[표20] 오스템의 중국 시장점유율(2009년 기준)

환자 본인이 오스템 임플란트를 선택하게 만들자

오스템 임플란트는 1만 8,000명의 치과의사들을 대상으로 하는 B2B(Business to Business) 기업이다. 일반적으로 B2B 기업들은 최종 소비자의 선택 참여도가 낮기 때문에 그들을 대상으로는 특별한 마케팅을 하지 못하는 경우가 많다. 특히 중소기업에서는 말할 것도 없다. 그러나 기술 발전으로 제품 차별화가 어려워지면서 B2B 기업도 일반 소비자를 대상으로 마케팅을 해야 한다는 주장이 점점 힘을 받고 있다. '마케팅의 아버지' 필립 코틀러는 그의 저서 《B2B 브랜드 마케팅》에서 "B2C에서 그랬듯 이제 B2B 기업도 고객이 무엇을 원하는지에 대해 생각해야 한다."라고 설파했다.

초기에 오스템은 치과의사들이 보는 치과전문지에만 광고를 내는 업계의 관행을 따랐다. 그러나 본격적인 경쟁이 심화된 2000년대 중반 이후 최종소비자에게도 관심을 기울이기 시작했다. "치과 원장님들이 환자에게 싼 가격의 임플란트 제품만을 추천한다면 환자에게는 선택권이 없어지게 됩니다. 환자의 몸에 직접 심는 제품인데, 환자 스스로도 알고 선택해야 한다고 생각했습니다." 안진옥 마케팅기획 팀장의 말이다.

일반인들에게 낯선 임플란트를 알리고 오스템 임플란트의 차별성을 강조할 방법을 찾기 위해 또 한 번 오스템은 과감한 시도를 감행했다. 업계 최초로 TV, 라디오 광고를 시작한 것이다. 물론 비용 투자가 상당했지만 최종소비자에게 이름을 알리는 데 있어서는 가장 효과적인 선택이었다. 2006, 2007년의 초기 광고들은 오스템보다도 임플란트를 먼저 알리는 데에 힘썼다. 일반적으로 노인들이 임플란트를 한다는 편견을 깨고 중년 남성부터 젊은 여성, 학생 등 다양한 연령대의 모델들이 등장해 어금니부터 앞니까지 임플란트를 하고 행복한 삶을 사는 모습을 보여주었다. "이처럼 오래오래 단단하게! 임플란트로 잘 하셨습니다."라는 광고 카피를 통해 '이가 심하게 상했을 때는 임플란트를 하면 된다'는 상식을 통용시키기 시작했다.

먼저 임플란트라는 시술법에 대해 알린 후, 오스템이라는 브랜드를 전파하는 데 주력한 것이다. 2008년 TV 광고에서는 라디오 DJ 강석 씨와 게스트 김영옥 씨가 4~5초에 한 번 꼴로 브랜드명을 언급하며 '임플란트=오스템'이라는 등식을 각인시켰다. 가장 최근인 2010년 광고에서는 많은 사람들의 머릿속에 남은 "오스템인가 오스템이 아닌가."라는 카피를 내세웠다. 광고는 임플란트 시술을 받으려 시술대에 누운 중년 남성이 '내가 시술 받은 게 오스템이 맞나'라고 걱정하는 모습을 보여준다. 입안에 넣는 제품이라 브랜드를 확인하기 어렵기 때문에 실제로 환자들이 많이 하는 고민이라고 관계자들은 말한다.

　이 점을 간파한 오스템은 최근 임플란트 업계 국내 최초로 정품인증서를 도입했다. '오스템 임플란트 인증서는 고객님의 치아 건강을 위해 소중히 보관하시기 바랍니다'라고 쓴 정품인증 카드를 발급해 고객들의 불안을 덜어준 것이다.

　이처럼 일반 소비자에게 접근하고자 노력했던 광고 덕분에, 임플란트 시술 시 제품에 대한 결정권이 환자에게로 상당 부분 넘어온 것으로 조사됐다. 올해 2월 리서치앤리서치 사가 30~50대 일반인 200명, 치과의사 100명 대상으로 임플란트 시술 시 제품에 대한 최종 결정을 누가 하는지 설문조사를 실시했다. 2006년의 경우 '의사'가 90%, '본인'이 9%였지만, 2009년에는 '의사'가 43%, '본인'이 43%로 환자 본인의 결정권이 현격하게 늘었다. 최종 소비자의 마음에까지 뿌리 내리고자 했던 오스템의 전략이 통한 것이다. 임플란트 치료 시 고려하는 제품을 묻는 질문에서도 오스템 임플란트가 41%로 가장 높았다.

교육, 기자재, 소프트웨어를 아우르는 치과 종합 솔루션!

지난 2010년 오스템은 최초로 마이너스 성장을 기록해 위기설이 돌기도 했다. 국내시장 포화, 해외시장 진출로 인한 무리한 자금 동원, 임플란트 덤핑 판매라는 악재가 더해진 것이다. 또한 아시아 시장과는 달리 유럽과 미국 시장은 진입하기가 만만치 않아 꾸준히 투자를 지속하며 신뢰를 쌓아야 하는 상황이다. 운만 믿고 사업을 해 나가기엔 헤쳐 나가야 할 과제가 너무 많이 남아 있다.

그러나 오스템은 오히려 정공법을 택하고 있다. 고객을 먼저 생각하고 혁신적인 제품으로 '품질경영'을 하겠다는 것. 그동안은 기존에 있던 기술을 따라잡아 내 것으로 만드는 데 주력했다면, 이제는 오스템만의 독보적 기술을 직접 개발할 수준이 됐다는 판단이다. 지난해 자체개발한 세계 최초 뼈 생성 유도물질인 'PEP7'은 시장가치만 해도 4조 원에 달하는 것으로 평가 받는다. 지금까지는 잇몸뼈가 부족한 환자의 경우 뼈 이식 수술을 먼저 하고 임플란트를 시술해 치료 기간이 오래 걸렸는데, 2012년에 이 제품이 상용화되면 잇몸뼈 생성과 임플란트 시술이 동시에 가능해진다.

오스템과 함께 한국 치과계도 함께 크고 있다. 임플란트 수준은 말할 것 없이 이미 세계 선두권이며, 오스템이 발굴해낸 숨은 고수들이 어느덧 세계적으로 유명한 스타 치과의사로 성장했다. 의사들 스스로의 자부심도 대단하다. 오스템은 이들에게 가치를 더하기 위해,

현재는 사설 교육기관인 AIC 교육센터를 치과 전문대학원으로 키울 계획도 갖고 있다.

  임플란트, 치과 전문대학원, 치과 기자재, IT 소프트웨어까지 포괄하는 진정한 치과 종합 솔루션 기업을 꿈꾸는 오스템의 내일이 기대된다.

〈비즈니스 위크Business Week〉, 〈월 스트리트 저널Wall Street Journal〉 등 해외 유명 언론사들이 앞다투어 성공 전략을 조명한 기업, 영국 최대의 방송사인 BBC가 중요한 의사결정을 할 때면 꼭 의견을 묻는 기업. 잘 나가는 외국 회사나 국내 대기업의 이야기가 아니다. 디지털 셋톱박스Digital Set-top Box 하나로 세계를 평정한 한국의 벤처기업 '휴맥스'가 그 주인공이다. 쟁쟁한 대기업들 사이에서 세계 디지털 셋톱박스 시장점유율 4위를 기록하며 설립 20년 만에 매출액 1조 원의 글로벌 기업으로 성장한 이들의 성공 전략은 무엇일까?

CHAPTER 19

100% 현지화 진출로 외국에서 더 유명한 기업 휴맥스

유연한 순발력, 준비된 기술력, 탁월한 대응력으로 글로벌 기업 설립

HUMAX 휴맥스
EASY DIGITAL

업종 디지털 셋톱박스 제조, 판매
설립 1989년
대표자 변대규
매출액 1조 원(2010년 기준)
직원 수 약 700여 명
업적
- 전 세계 12개국에 해외 법인
- 전 세계 81개국 수출
- 매출이 90%가 수출에서 발생

기업 인사이트
- 시장이 원하는 기술을 정확히 파악하라.
- 급변하는 환경에서 시대의 흐름을 읽는 눈을 갖춰라.
- 앞선 비전과 조직문화로 변화에 흔들리지 않는 굳건함을 가져라.

벤처 1세대 신생기업이
글로벌 기업으로

'TV 위에 놓인 박스'라는 이름에서부터 알 수 있듯, 많은 사람들이 디지털 셋톱박스라고 하면 작은 사각형 모양의 기계를 떠올린다. 그러나 이 기계가 왜 필요한지, 어떤 기능을 가진 것인지 정확히 알고 있는 사람은 많지 않다.

디지털 셋톱박스는 일반 TV에서도 디지털 지상파, 위성방송, 케이블 방송을 볼 수 있게 해 주는 일종의 변환장치다. 실제로 디지털 셋톱박스가 우리나라에 보편화되기 시작한 것은 2005년쯤이므로, 이미 1990년대 말 셋톱박스가 대중화되었던 미국이나 영국에 비하면 아직 시작 단계에 불과하다. 하지만 2012년에는 우리나라도 디지털 방송으로 전면 전환할 예정이라고 하니, 이제 디지털 셋톱박스는 가정에서 필수적인 가전제품 중 하나로 자리 잡을 것이다.

이러한 시장의 흐름을 이미 오래 전부터 간파한 한국 기업이 있다. 바로 변대규 대표가 이끄는 휴맥스다. 2009년에 설립 20주년을 맞은 휴맥스는, 디지털 셋톱박스를 개발해 1997년에 코스닥에 상장한 후 지금까지 연평균 150% 이상의 매출 증가를 기록하고 있는 매출 1조 원이 넘는 어엿한 대기업이다.

그러나 이 같이 큰 규모에 비해 한국에서는 그 이름이 조금 생소한 것이 사실이다. 그 이유는 매출의 95% 이상을 해외에서 벌어들이고 있기 때문이다. 전 세계 12개국에 해외 법인을 두고 81개 국가에 수출을 하고 있는 휴맥스의 인기는, 외국에 나가보면 바로 실감할 수 있다. 2002년과 2010년에 영국 왕실에서 수여하는 '퀸즈 어워드Queen's Awards'를 이례적으로 두 차례나 수상했으며, 최근에는 업계에서 영향력 있기로 소문난 'T3 가정용 기기 어워드T3 Gadget Awards'에서도 1위를 차지하는 영광을 누렸다.

벤처 붐을 이끌었던 벤처 1세대 기업들의 몰락 속에서도 휴맥스가 굳건하게 그들의 자리를 지킬 수 있었던 원동력은 따로 있었다. '뛰어난 기술력, 신속하고 유연한 의사결정, 끊임없는 변화'로 대표되는 벤처정신 외에 휴맥스를 세계적인 성공으로 이끈 플러스 알파는 과연 무엇일까?

시장이 원하는 기술은 따로 있었다

1989년 서울대 제어계측학과 7명의 석·박사 학생들이 휴맥스를 설립하기로 결심한다. 그러나 당시 그들의 머릿속에 '시장'이라는 개념은 없었다. 신림동의 단골 선술집에서 '우리만의 기술력으로 직접 뭔가를 만들어보자!'고 의기투합해서 시작한 사업이었으니, 당연히 전략 같은 것이 있을 리 만무했다.

설립 초에는 대기업의 개발 용역만을 맡아 진행하던 그들이 야심차게 첫 개발제품을 출시하는데, 그것은 바로 하드웨어나 소프트웨어의 개발을 도와주는 첨단장비인 MDS(Micro-processor Development System)였다. 그들은 성공을 확신했지만 당시는 1990년이었다. 컴퓨터도 익숙하지 않은 시절에 하드웨어, 소프트웨어를 들먹이니 아무리 붙잡고 설명을 해봐도 제품 자체를 이해 못하는 이들이 대부분이었다.

1991년, 휴맥스는 두 번째 개발제품 'See Eye 256'의 설명회를 개최한다. 카메라로 촬영한 움직이는 화면을 정지화면으로 바꿀 수 있도록 하는, 공장자동화 업무를 위해 만들어진 제품이었는데, 설명회가 끝나자 생각지도 못했던 곳에서 폭발적인 반응과 문의가 쏟아지기 시작했다. 처음에는 별다른 흥미를 느끼지 못했던 고객들이 제품설명서에 소개된 추가 기능 중 '영상에 자막을 올릴 수 있다'는 내용을 보고 관심을 갖기 시작했던 것이다.

그 이유는 다음과 같다. 그 시절, 일본에서 유입된 가라오케가 우리나라에서 선풍적인 인기를 끌기 시작했지만 그를 뒷받침하는 기술력이 갖춰져 있지 않은 실정이었다. 당시의 노래방 기계는 레이저디스크로 꽃과 나비가 날아다니는 영상을 별도로 스크린에 재생하고, 옆에서 사람이 일일이 자막을 손으로 쳐서 넣은 후 노래를 불러야 하는 방식이었다. 따라서 노래를 부를 때마다 자막을 치는 노래방 직원도 그렇고 노래를 부르는 사람도 너무 번거로웠다. 노래 한 곡을 부르려면 20~30분씩 기다려야 하는 것은 예사였다. 바로 이 불편함 때문에 관련 업자들이 자막처리 기술에 관심을 보인 것이었다.

대수롭지 않게 여겼던 자막처리 기술이 큰 인기를 끌게 되자 휴맥스는 본격적으로 노래방 기기를 만들기 시작했고, 시장점유율 90% 가량을 차지하며 노래방 업계의 강자로 군림한다. 시장의 욕구는 안중에도 없던 공학박사들이 처음으로 시장의 관점에서 생각하게 된 셈이다.

이후 휴맥스는 반주기 기술을 이용해 디지털 셋톱박스를 만들 수 있냐는 거래업체의 문의에 따라 디지털 셋톱박스를 개발하기 위한 연구에 착수한다. 그리고 1996년, 아시아에서 최초이자 세계에서는 세 번째로 디지털 셋톱박스를 만드는 데 성공한다. 투자력과 기술력을 모두 갖춘 대기업도 만들기 힘들다는 디지털 셋톱박스를, 작은 벤처기업이

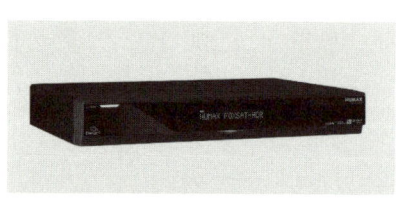

[그림14] 휴맥스의 디지털 셋톱박스

만들어낸 것이다. 이렇게 휴맥스의 앞에 펼쳐질 미래는 그저 장밋빛일 것만 같았다.

1% 개방형 시장의 가능성을 알아보다

그러나 제품의 자체적 결함이 발견되고, 설상가상으로 주거래 업체의 부도사건까지 터지는 등 악재들이 잇따르자 사업을 계속해야 할지를 고민하게 된다. 이러한 절체절명의 위기 속에서, 휴맥스는 산더미 같이 쌓인 디지털 셋톱박스 재고품을 안고 유럽으로 눈을 돌려보자고 결심을 한다. 그러한 선택을 하게 된 배경은 무엇이었을까?

당시 디지털 셋톱박스 시장은 소수의 대기업이 장악해서 방송사나 통신사와 직접 거래하는 형태를 띤 시장이 99%였다. 디지털 셋톱박스를 제작한 대기업이 계약 관계에 있는 방송사나 통신사에게 셋톱박스를 공급하면, 해당 방송사와 통신사를 이용하는 일반 소비자들은 일괄적으로 공급된 셋톱박스를 사용하는 것 외에는 선택이 없었던 것이다. 이러한 폐쇄형 시장(closed market)에서는 입찰 및 선정 과정에서 제품의 기능보다 기업의 브랜드 네임이 가장 큰 영향력을 발휘하는 데다 이미 출혈경쟁 양상을 보이고 있었기 때문에 중소기업은 섣불리 뛰어들기 힘든 시장이었다.

다른 한편으로는 개방형 시장(open market)이라고 하는 1%의 시장이 있었다. 소규모 방송국이나 개별 소비자가 자신이 원하는 방송을 보기 위해 직접 구매하는, 당시 아주 미미한 규모의 시장이었다. 다른 기업들은 '곧 사그라질 시장'이라며 이를 외면했지만 휴맥스의 선택은 달랐다. 먼저 시장이 원하는 것이 무엇인지를 살피기 시작했다.

당시 일반 소비자들의 욕구는 단순한 TV 시청에서 한 걸음 더 나아가, 위성방송의 화질, 채널의 다양화, 품질에 대한 만족 등으로 점점 다양해지고 있었다. 그런데 대기업들이 일괄적으로 대량 생산해내는 셋톱박스는 이런 다양한 욕구를 일일이 충족해주기 어려웠다. 또한 개별 위성과 케이블 방송국이 급격히 성장하면서, 이들과 거래할 셋톱박스 업체가 필요하다는 것도 시장의 요구 중 하나였다. 휴맥스는 자신들의 성공 가능성을 확신했다.

휴맥스는 1997년 영국 북아일랜드에 첫 해외 법인을 설립하며 영업, 생산·조립, 고객 서비스 센터를 모두 현지에 세우는 대담한 사업방식을 택했다. 교육 마케팅으로 제품을 알리고, 박람회나 전시회 등을 통해 현장에서 고객의 소리를 직접 들으려 애쓰며, 발 빠르게 변화하는 고객 욕구를 파악했다. 이들은 이러한 고객의 욕구들을 곧바로 반영해 현지에 있는 공장에서 생산·조립하고, 수리 사항도 현지의 고객 서비스 센터에서 접수함으로써 '가장 빨리 업그레이드되는 기업'으로 자리 잡았다. 이렇게 현지 고객들에게 노출빈도를 높임으로써 신생 외국 브랜드에 대한 거부감을 크게 줄일 수 있었다.

최악의 위기 상황에서 시장의 욕구를 최우선으로 놓고 내린 일련의 결단들은 결국 탁월한 의사결정이었다. 휴맥스가 시장에 진입하기 전에는 그 존재조차 파악되지 않던 개방형 시장이 이제 전체 시장의 20% 이상을 차지하며 계속 그 규모를 키워나가고 있다. 뛰어난 기술력과 앞선 시각으로 틈새시장을 공략한 휴맥스는, 현재 유럽 내에서 50% 이상의 시장점유율을 보이며 1위 자리를 지키고 있다.

100% 현지화 진출로 탁월한 대응력을 갖추다

국내외 여러 매체들이 휴맥스를 집중 조명한 것은 사실 어제오늘의 일은 아니다. 1992년 노래방 업계에서 1위를 했던 때부터, 1996년 세계 디지털 셋톱박스 시장 진출, 이후 계속된 해외시장에서의 성공을 다룬 각종 자료들은 넘쳐난다. 이러한 자료들에서 공통적으로 지적하는 휴맥스의 성공 전략이 하나 있다. 바로 '100% 현지화 진출 전략' 이다.

1997년 IMF 시절, 영국 북아일랜드로 영업, 생산·조립, 고객 서비스 센터 모두를 내보냈던 휴맥스의 결단은 사실 전략적 의사결정 이라기보다는 생존을 위한 어쩔 수 없는 선택이었다. 무명의 작은 벤처기업인 데다 잇따른 악재로 자금난을 겪었던 휴맥스는, 당시 북아일랜드가 높은 실업률을 해결하기 위한 방법으로 해외 직접투자 유치에 열을 올리고 있는 것을 눈으로 확인했던 것이다.

그렇다면 영국 북아일랜드를 중심으로 노하우를 쌓은 휴맥스는 현재 어떻게 해외 법인을 관리하고 있을까? 여전히 100% 현지화 전략을 쓰고 있을까? 그렇지는 않다. 휴맥스는 각 국가 특색에 맞게 국가별로 사업부를 다르게 진출시키는 전략을 쓰고 있다.

한 예로 2001년 12월 설립된 휴맥스 일본 법인에는 영업부서와 고객 서비스 센터만 진출해 있다. 일본은 시청자가 직접 셋톱박스를 구매하는 위성방송 가입자 고객만 해도 약 400만 명 정도이며, 대기업이 장악한 케이블방송은 가입자가 1,200만 명이나 된다. 게다가 이미 몇몇 셋톱박스 업체가 선점하고 있었기 때문에, 생산 및 조달보다는 영업과 마케팅을 신경 쓰기로 한 것이다.

우선 위성방송 가입 고객 대부분이 셋톱박스를 구매하는 양판점을 공략했다. 이온AEON이나 베스트덴키Best Denki 등 전자제품 전문 대형 양판점을 돌아다니며 제품을 전시한 끝에 진출 첫 해 100억 원의 매출을 올렸다. 그리고 직접 홍보가 어려운 케이블방송 가입자를 끌어들이기 위해 일본 최대 사업자인 제이콤JCom을 6개월간 설득한 끝에 판매 입찰을 따냈고, 이로써 업계 내 입지를 굳히게 되었다.

휴맥스가 각 국가별로 다른 전략을 펴고 그에 따라 실시간으로 대응할 수 있었던 것은, 시장에 지속적으로 뾰족한 안테나를 세우고 있었기 때문이다. 우선 변대규 대표를 포함한 각 해외 법인 지사장들이 매주 비즈니스 회의를 통해 주요 전략적 의사결정을 한다. 또한 매월 전사적으로 경영성과를 보고하고, 팀장학습 및 임원운영회를 진행하며, 다양한 워크샵을 개최한다. 그래서 조직이 커져도 원활한 의사소통을 하고 그에 따른 대응력을 기를 수 있도록 노력하고 있다.

기술적 측면에서도 휴맥스의 대응력은 경쟁사를 압도한다. 기술 전망에서부터 설계, 협력업체 선정과 점검에 이르는 일련의 과정을 모듈화된 프로세스로 만들어 제품 개발의 전 과정을 한눈에 볼 수 있도록 했다. 또한 경영자가 품질과 시간을 철저하게 관리하는 '린lean 생산방식'과, 처음부터 마지막 공정까지 한 사람의 작업자가 한 대씩 정체시키지 않고 조립 가공하는 '셀cell 생산방식'을 통해 생산 공정을 간소화하고 전문화해 효율성을 높였다. 이 모든 과정을 통해 휴맥스는 신제품 출시뿐 아니라 업그레이드도 가장 빠르고, 결함률조차 가장 낮은 '신뢰할 수 있는 기업'으로 자리 잡게 되었다.

끊임없는 변화에도 비전과 문화로 조직을 지탱하다

"너희들이 가진 기술력으로 창업을 해서 국가 위상을 높이는 것이야말로 사회에 기여하는 가장 큰 방법이다." 지도교수였던 권욱현 교수는 7인의 공학박사들에게 애정 어린 말을 건네며 휴맥스 창업을 독려했다.

휴맥스는 설립 초 그 비전부터도 남달랐다. 바로 '소니Sony를 이기겠다'는 것. 자본금 5,000만 원을 가지고 7명의 사회 초년생이 세운 기업의 비전 치고는 무척 담대했다. 수익을 추구하는 단순 벤처기업이 아닌 국가대표 기업으로 세계를 정복하겠다는 꿈을 가진 것이었다. 그리고 그 비전을 향해 열심히 달려온 결과 오늘날 휴맥스는 디지털 셋톱박스 분야에서 소니 못지않은 세계적 기업으로 자리 잡았다.

이러한 비전은 그들의 핵심가치 4가지에도 고스란히 녹아있다. 정직(Integrity), 헌신(Commitment), 혁신(Innovation), 소통(Communication)을 전 직원들에게 강조하며, 모든 전략과 운영의 기준을 이것으로 삼는다. 글로벌 기업이지만 인재를 채용할 때 영어 능력보다 '정직'을 중요시하는 것도 특이한 점이다. 또한 조직 내 개인의 가치에 집중하여 '헌신' 할 수 있게 하며, '혁신'을 일상화하는 혁신실을 운영하고 있다. 이러한 비전과 조직문화 덕에 휴맥스는 코스닥 상장 기업 중 '가장 취업하고 싶은 회사 8위'에 올랐고, 2006년 첫 공채를 실시한 후 퇴사율 0%에 가까운 기록을 보이고 있다.

어느 조찬모임에 참석한 휴맥스의 변대규 대표는 경영자가 성공하기 위한 3가지 요소를 다음과 같이 뽑았다. 첫째는 큰 시대의 흐름을 읽는 눈, 둘째는 그것을 할 수 있는 회사의 역량, 셋째는 운이었다.

"큰 시대의 흐름을 읽는 눈이란 배워서 되는 것이 아니라, 리더가 책을 많이 읽고 그와 관련된 이야기를 많이 나누다 보면 어느 순간 정교해지는 것이죠. 회사의 역량도 결국 리더십으로 귀결되고요. 세상에 뛰어난 사람은 많지만 그 사람들이 회사를 믿고 끝까지 따라와 주는 것, 그것은 리더십에 의해 결정될 것입니다. 그러나 '운'에 관해서는, 우리가 할 수 있는 것이 아무것도 없는 것 같습니다."

위와 같은 변 대표의 말에 많은 CEO들이 큰 공감과 웃음을 보였다.

"그러나 운에 있어서 우리가 할 수 있는 게 딱 하나 있습니다. 그것은 바로 악운이 닥쳤을 때 참고 견디는 것입니다."

그가 덧붙인 한마디에 순간 강연장에는 숙연한 침묵이 감돌았다. 더 이상의 말은 필요 없었다. 제품 실패, IMF, 거래처의 도산 등 굴곡의 20년 역사 속에서 휴맥스가 성공할 수 있었던 비결은 어떤 역경이 닥쳐와도 굴하지 않고 악운조차 행운으로 바꾼 강력한 인내력이었던 것이다.

잦은 출장으로 한 달에 두세 번은 비행기를 타는 김도식 상무. 그가 가장 싫어하는 일은 검색대 통과다. 시계나 지갑 등 소품을 꺼내놓고 검색대를 통과할라 치면 검색대 직원들이 그를 불러 세운다. 바로 노트북 때문이다. 노트북 가방을 열어 내용물을 꺼내놓고 검색대를 통과하면 또 주섬주섬 챙겨 넣고를 반복하는 일은 여간 귀찮은 게 아니다.

어느 날 평소처럼 투덜거리며 노트북 가방을 챙기고 있는데 옆 검색대의 한 외국인이 내용물을 꺼내지 않고 통째로 검색대에 통과시키는 것이 아닌가? 눈이 휘둥그레진 그에게 공항 직원이 귀띔해준다. "저 가방은 검색대 통과가 가능한 제품이거든요." 아니 세상에 이런 물건도 있었단 말인가? 내게 꼭 필요했던 저 물건은 대체 누가 만들어낸 걸까?

CHAPTER 20

26년간 평균 성장률 25%, 흑자경영 지속해온 벨킨

'연결'의 철학으로 주변기기 시장에만 집중하여 디자인 강자로 등극

BELKIN 벨킨

업종 디지털 주변기기 제조 및 판매
설립 1983년, 미국
대표자 쳇 핍킨 Chet Pipkin
매출액 22억 3,000만 달러(2010년 기준)
직원 수 1,000여 명
업적
- 전 세계 26개국에 현지 법인 설립
- 26년 연속 흑자 기록
- 지난 10년긴 영업 이익률 30%

기업 인사이트
- 모든 답은 소비자에게 있다. 끊임없이 관찰하라.
- 제품을 넘어 소비자의 경험까지 디자인하라.
- 시장에 진출할 때는 반드시 명확한 기준을 만들어라.
- 파트너십을 통해 긴밀한 협력 효과를 극대화하라.

BELKIN

아이디어가 돋보이는 세련된 디자인

앞서 소개한 노트북 가방의 정체는 바로 벨킨 제품이다. 벨킨은 소비자의 문제를 해결하는 제품을 만들어내며 디자인까지 아름답기로 유명한 디지털 주변기기 전문회사다. 디지털 주변기기란 컴퓨터와 같은 디지털 기기의 사용을 돕는 키보드나 마우스, 무선 인터넷 공유기 등의 제품들을 말한다.

캘리포니아에 본사를 두고 있는 벨킨은, 설립 이후 26년간 연속으로 흑자경영을 하고 있으며 매출 성장률도 연평균 25%에 달한다. 또한 독창적이고 세련된 디자인 덕에 지금껏 IDEA 디자인상을 6번이나 수상했다. 이는 삼성, 애플 등에 이어 세계 10위 안에 드는 수준이라고 한다. 직원 1,400명 규모의 작은 기업이 어떻게 이런 놀라운 기록을 세울 수 있었던 걸까?

성공 요인 1 · '연결'의 기업철학

벨킨은 제품과 제품, 제품과 사람 그리고 사람과 사람을 잇는 '연결Connection'이란 철학을 가지고 있다. 이 철학은 설립 당시부터 20여 년이 지난 지금까지 지속되고 있으며, 끊임없는 변화의 원동력이 되고 있다.

쳇 핍킨Chet Pipkin 회장은 1983년에 벨킨을 설립했다. 당시 그는 UCLA의 학생이었는데 군용 케이블 업체에서 아르바이트를 하던 중 제품과 제품을 연결하는 '케이블'에서 사업 가능성을 발견한다. 당시만 해도 컴퓨터와 팩스, 프린터 등의 주변기기를 생산하는 업체가 각각 달랐고 이 제품들을 한꺼번에 연결하는 공용 포트와 케이블이 존재하지 않았기 때문에, 이것들을 연결하려면 각 포트에 맞도록 케이블을 제작해서 사용해야 했던 것이다. 핍킨은 '컴퓨터 사용이 보편화될 것이고 케이블 시장도 함께 커질 것이다'라고 전망했고, 친구와 함께 부모님의 차고에서 케이블을 만들어 팔기 시작했다.

그는 다른 케이블 생산업자들과 경쟁하기 위해 남보다 싼 가격으로 제품을 만들어 공급했다. 제작 속도 또한 매우 빨라 주문한 지 하루 만에 케이블을 만들어 손님에게 제공했다. 또 그는 유통업체 직원들에게, 케이블을 이용해 컴퓨터와 주변 제품을 연결한 후 두 제품을 한 번에 판매하는 '번들bundle'을 만들어 팔아보라는 아이디어를 제공한다. 덕분에 유통업체는 매출이 늘게 되고 핍킨은 이 업체들을 고정 판매처로 확보하는 '상생'의 관계를 맺게 된다. 가격 경쟁력과 빠른 납기, 그리고 번들 아이디어로 무장한 벨킨의 케이블 사업은 1년 만에 167배라는 경이로운 매출 성장을 이룩했다.

이후 점차 경쟁이 심화되는 케이블 시장에서 벨킨은 차세대 성장 동력을 찾기 위해 노력했다. 이때 핍킨의 눈에 띈 것은 PC의 확산 속도가 엄청나게 빠르다는 것이었다. 곧 '1인 1PC 시대'가 될 것이라 예측한 핍킨은, PC와 PC, 그리고 사용자를 연결해주는 인터넷 공유기술을 개발하기 시작했다.

먼저 공유기술을 확보하기 위해 1999년 당시 디지털 제품 연구와 컨설팅을 하던 이테크eTEK를 인수하고 본격적인 유무선 인터넷 공유기술 연구에 들어간다. 일찍부터 연구 개발에 많은 것을 투자한 벨킨은 정확한 예측과 빠른 대처로 10년이 지난 지금도 세계 4위의 유무선 공유기 업체로서 시장을 주도하고 있다. '연결'이라는 기업 철학을 바탕으로, 제품과 제품을 연결하던 케이블 시대를 지나 사람과 사람을 연결하는 인터넷 시대의 강자가 된 것이다.

유무선 공유 기술 이후 벨킨의 시선을 사로 잡은 것은 MP3, PMP, PDA 등 각종 디지털 기기의 급속한 확산이었다. 벨킨은 디지털 기기가 더 이상 예전처럼 책상에만 머무르지 않고 사람들과 함께 이동할 것이라 예측해 이에 대비하려 했다. 최근에는 지하철에서 휴대전화 등의 디지털 기기로 TV를 보는 사람들을 쉽게 볼 수 있지만, 그때만 해도 그런 상상은 막연한 예측에 불과했다. 하지만 핍킨 회장은 디지털 기기가 보편화되면 그것의 사용을 돕고 가치를 높여주는 이어폰, 가방 등 디지털 기기의 디지털 액세서리 시장이 성장할 것이라 예상했다. 예상은 적중했고 최근 디지털 액세서리는 전체 매출의 25%를 차지하며 벨킨의 새로운 성장 동력으로 떠오르고 있다.

성공 요인 2 • 주변기기 시장에만 집중한다

앞에서 살펴본 바와 같이 벨킨은 PC와 MP3 등의 사용을 돕는 다양한 주변기기 제품을 생산하고 있다. 벨킨의 디지털 주변기기는 크게 5가지 분야로 나누어진다. PC 액세서리, 디지털 기기 액세서리, 유무선 네트워크 장비, 케이블, 멀티탭 부분이다. 이쯤 되면 생기는 의문이 하나 있다. 왜 그들은 26년간 컴퓨터 등 각종 '주기기(main product)'가 아닌 '주변기기' 시장에 집중하고 있는 것일까?

이는 그 시장이 가진 3가지 매력 요소 때문이다. 첫째, 주변기기는 주기기에 비해 고도의 기술력을 요하지 않는다. 둘째, 주변기기를 만드는 데는 큰돈이 들지 않는다. '노트북'과 '노트북 가방'을 만드는 기술과 비용을 비교하면 이해가 쉬울 것이다. 마지막으로 주변기기 시장은 확장 가능성이 크다. 컴퓨터는 물론 PMP, TV, 휴대전화 등 주기기의 종류가 많은 만큼 주변기기의 확장도 용이한 것이다.

그러나 벨킨은 현재 컴퓨터, MP3의 주변기기만을 판매하고 있다. 진입장벽이 낮기 때문에 큰 힘을 들이지 않고 다른 주변기기로도 얼마든지 확장이 가능할 텐데 왜 벨킨은 특정 제품만 만드는 걸까?

벨킨은 신규 사업에 진출하기 전에 다음의 4가지 요소를 살펴본 뒤, 이 요소들을 모두 충족하는 분야에만 진출하기 때문이다. 첫 번째 요소는 '핵심 역량'의 활용 가능성이다. 지금 보유하고 있는 역량이 새로운 제품에서 활용 가능한지 점검하는 것이다. 두 번째 요소는 '고객'의 니즈needs다. 아무리 좋은 제품도 고객이 원하지 않으면 의미가 없으므로 반드시 점검한다. 세 번째 요소는 차별화다. 벨킨 제품을 경쟁사의 제품과 차별화할 요소가 충분한지 점검해 무분별한 확장을 경계한다. 마지막으로는 시장 규모와 성장성이

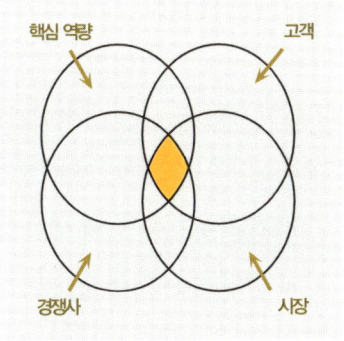

[표21] 사업 확장을 판단하는 4가지 요소

다. 새로운 제품으로 시장에 뛰어들 경우 최소 1,000억 원의 매출을 확보할 수 있는지 시장 규모와 성장 가능성을 기반으로 수익성을 점검한다.

벨킨은 이러한 요소 중 하나라도 충족하지 못할 경우, 과감하게 진출을 포기한다. 이어폰과 스피커 시장에 진출하지 않은 것도 그런 이유였다. 이어폰의 경우 특별한 기술을 요하지는 않지만, 벨킨만의 '차별성'을 추구하기 어려웠다. 워낙 다양한 색깔과 디자인의 제품이 시중에 나와 있었기 때문이다. 스피커의 경우, 기술력을 쌓는 데 너무 큰 투자가 필요해 '핵심 역량' 요소를 충족하지 못했기 때문에 진출하지 않았던 것이다.

성공 요인 3 · 소비자 불편을 디자인으로 해결하라

디지털 주변기기의 확산과 경량회로 제품과 고객 간의 거리는 점점 좁혀지고 그 경쟁도 심화되고 있다. 이때 새로운 경쟁력으로 떠

오르는 것이 바로 디자인이다. 벨킨은 디자인 경쟁력 확보을 위해 2001년 자체 디자인 연구소인 IDG(Innovation Design Group)를 설립했다. IDG는 디자인에만 집중하는 일반 디자인 센터와는 달리, 다양한 소비자 조사 및 사용자 환경 분석에 기반해 디자인을 하고 있다. 벨킨은 IDG에 전체 예산의 20%를 투자하고 있으며 이곳에서 전체 직원의 10%에 해당하는 100여 명이 근무한다. 벨킨이 1,400명 규모의 중소기업임을 감안할 때 파격적이라 할 수 있다.

핍킨은 한 잡지와의 인터뷰를 통해 다음과 같이 밝혔다. "벨킨은 제품 자체의 성능보다는 소비자들의 생활양식과 디지털 기기 사용 환경을 면밀하게 관찰한다. 이를 통해 얻은 '통찰력(insight)'을 바탕으로 제품을 개발한다." 이는 벨킨의 제품 개발 특성을 단적으로 보여주는 말이다. 벨킨은 제품 개발에 앞서 소비자 관찰과 사용환경 분석을 하는 6단계의 리서치 과정을 거친다. 그중 처음 두 가지 단계는 소비자를 관찰하는 단계이다.

관찰 단계는 가정을 방문하거나 쇼핑 과정을 관찰하는 등 실제로 소비자가 제품을 이용하고 구매하는 과정을 관찰하는 조(Exploration)

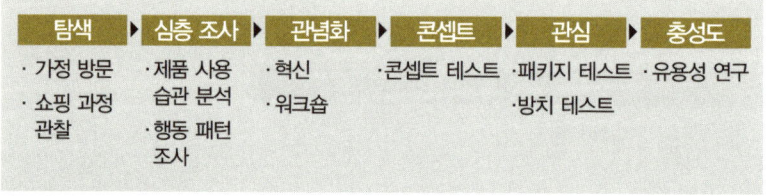

[표22] 벨킨의 리서치 과정

와, 실제로 제품을 어떻게 사용하는지 관찰해 사용 습관과 행동패턴을 분석하는 심화 탐구(Deep Dive)로 구성되어 있다. 이 두 단계를 거쳐 나온 아이디어는 혁신적인 제품을 만들어내는 기본이 된다.

검색대를 통과할 수 있는 노트북 가방의 경우도 소비자 관찰과 분석을 통해 만들어진 제품이다. 검색대를 통과할 때마다 노트북을 가방에서 꺼내 가방과 분리해 통과시켜야 했는데, 귀찮고 복잡한 것은 물론 이 과정에서 노트북이 손상되거나 분실되는 경우가 발생한다는 것을 알게 되었던 것이다. 미국 교통 안정국(TSA)에서 제시한 기준에 맞춰 새롭게 디자인한 '플라이스루FlyThru'는 노트북을 가방에서 꺼낼 필요 없이 가운데 지퍼를 열어 가방째로 넣으면 된다.

이처럼 소비자를 관찰하고 그들의 불편을 해소함으로써 소비자와 더 돈독한 관계를 유지하는 것이 벨킨 제품에 대한 고객 충성도를 높이는 가장 큰 힘이다.

성공 요인 4 · 끈끈한 파트너십을 맺어라

벨킨의 제품은 월마트Wal-Mart, 코스트코Costco, 타깃Target 등 전 세계 50위권 안에 드는 세계적인 유통매장에서 판매되고 있다. 벨킨 같은 중소규모의 기업이 이런 대형 유통매장들에 입점할 수 있었던 데는 나름의 전략이 숨어 있다.

벨킨은 새로운 매장에 입점하기에 앞서 그 매장의 제품 진열 방식이나 동선 등을 연구한다. 그리고 그 결과를 바탕으로 매장 상황에 맞는 판매 방식이나 동선 디자인을 제안한다. 이런 제안으로 유통 업체 측은 새로운 판매 방식이나 동선에 관한 아이디어를 얻어 적용해볼 수 있게 되고 벨킨은 더 나은 환경에 제품을 진열할 수 있게 되므로 서로에게 득이 되는 셈이다.

주변기기를 제조하는 업체라는 특성상 벨킨은 주기기 기업들과 제휴 관계를 맺는 데도 많은 노력을 기울이고 있다. 현재 벨킨은 HP, 델DELL, 삼성, 샌디스크SanDisk, 애플Apple 등 디지털 기기의 최강자들과 긴밀한 제휴 관계를 맺고 있다.

애플과의 제휴 관계는 애플 제품을 다른 제품과 호환해 사용할 수 있도록 호환용 케이블을 만들던 1983년부터 시작됐으며, 이후 PDA 액세서리를 만드는 등 벨킨은 애플과 지속적인 관계를 유지해왔다. 그러던 중 아이팟iPod 출시를 앞두고 애플이 벨킨에게 아이팟 액세서리를 만들어볼 것을 제안해왔다. 벨킨은 아이팟을 충전하면서 차 안에서도 음악을 감상할 수 있는 차량용 충전기를 만들었고, 이는 곧 아이팟 마니아들의 필수품이 되었다.

이후 애플과 벨킨의 관계는 더욱 돈독해졌다. 벨킨은 아이팟 케이스, 아이팟을 팔목에 찰 수 있는 암밴드ArmBand 등 아이팟 전용 액세서리를 만들기 시작했다. 소비자에게 큰 반향을 일으켰던 암밴드는 양손을 사용하기 어렵거나 운동을 하면서 음악을 듣고 싶어하는 소비자를 관찰해 만들어졌다. 벨킨은 아이팟 케이스 등 액세서리와 음악을 믹스해 들을 수 있는 튠스튜디오TuneStudio 등 애플 관련 주변기기를 지속적으로 생산하고 있으며, 애플 관련 제품은 벨킨 전체 매출의 30%를 차지하는 효자상품이 되었다.

이처럼 벨킨이 세계적인 디지털 기업과 지속적인 관계를 맺을 수 있었던 이유는 벨킨만이 가진 다음 두 가지의 핵심가치 덕이다. 하나는 소비자 이해를 바탕으로 혁신적인 제품을 제안해 제품의 이용 범위를 확장할 수 있다는 것이고, 두 번째는 벨킨의 디자인 경쟁력으로 사용자들이 자신이 구매한 주제품에 대한 애착을 더욱 높일 수 있다는 점이다.

서로의 강점을 흡수하는 상생의 전략

벨킨의 모든 성공은 기업철학인 '연결'이 기반이 됐다. 이 철학은 IT 환경 변화에 맞춰 제품과 제품, 제품과 소비자를 연결하는 제품을 만들어 끊임없이 차세대 성공 동력을 찾아낼 수 있게끔 했다. 또한 벨킨은 '연결'의 철학을 바탕으로 고객, 파트너, 주기기 업체들과 상생 관계를 맺어왔다. 기업 철학을 기반으로 너와 내가 아닌 우리로 함께 성공하려는 상생의 노력이, 벨킨을 26년간 지속적으로 성장하게 만든 비결인 것이다. 최근 제휴마케팅 등 다양한 형태의 기업, 브랜드 간 협업이 증가하고 있다. 이 같은 움직임은 벨킨이 지금껏 추구해온 연결성을 기반으로 한 상생 노력과 유사하다. 어려울 때일수록 자신의 강점을 나누고 상대의 강점을 흡수해 서로 윈-윈 하려는 다양한 노력이 필요하다는 것을 몸소 보여주는 셈이다.

"전 세계적으로 문신을 한 사람들이 가장 많이 새긴 문구는, 1위가 엄마Mom, 2위가 할리데이비슨이다."라는 얘기가 있다. 스스로 홍보대사를 자처하며 자신의 몸에 브랜드명을 새겨 넣을 정도로 할리데이비슨을 아끼는 사람들. 고객추천도(NPS, Net Promoter Score)가 80%를 넘는 할리데이비슨만의 특별함은 대체 무엇일까?

할리데이비슨은 1975년 70%에 가까웠던 시장점유율을 자랑하다가 1981년 거의 0%까지 떨어질 정도의 위기를 맞았다. 그리고 1987년에 다시 60%를 돌파하는 드라마 같은 반전을 보여준다. 1986년에 상장한 후로 주가가 200배 상승했는데, 같은 기간 GE가 10배 오른 것에 비하면 엄청난 성장이 아닐 수 없다. 할리데이비슨의 성장과 위기 극복은 절망적인 순간에도 그들을 떠나지 않은 고객들이 있었기에 가능했다.

CHAPTER **21**

명품으로 부활한 '꿈의 모터사이클' 할리데이비슨

양보다 질, 제품보다 경험을 제공하여 마니아층 확대

 할리데이비슨

업종 모터사이클 제조, 판매
설립 1903년, 미국
대표자 키스 완델Keith Wandell
매출액 41억 달러(2010년 기준)
직원 수 전 세계 9,000여 명
업적
- 전 세계 128개국 수출
- 상장 후 매출 18배, 수익 384배, 주가 200배 상승

기업 인사이트
- 세상에 하나뿐인 명품이라는 '캐릭터'를 창출하라.
- 고객에게 상상하지 못한 경험을 제공하라.
- 열정과 비전으로 경영하여 조직을 성공으로 이끌어라.

최고의 모터사이클을 만들겠다는 창업 정신

모터사이클 하면 무엇이 떠오르는가? 아마 대부분의 사람들이 질주하는 폭주족 혹은 도로 위를 헤집고 다니는 '음식 배달 오토바이'를 떠올릴 것이다. 그러나 모터사이클을 '성공한 남자의 로망' 혹은 '멋진 취미생활'과 연관 짓는 사람들이 있다. 바로 할리데이비슨의 모터사이클 마니아들이다. 그들은 "할리데이비슨은 단순한 모터사이클이 아니라 내 꿈을 실현시켜주는 수단"이라고 말하며 다른 모터사이클들과는 차원이 다른 의미로 받아들인다. 하나의 브랜드가 이토록 독보적인 사랑을 독차지하게 된 이유는 무엇일까?

할리데이비슨의 역사는 1903년에 자전거 회사에 다니던 윌리엄 할리William S. Harley와 철강보너 회사에 다니던 아서 데이비슨Arthur Davidson의 의기투합으로부터 시작됐다. 한 동네에 살던 두 청년이 세계 최초로 자전거에 모터를 단 모터사이클을 상용화한 것이다. 이들은 이 모터사이클에 자신들의 이름을 따 할리데이비슨이라고 이름 붙인 뒤, '최고의 모터사이클을 만든다'는 창업 정신으로 계속 업그레이드를 해나갔다.

1909년, 이들은 결국 '브이트원V-twin'이라 불리는 엔진을 개발해 냈다. 엔진 두 개를 'V'자 모양으로 붙여놓은 이 엔진은, 당시 모터사이클로서는 최고 속력인 시속 96km를 주파할 수 있으며 당시 최대 마력인 7마력의 힘을 낼 수 있는 막강한 엔진이었다.

이후 할리데이비슨은 제1, 2차 세계대전에 군사용으로 쓰이면서 품질을 더욱 인정받았다. 여기에 할리데이비슨을 타고 미국을 질주하는 주인공이 등장하는 영화 '이지 라이더Easy Rider'까지 흥행하며 그 명성은 더욱 높아지기 시작했다.

경쟁기업들의 등장과 내부적 갈등으로 품질까지 하락하다

하지만 할리데이비슨이 줄곧 승승장구하기만 했던 것은 아니다. 1975년 70%에 달했던 시장점유율이 1981년에는 10% 이하로까지 떨어졌던 것이다. 1960년대부터 혼다Honda, 야마하Yamaha, 두카티Ducati와 같은 외국 경쟁업체들이 미국 시장에 집중적으로 진출했기 때문이다. 경쟁기업들은 소형 모터사이클 시장을 새로 만들어내는 등 전체 모터사이클 시장의 사이즈를 키웠고, 할리데이비슨이 독차지했던 시장점유율 1위 자리를 빼앗아갔다. 특히 혼다는 대형 모터사이클에 치중한 할리데이비슨과는 반대로 '아이, 여성, 노인 할 것 없이 누구나 탈 수 있는' 소형 모터사이클을 만들어 비교적 싼 가격에 팔았다. 모터사이클을 상용화하며 시장을 독점하다시피 한 할리데이비슨에게 경쟁기업들의 등장은 대단히 큰 위협이었다.

엎친 데 덮친 격으로 회사 내부에서도 문제가 터졌다. 1969년 할리데이비슨을 인수한 레저용품 기업 AMF와, 기존에 있던 할리데이비슨의 기술자 진영 간에 불협화음이 일어난 것이다. AMF는 할리데이비슨의 내부 사정을 감안하지 않은 채 경쟁자들을 따라하려 했고, 이에 반해 할리데이비슨의 기술자들은 자신들이 갑자기 소형 모터사이클을 만들기는 어렵다고 주장했다. 기술자들이 파업을 감행할 정도로 갈등은 깊어졌고, 할리데이비슨 모터사이클의 품질은 떨어질 수밖에 없었다. 불량률은 무려 50%로 올라갔으며, A/S는 5개월을 기다려야 받을 수 있을 정도로 서비스도 엉망이었다. 오죽하면 '할리데이비슨을 사려거든 2대를 사라'는 말이 유행할 정도였다. 당시 소비자들이 할리데이비슨을 외면한 건 어쩌면 너무도 당연한 일이었다.

GE보다 잘 나가는 할리데이비슨?
반전 드라마가 시작되다

그러나 할리데이비슨은 여기서 무너지지 않았다. 그들만의 캐릭터를 만들고 고객의 욕망을 간파한 광고를 펼치는 등 위기를 극복하기 위한 전략을 펼쳤다. 그 결과 1986년에는 주식시장에 이름을 올렸고, 이후 계속해서 놀라운 성장률을 보여준다. 1986년 상장 당시 주당 0.34달러였던 할리데이비슨의 주가가 20년 뒤인 2006년에는 70달러로 뛰었으니, 200배가 넘는 상승률을 보인 셈이다. 같은 해에 상장한 GE의 주가 상승률이 약 10배인 것과 비교하면, 할리데이비슨의 성장세가 어느 정도인지 실감할 수 있다.

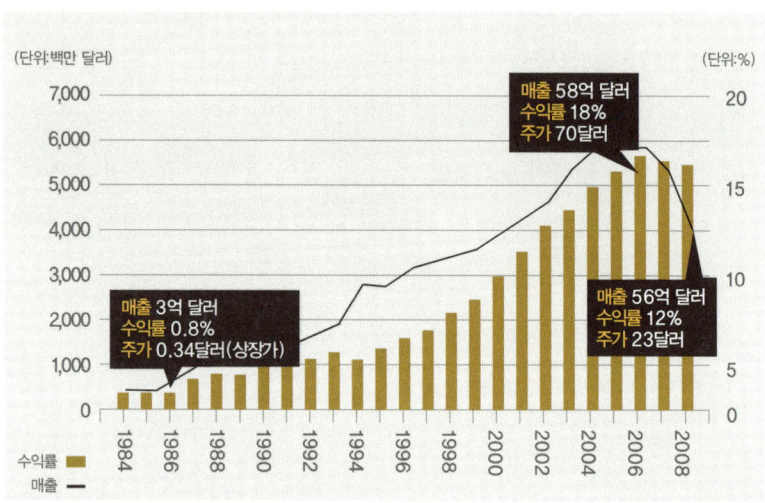

[표23] 할리데이비슨의 매출과 시장점유율

대체 어떤 노력을 했기에 이처럼 위기를 극복하고 무서운 상승세를 보일 수 있었던 것일까?

위기 극복 전략1 : 할리데이비슨만의 '위풍당당' 캐릭터를 만든다

할리데이비슨 모터사이클이 지나가는 모습을 본 적이 있는가? 그렇다면 그 장면을 다시 한 번 복기해보자. 당신은 아마 '두두두두' 하는 요란한 엔진 소리를 먼저 듣고 귀를 막았을 가능성이 크다. 시끄러운 모터사이클라고 생각한 순간, 위용 넘치는 할리데이비슨과 그 위에 당당히 올라 탄 주인이 보였을 것이다. 귀와 눈이 움직인 다음엔 마음이 반응할 차례다. '꽤 비싸다고 들었는데 저걸 모는 사람은 누굴까?'라는 호기심이 솟구친다. 그러고 나면 이미 할리데이비슨은 당신의 시야에서 멀어져갈 것이다.

할리데이비슨을 만난 사람들이 경험하는 일반적인 반응이다. 이처럼 할리데이비슨은 소리와 겉모습, 그리고 이미지까지 일반적인 모터사이클과는 다른 독특한 스타일과 캐릭터를 가지고 있다.

눈과 귀로 느끼는 할리데이비슨 스타일

우선 할리데이비슨은 한눈에 봐도 알 수 있는 큰 몸집을 가졌다. 할리데이비슨에서 만드는 제품 모델들 중 배기량이 가장 작은 것이

883cc급이다. 일명 '스쿠터'라고 불리는 배달용 모터사이클의 배기량이 100cc 전후라는 사실과 비교하면 그 크기가 어느 정도인지 짐작이 된다.

할리데이비슨에는 커다란 몸체에 45도 각도의 엔진 2개를 붙인 'V자 엔진'이 장착되고, 거기에 낮은 안장이 더해진다. 여기에 일명 '만세 핸들'이라고 불리는 긴 핸들까지 얹어지면 웅장함은 배가된다. 할리데이비슨의 웅장한 겉모습을 만드는 이러한 요소들은 제품뿐만 아니라 타는 사람의 자세까지 위풍당당하게 바꿔 놓는다.

겉모습이 다가 아니다. 할리데이비슨 스타일의 완성은 바로 100m 밖에서도 할리데이비슨임을 알리는 웅장한 엔진 소리다. 미국에서는 '포테이토, 포테이토 Potato, potato'라고도 불리는, 2기통 엔진에서 뿜어져 나오는 할리데이비슨만의 전매특허와도 같은 배기음이다. 실제로 1994년엔 이 배기음에 대해 특허를 받으려고 시도했었다. 비록 6년간의 공방 끝에 특허 출원에는 실패했지만, 이로 인해 많은 사람들에게 할리데이비슨의 배기음에 대한 인식을 심어줄 수 있었다는 면에서 나름대로 의미 있는 시도였다.

신기한 것은 할리데이비슨의 고객들이 할리데이비슨을 타고 있을 때 들리는 배기음에서 안정감을 느낀다는 점이다. 시끄러운 소리에서 안정감을 느낀다는 게 의아하게 들릴 수 있지만, 그들은 다음과 같이 설명한다. "배기음이 단순한 소음이 아니라 사람의 심장 박동 소리와 같아요. 심장과 비슷한 주기로 소리가 나고 이에 따라 온몸에 진동이 느껴지니, 타는 사람의 질주본능을 자극하게 되지요." 시끄럽다고만 여기던 배기음이 귀뿐만이 아니라 마음까지 사로잡는 요소가 된 셈이다.

실제로 할리데이비슨은 자신들만의 스타일을 완성해주는 소리를 '디자인'하기 위해 각고의 노력을 하고 있다. 1997년 배기음연구소인 'NVH(Noise, Vibration, Harshness) Lab'를 세우고, 점점 엄격해지는 소음공해 기준을 지키면서도 특유의 스타일을 잃지 않기 위한 연구를 계속하고 있다. 배기음연구소는 각 모델을 개발하기 시작하는 디자인 단계에서부터 참여하며 할리데이비슨 특유의 진동과 배기음을 유지하는 데 일조하고 있다.

아무나 못 타니까 '명품' 모터사이클이다

웅장하고 위풍당당한 겉모습과 소리로 고유의 스타일을 완성한 할리데이비슨은, 보이지 않는 가치까지 더하고자 노력했다. 그 가치란 바로 '아무나 못 타는 명품' 이미지다. 할리데이비슨은 창업자들의 정신을 이어받아 명품의 기본인 '품질'을 지키는 데 주력했다. 원래 '1, 2차 세계대전에서도 살아남은 모터사이클'로 이름을 날릴 정도로 품질에 자부심이 높은 할리데이비슨이었지만, 1969년 AMF 인수후 소형 모터사이클은 물론 골프카와 눈 위에서 잘 달릴 수 있도록 설계된 스노우모빌까지 만들며 무분별하게 사업을 확장시키는 바람에 품질이 급격히 떨어졌던 게 사실이다.

고심 끝에 할리네이비슨의 창립 멤버였던 13인의 경영진은 사비를 모으고 모자라는 돈을 빌려서 1981년에 AMF로부터 회사를 독립시킨다. 그리고 곧바로, 초기의 창업 정신으로 돌아가기 위해 '독수리는 홀로 비상한다(The eagle soars alone)'는 제목의 경영 혁신 프로그램을 도입한다. 여기서 독수리는 할리데이비슨을 의미하는데, 경쟁기업들이 아무리 많아도 유일무이한 최고가 되겠다는 다짐이 드러나는 상징이었다.

이를 위해 할리데이비슨은 경쟁기업인 일본의 경영기법을 도입하는 것도 마다하지 않았다. 이미 일본 기업들에 의해 효과가 검증된 JIT(Just-in-time) 재고시스템, MAN(Materials as need) 생산관리 제도, 퀄리티 서클Quality Circles 토론 모임(직원들 스스로 품질을 올리기 위한 방법을 고민하고 이야기하는 모임) 등을 도입했다. 독수리 캠페인이 시작된 이후 1988년까지 재고율의 67%, 불량률의 70%가 줄어든 한편 생산성은 50%나 올랐다. 1993년 당시 모터사이클 산업의 평균 불량률은 1.5% 수준이었는데, 할리데이비슨의 불량률은 0.3%에 불과했다.

	할리	혼다
1993	81,700	3,951,000
1994	95,800	4,169,000
1995	105,100	4,815,000
1996	118,800	5,373,000
1997	132,300	5,198,000
1998	150,800	5,257,000
1999	177,200	4,295,000
2000	204,600	4,436,000
2001	234,500	5,118,000
2002	263,700	6,095,000

[표24] 혼다와 할리데이비슨의 판매량 비교

이러한 노력을 바탕으로 할리데이비슨에 대한 수요는 다시 늘어나기 시작했지만, 할리데이비슨은 주문량에 따라 판매량을 급하게 늘리지 않았다. 당시 CEO였던 리차드 티어링크Richard Teerlink는 "중요한 것은 양이 아닌 품질이다. 수요에 부응하려고 생산량을 급격히 늘리지는 않겠다."고 선언했다. 1993년 혼다가 395만 대를 팔 동안 할리데이비슨은 8만 대라는 판매량을 유지했고, 이러한 소량 생산 전략은 '아무나 탈 수 없는' 할리데이비슨의 명품 이미지를 만드는 데 일조했다. 당시 할리데이비슨을 사려면 약 6개월을 기다려야 했는데, 마음이 급한 고객들은 원래 가격에 10% 프리미엄을 더 내는 암시장을 찾을 정도였다.

이후 할리데이비슨은 미국의 대표 브랜드로 자리매김하면서 명품으로서의 위치를 탄탄히 했으며, 이것을 유지하기 위해 'Made in U.S.A.'를 고수한다. 다른 기업들처럼 비용이 덜 드는 중국 등지로 생산 공정을 옮기지 않고 말이다. 그래서 할리데이비슨의 본사는 위스콘신 주에 자리하고 있으며, 공장은 위스콘신 주, 펜실베니아 주, 미주리 주에 있다.

또 일본 및 유럽의 경쟁 기업들의 공세 속에서도 살아남은 유일한 미국 모터사이클 기업이라는 점, 즉 100년이 넘도록 미국을 지킨 브랜드라는 이미지를 부각했고 이 전략은 적중했다. 미국 국민들은 할리데이비슨을 지키는 일을 마치 나라를 지키는 일이라도 되는 것처럼 생각했다. 특히 할리데이비슨 공장은 1987년 레이건 대통령, 1999년 클린턴 대통령, 2006년 부시 대통령 등이 정치적으로 고비를 맞을 때마다 방문해 국민들의 애국심을 자극하는 '대통령의 성지'가 되었을 정도다.

고품질, 소량 생산, 국가대표 브랜드라는 '명품 이미지'는 할리데이비슨을 '거친 깡패들이나 타는 모터사이클'로 평가 절하되지 않도록 만들었다. 동시에 경제적으로 여유가 있는 전문직 종사자들인 러비족(Rubbies, the rich urban bikers)들을 고객으로 끌어들일 수 있었다. 실제 할리데이비슨 고객들의 수준은 계속 높아져 2004년 8만 달러 정도였던 고객들의 평균 연봉이 2008년에는 거의 9만 달러에 달하고 있다.

위기 극복 전략 2 :
고객에게 '제품'이 아닌 '경험'을 판다

각고의 노력으로 특유의 스타일을 완성한 할리데이비슨은, 고객의 마음을 확실히 사로잡기 위해 제품 이상의 것까지 신경 쓰기 시작했다. 먼저 고객의 욕구가 무엇인지부터 알아야 한다고 판단했다. 사람들이 제품이나 서비스를 구매하는 것은 자신들의 욕구를 충족시키기 위함이기 때문이다.

심리학자인 매슬로 Abraham H. Maslow의 욕구 5단계설에 따르면 안전, 위생과 같은 '생리적인 욕구'는 인간의 가장 기본적인 욕구로서 1단계에 위치한다. 대부분의 기업은 이러한 1단계의 욕구를 만족시켜주려고 노력하지만, 할리데이비슨은 고객들이 기업에게 쉽게 기대하지 않는 '소속감에 대한 욕구', '자아실현에 대한 욕구'까지 만족시켜주려 애썼다. 매슬로가 제시한 5단계의 욕구 중 상위 욕구에 주목한 것이다.

할리데이비슨을 타는 사람들의 모임 HOG

할리데이비슨은 1983년 할리데이비슨을 타는 사람들을 모아 할리데이비슨오너스그룹 '호그(HOG, Harley Owners Group)'라는 모임을 만들었다. 현재 호그는 전 세계 128개국에서 130만 명의 회원(우리나라에는 약 1,200명이 있다)을 가진 모임이 됐다. 그들은 때론 같은 도시에 사는 회원들과, 때론 한 국가 혹은 전 세계에서 모인 회원들과 함께 정기적으로 할리데이비슨을 탄다. 광복절 같은 국가 기념일 혹은 이름도 생소한 'UN의 날' 같은 국제적인 행사에 맞춰 단체로 거리를 누비는 모터사이클의 행진을 본 적이 있다면, 십중팔구는 호그 회원들의 행사였을 것이다. 또한 이들은 개별적으로 인터넷 게시판을 운영하여 할리데이비슨을 탄 경험을 나누기도 한다.

주목할 점은 이 호그라는 단체가 할리데이비슨의 통제를 받지 않는, 순수하게 회원들 스스로 운영하는 자발적인 모임이라는 점이다. 호그 회원들은 자율적으로 지역별·국가별 정기 집회를 기획하고 책임질 뿐 아니라, '호그 멤버십 매뉴얼'을 만들어 할리데이비슨을 타는 사람으로서 지켜야 할 규율을 정하고 그것을 지키려 노력한다.

도대체 왜 이들은 귀찮은 일에 나서면서까지 호그 활동을 하는 것일까? 스스로의 행동에 제약이 따르는 데도 불구하고 말이다. 이유는 단순하다. 고객들은 호그를 통해 '함께' 할리데이비슨을 즐기며 끈끈한 동지의식을 나누는 것이다. 요즘이 어떤 시대인가. 한 아파트에서 엘리베이터를 같이 타면서도 쉽게 인사를 하지 못할 정도로 사람 사귀기가 쉽지 않다. 즉 자신이 누리고 싶은 욕구 중 상위 개념에 속하는 '소속감에 대한 욕구'를 만족스럽게 채우지 못하고 있는 것이다. 호그는 바로 이런 욕구를 채워주기 때문에 고객들은 스스로 시간과 열정을 쏟게 되고, 이는 자연히 할리데이비슨에 대한 충성도로까지 연결된다.

세상에 한 대뿐인 나만의 할리데이비슨

할리데이비슨 마니아들은 할리데이비슨의 파츠parts와 액세서리를 통해 자신의 개성을 표출할 기회를 얻는다. 파츠는 안장, 핸들, 발판, 휠 등 할리데이비슨 모터사이클의 각종 부품을 뜻하며 액세서리는 핸들 위에 다는 바람막이, 안장 옆에 다는 가방 등 여러 장식용품을 말한다. 이처럼 할리데이비슨은 모터사이클의 기본적인 부품에서부터 장식까지 고객들이 자신의 개성을 담아 고를 수 있게끔 만들었다.

고객들은 이 과정을 '커스텀(Customization의 약자)'이라고 부른다. 고객들이 커스텀을 얼마나 즐기는지는 인터넷에서 '할리데이비슨 커스텀'이라는 단어로 검색을 해보면 쉽게 알 수 있다.

어느 블로그에 올라온 사례를 살펴보자(yjbarun.tistory.com). 이 고객은 2008년 9월 할리데이비슨의 '팻보이'라는 모델을 헤드라이트와 손잡이 부분 등을 커스텀해서 샀고, 최근 핸들과 안장 등을 또 한번 커스텀했다고 한다. 총 3회에 걸쳐 커스텀을 하면서 상당한 비용이 들었지만, 오히려 앞으로도 여유 자금이 생기면 다른 장식용품을 더 달 계획이라고 밝혔다. 이처럼 할리데이비슨 마니아들에게 커스텀이란 자신을 표현하는 즐거운 경험인 셈이다. '100만 대의 할리데이비슨이 있어도 똑같은 것은 단 한 대도 없다'는 말이 바로 여기에서 나온다.

고객에게 개성 표출의 수단이 된 파츠와 액세서리는, 할리데이비슨에겐 또 다른 수익창출의 수단이 되고 있다. 할리데이비슨은 아버지에서 아들로 대를 이어 탈 만큼 제품 자체가 튼튼하고 내구성이 좋다. 이것은 곧 뒤집어 말하면 할리데이비슨 제품 자체가 소모돼 재구매하는 경우가 드물다는 뜻이다. 그러므로 오히려 할리데이비슨에게는 파츠와 액세서리야말로 마르지 않는 샘과 같다. 실제로 할리데이비슨 수익의 80%는 모터사이클에서 나오지만, 나머지 20%는 파츠와 액세서리 등을 팔아서 거두고 있다.

위기 극복 전략 3 :
열정과 비전으로 경영하다

개성 넘치는 위풍당당 스타일과 할리데이비슨만이 제공하는 특별한 경험. 이 두 가지 전략은 분명 지금의 할리데이비슨을 만든 핵심 요소다. 그들만의 특별함을 가능케 한 '비전 경영'의 구체적인 모습은 어떤 것이었을까?

직원부터 할리데이비슨 마니아

"탄탄한 100년 기업에서 평생 자신이 좋아하던 일을 한다는 건 아무나 할 수 있는 일이 아닙니다." 캔자스 공장에서 일하는 직원 짐 브롤리Jim Brolley의 말이다. 또 다른 직원들도 할리데이비슨을 '최고의 놀이터' 혹은 '집처럼 편안한 곳'이라고 말한다. 이처럼 할리데이비슨은 직원 전체가 회사와 제품에 대한 열정으로 똘똘 뭉쳐 있다. 2008년 〈연합뉴스〉가 우리나라 직장인 400명을 대상으로 실시한 '직장을 한마디로 정의해달라'는 조사에서 '밥줄(30.3%)'과 '스트레스(18.1%)'라는 답변이 1, 2위를 차지한 결과와 사뭇 비교된다.

할리데이비슨의 인사 담당자 하워드 살라자Haward Salazar의 이야기를 들어보자. "입사 지원자 중 할리데이비슨 자체가 좋아서 지원하는 사람이 90% 가까이 됩니다." 실제로 할리데이비슨 직원의 절반 이상이 호그 회원이라고 한다. 즉 고객이자 마니아들을 직원으로 뽑는 셈이다. 이런 직원들이 매장에서 제품과 회사에 대한 진심과 애정을 담아 할리데이비슨을 설명하면 당연히 고객들이 더 솔깃하지 않을까? 또 직원들이 마니아이다 보니 자신이 할리데이비슨을 타면서 느낀 점을 제품 개발에 건의하는 경우도 심심찮게 나온다.

할리데이비슨 특유의 조직문화 · 열정, 핵심가치 외엔 자유를 준다

하지만 모든 직원을 할리데이비슨 마니아로 채우기는 쉽지 않을 것이다. 그렇다면 마니아가 아닌 일반 직원들에게 어떻게 뜨거운 열정을 불어넣을 수 있었을까? 할리데이비슨은 대부분의 직원들이 지닌 '열정'이 특유의 조직문화로 번지도록 비전경영을 실천하고 있다. 또한 "모터사이클링이라는 특별한 경험을 통해 우리 모두의 꿈을 실현해나간다."는 미션을 던져 외부 고객뿐만 아니라 내부 고객인 직원들의 꿈까지 보듬고자 했다.

그리고 이를 이루기 위해 5가지 핵심가치를 정했다. '진실을 말할 것, 약속을 지킬 것, 개인을 존중할 것, 호기심을 장려할 것, 공정할 것'이 그것이다. 단, 핵심가치 이외의 사항은 직원들이 자유롭게 판단할 수 있게 자유를 줬다. 열정을 가진 직원들을 믿고, 그들이 스스로 조직문화를 가꾸도록 한 것이다.

할리데이비슨의 미션과 핵심가치, 그리고 기타 사항들에 대한 자유는 내부 직원 외에 협력사들에게도 똑같이 적용한다. 구체적인 사례를 살펴보자.

할리데이비슨의 부품공급업자로 선정되면, 가장 먼저 1주일간 본사로 출근해 교육을 받는다. 그들은 공장을 견학하며 제품에 대한 애정이 가득한 할리데이비슨 직원들의 열정과 조직문화를 체험한 뒤, 할리데이비슨의 미션과 핵심가치에서 파생된 세부 지침사항을 교육받는다. 여기에 할리데이비슨의 부품공급업자로서 지켜야 할 기밀엄수에 대한 조항, 공정거래 기준 등이 담겨 있다.

이처럼 할리데이비슨은 제품과 브랜드 자체를 좋아하는 고객들을 직원으로 뽑고, 비전경영을 실시하여 마니아가 아니었던 직원들에게까지 열정을 길러주려 노력한다. 그 결과 직장이 놀이터로 바뀌는 일에 대한 즐거운 '몰입'을 경험하는 직원들이 많아졌다. 모든 기업이 바라는 조직문화를 가진 셈이다.

위기 극복 전략 4 :
고객층을 넓혀라

할리데이비슨은 지금도 미국 대형 모터사이클 시장의 절반을 석권하고 있다. 하지만 대형 모터사이클 시장의 규모 자체가 그리 크지 않다는 점은, 이 기업에게 잠재적인 위기와도 같다. 그러나 할리데이비슨은 특유의 자신감과 나름의 노력으로 이를 풀어나가고 있다.

2006년에 할리데이비슨이 게재했던 광고를 살펴보자. 한 남자가 엉거주춤한 자세로 유모차를 밀고 가고 있다. 마치 할리데이비슨을 타고 가는 듯한 자세다. 그리고 이를 설명하는 단 하나의 문구는 바로 "Stop Dreaming(꿈만 꾸는 것은 이제 그만)!". '더 이상 할리데이비슨을 타고 싶다고 상상만 하지 말고 지금 당장 도전하라'는 뜻이다.

이렇듯 평소에 할리데이비슨을 꿈꾸던 사람들을 실제 고객으로 만들기 위한 다양한 프로그램이 있다. 일단 매장을 찾은 고객에게 할리데이비슨을 실제로 탈 수 있는 체험 프로그램을 운영한다. 할리데이비슨에 대한 부담감을 없애고, 실제로 탔을 때 어떤 기분인지를 직접 느껴보게 해 구매로까지 이어지게 하려는 목적을 가진 프로그램이다.

소녀시대의 노래 '소원을 말해봐'에도 다음과 같은 가사가 나온다. "심장 소리 같은 떨림의 할리에 네 몸을 맡겨봐." 할리데이비슨을 타고 싶은 작사가의 소망이 담긴 노랫말이다.

할리데이비슨은 아직 익숙하지 않은 젊은 층과 여성들까지도 포섭하기 위해 노력하고 있다. 우선 속도감을 즐기는 젊은 층을 겨냥해 비교적 작은 몸체에 최고 217km/h까지 나오는 최신형모델을 개발했다. 또 혼자 할리데이비슨에 도전하기를 겁내는 여성들을 위해 할리를 타는 여성들의 모임 'LOH(Ladies of Harley)'를 만들었다. 홈페이지에 여성들만을 위한 섹션을 마련하고 할리데이비슨을 타기 시작한 계기, 타는 방법 등을 공유하도록 했다. 여성들을 고객으로 포섭하기 위한 전략인 동시에, 남성 소비자들이 할리데이비슨을 구매할 때 가장 큰 훼방꾼(?)이 되는 여성을 지지자로 바꾸기 위한 전략이기도 하다.

할리데이비슨은 그야말로 모터사이클의 시작부터 지금까지 100년의 역사를 함께해왔다고 할 수 있다. 지난 2008년, 할리데이비슨은 128개국에 30만여 대의 대형 모터사이클을 팔아 약 7조 원의 매출을 올렸다. 물론 세계 경제 위기가 도래하기 전 매출이 정점에 도달했던 2006년에 비해서는 줄어든 수치지만, 수익률은 여전히 12% 안팎을 유지하고 있다.

크고 작은 위기를 자신들만의 전략으로 슬기롭게 극복한 할리데이비슨은 앞으로도 계속 남성들에게 하나의 로망으로 자리할 것이다.

2002년 한일 월드컵, 거리를 가득 메운 붉은악마의 열기에 힘입어 우리나라 국가대표 축구팀은 모두의 기대를 뛰어넘는 4강 진출의 기적을 이뤘다. 그런데 당시 월드컵을 치르기까지 걱정이 이만저만이 아니었다는 사실을 기억하는가? 개최 결정도 늦게 난 데다 IMF 외환위기까지 터져 제때 경기장을 못 지어 국제적 망신을 당할 것이라는 주장이 나올 정도였다. 그러나 결국 경기장은 예상보다 빠르게 완공됐다. 여기에 결정적인 역할을 한 기업이 바로 건설사업관리 분야 국내 최초, 최고기업 한미글로벌(당시 한미파슨스)이다. 건설업의 마에스트로, 한미글로벌을 성공으로 이끈 것은 확고한 목표의식과 탄탄한 조직문화다.

CHAPTER 22

3,000억 원 규모 건설사업관리 시장을 이끄는 한미글로벌

신뢰를 바탕으로 한 지식경영시스템으로 건설사업의 선진화 리드

HG HanmiGlobal 한미글로벌

업종 건설사업관리
설립 1996년(2011년에 한미파슨스에서 한미글로벌로 사명 변경)
대표자 이순광(창업자는 김종훈 현 대표이사 회장)
매출액 928억 원(2010년 기준)
직원 수 631명
업적
- 한국 최초 건설사업관리 전문기업, 건설사업관리 능력 평가 1위
- 대한민국 훌륭한 일터(GWP) 3년 연속 대상

기업 인사이트
- 구체적이고 명확한 목표의식을 가져라.
- 우리만의 탁월한 전문성을 무기로 내세워라.
- 직원들이 몰입할 수 있는 조직 환경을 만들어라.

HG HanmiGlobal

목표의식, 전문성, 몰입의
삼박자를 갖춰라

하나의 건물이 완성되려면 발주부터 설계, 시공, 감리, 유지보수까지 복잡한 단계를 거치며 수많은 회사가 관여하게 된다. 그러다 보니 처음에 예상한 것보다 공사 기간이 늘어나거나 비용이 많이 드는 등 곳곳에서 문제가 생기게 마련이다. 때문에 건설의 전 과정을 통합 관리해야 할 누군가가 필요하게 된다. 이 역할을 해주는 것이 바로 건설사업관리(CM, Construction Management)사다.

한미글로벌은 2002년 월드컵 당시, 기간도 비용도 부담이 매우 컸던 상암 주경기장 건설의 CM을 맡아, 기간도 줄이고 비용도 줄여 유명세를 탔다. 어떻게 이것이 가능했을까?

아직 우리나라에서는 전체 건설 공사의 3~5%만이 CM을 활용할 정도로 CM이라는 개념 자체가 그리 대중적이지 않다. 그러나 건설

선진국인 미국에서는 전체 건설 공사의 43.4%가 CM 업체를 이용하고 있을 정도로 대중화되어 있다.

그렇다면 CM 업체가 하는 일이 대체 무엇일까? CM이란 건설 프로젝트의 큰 그림을 보고, 설계 관리를 도우며, 시공 관리와 사후 관리까지 모두 대신해주는 것이다. 한마디로 건설의 모든 것을 지휘하는 마에스트로(지휘자)와 흡사하다. CM은 고객인 건물주(발주자)를 대신해 전체의 관리를 맡아서 진행하기 때문에, 건설의 전 과정을 더 깊고 넓게 알아야 한다. 때문에 이러한 업체들은 사원보다 경력 15년 차 이상의 부장급이 더 많은 독특한 역피라미드형 조직 구조를 가지고 있다.

국내의 CM 시장은 1996년에 최초로 CM 전문기업인 한미글로벌이 설립된 이후 삼우CM, 건원엔지니어링 등 후발업체들이 합세해 현재 약 3,000억 원 규모의 시장으로 성장했다. 그 중 한미글로벌은 CM 능력 평가에서 1위를 거듭하며 CM 전문기업으로서의 위상을 더하고 있다. CM 능력 평가에서는 CM 실적, 인력 현황, 재무 현황 등 9개 항목을 비교하는데, 한미글로벌은 2003년 공시제도 도입 후 단 한 해만 제외하고 매년 1위를 차지했다. 1위를 하지 못한 그 해는 한미글로벌의 내부 사정으로 평가에 참여하지 않았던 해였다.

건설업의 최고 마에스트로라는 평가를 얻고 있는 한미글로벌의 성공 비결은 목표의식, 전문성, 몰입이라는 3가지 키워드로 진단할 수 있다.

건설 산업의 선진화를 향한
명확한 목표

　한미글로벌의 시작은 1996년이었지만, 그 씨앗은 1979년 사우디 건설현장에서부터 움텄다. 창업자 김종훈 회장이 한양건설에서 사우디 건설현장에 처음으로 파견을 나가게 된 것이다. 현장에 나가보니 생각지 못했던 낭비 요소가 너무 많아서 공사비는 하루가 다르게 쭉쭉 올랐다. 그러나 놀랍게도 선진국 건설업체들은 그와 달리 오차 없이 계획대로 건물을 지어가고 있었다.

　그 비결이 궁금해 관찰을 해보니, 선진 건설사들은 이미 그때부터 CM을 활용해 건물을 짓고 있었다. 김 회장은 CM에 큰 관심을 가졌지만 당시 국내 건설업체의 현실에서는 너무도 요원한 일이었다. 국내 건설 시스템은 일제시대의 영향을 크게 받아, 시공사가 건설업의 대부분을 차지하는 다소 기형적인 구조를 갖고 있었기 때문에 CM이 끼어들 자리가 없었다.

　그런데 1990년대 중반, 뜻밖의 일들이 터졌다. 삼풍백화점 붕괴, 성수대교 사고가 연달아 일어난 것이다. 1970~1980년대에 중동으로 건설을 수출하는 등 건설 붐이었던 그 당시 건설업계의 자부심은 순식간에 고꾸라졌고, 대한민국은 '건설 부실 공화국'이라는 자조에 휩싸였다. 스스로 '이대로 좋은가'를 물으며 거대한 변화를 원하는 에너지가 솟아나기 시작했고, 신진적 건설문화와 시스템을 배워야 한다는 목소리가 힘을 받았다.

당시 삼성그룹은 건설 3사의 주요 건설현장 50곳에 외국인 감리 전문가를 투입하며 대형사고를 원천봉쇄하겠다고 다짐했다. 그러자 실제로 1년 만에 안전사고가 크게 줄어든 데다가 현장 직원들의 사기도 크게 높아지는 등의 성과가 보였다.

그러나 이것은 결국 외국인 인력에 의존한 단기적 대책에 불과했다. 이때 김 회장이 큰 용기를 냈다. 그는 당시 삼성그룹 건설현장의 외국인 감리 프로젝트를 총괄 책임지고 있었는데, 뜻이 맞는 사람들끼리 힘을 모아 국내 최초의 CM 전문업체를 설립하기로 한 것이다.

기술도, 전문가도, 자본도 마땅치 않았지만 뜻이 있는 곳에 길이 있듯, 설립은 순조롭게 진행됐다. 세계적 CM 기업인 파슨스Parsons와 국내 토목 엔지니어링사인 서영기술단이 자본금을 투자해 드디어 합작 회사 '한미파슨스'가 설립된다. 파슨스와는 삼성그룹 감리 프로젝트를 하며 이미 함께 일을 했던 사이라 과정이 더 순조로웠다.

그러나 처음에는 CM이 무엇인지 모르는 고객들이 훨씬 많아 모객이 어려웠다. 이들은 CM 업계의 선두주자로서 CM이 무엇인지 알리기 위해 여러 가지 노력을 했는데, 그중에서도 한일 월드컵을 가장 큰 기회로 활용했다. 월드컵 개최 결정이 났을 때, 다른 사람들은 우리나라에서 월드컵이 열린다는 사실에 기뻐했지만, 이들은 전국에 월드컵 경기장을 지을 것이라는 사실에 주목했다. 대규모 공사가 이뤄지는 만큼, 비용도 줄이고 기간도 줄이는 CM이 꼭 필요하다고 자신한 것이다.

당시에는 1997년 IMF 외환위기 때문에 기존에 따냈던 공사도 중

단되고, 신규 수주도 끊긴 데다, 달러로 월급을 주던 외국인 인건비가 환율 때문에 2배 가까이 치솟아 매우 어려운 상황이었다. 그래서 더욱 놓칠 수 없는 기회였다.

한미글로벌은 철저하게 준비해 결국 수주에 성공했고, 예정보다 기간을 4개월이나 단축하고 예산도 40억 원이나 절감해내 CM의 효과를 확실히 알렸다. 또한, 건설공사비 10% 절감, 공사기간 30% 단축 등 CM의 역할을 알리기 위한 광고를 집행하고, 연구소를 차려 《미국 건설산업 왜 강한가》, 《CM 베스트 프랙티스》 등 CM 관련 도서를 15권이나 발간하는 등 꾸준히 강연활동을 펼쳤다.

굳은 신뢰를 심어주는
지식경영 시스템

한미글로벌의 고객은 누굴까? 바로 공사를 발주하는 발주자다. 발주자들은 대개 건설 공사에 대해서는 잘 모르는 경우가 많은데 한미글로벌은 바로 이런 발주자를 위해 서비스를 제공한다.

먼저 발주자가 원하는 바를 듣고 그것을 잘 반영해줄 수 있는 설계사를 함께 선정하고 계획을 검토한다. 설계가 완료되면 발주자와 논의해 시공사를 고르고, 시공 진행이 제대로 되고 있는지 1주일에 1회 정도 만나 검토하며 공사가 제대로 진행되도록 총 감독을 하는 것이다.

그렇다면, 고객을 만족시키는 최고의 서비스를 제공하기 위해 무엇이 필요할까? 발주-설계-시공-완공의 전 단계에 걸쳐 건설에 관한 지식과 노하우가 있어야 하고, 짧게는 몇 달에서 길게는 수년 동안 진행되는 프로젝트 전 과정을 관리하는 역량이 필요하다. 이 2가지 역량은 모두 긴 시간 축적이 되어야 하는 전문 역량이다.

지식경영 시스템으로 전 직원의 브레인화를 꿈꾼다

한미글로벌은 탁월한 지식경영(KM, Knowledge management)으로 정평이 나 있다. 사원보다도 십수 년 차 부장급이 더 많을 정도로 각 분야의 전문가가 많다 보니 그들의 지식만 해도 굉장하고, 현재까지 720여 건의 프로젝트를 수행하며 쌓인 노하우도 만만치 않다. 한미글로벌은 사내의 지식과 노하우를 한데 모아 모두가 활용할 수 있게 한다면, 그 자체가 굉장한 경쟁력이 되리라 생각했다. 그래서 2002년에 지식경영 시스템 HITs(HanmiGlobal Information Technology system)을 도입한다.

먼저 이들은 건설 지식, 경영 분야 등을 200여 개로 분류하여 체계를 잡았다. 지식경영이 잘 되기 위해서는 무엇보다 직원들이 지식을 등록할 수 있게 만드는 시스템이 중요하기 때문에 한미글로벌은 전 직원의 지식 등록을 의무화하고 있다.

또한 업의 특성상, 업무 프로세스의 전 과정이 보고서 작성으로 연결되는데 이때 작성한 보고서도 HITs에 업로드되어 추후에 참고자료로 활용된다. 지식을 등록하면 일종의 가상화폐인 '코인'이 주어지는데, 이렇게 적립된 코인을 연계된 온라인 쇼핑몰에서 현금처럼 이용할 수 있는 혜택도 준다. 이렇게 등록된 지식이 2011년 7월 현재 약 4만 3,000건에 이른다. 등록된 지식은 한 분야에서 15년 이상 근무한 경력자들 중 60여 명의 지식전문가를 선정해 이들이 직접 지식을 검증해 점수를 매긴다.

실시간 지식경영으로 작업 현장에서도 발빠른 대처를

이뿐 아니다. 작업 현장에서 늘 새로운 상황에 처하다 보니, 써본 적 없는 새로운 공법을 시도해야 한다거나 새로운 아이디어가 필요할 때가 발생한다. 그러나 현장에는 대개 1~3명이 소규모로 파견을 나가기 때문에 당장 어떻게 해결해야 하는지 답을 찾기 어려울 때는, Q&A 파트에 질문을 올린다. 그러면 본사나 타 사업장에 있는 동료 직원들이 관련된 노하우를 친절하게 알려준다. 포털사이트의 지식검색 서비스와 방식이 유사한데, 건설 전문 분야에 특화돼 있는 만큼 어디에서도 찾을 수 없는 알짜 정보가 이곳에 모여 있는 셈이다.

한미글로벌은 이렇게 지식경영을 실시간으로 활용하여 신규 사업을 수주할 때나 문제 상황을 해결할 때 도움을 톡톡히 받고 있다. 지식경영 방식은 여의도에 건설 중인 '복합단지 파크원' 설계 워크숍에서 CM을 수주하는 데에도 직접적인 공을 세웠다. 당시 워크숍이 런던에서 열렸는데, 오늘 토론 중 문제점이 생기면 지식경영 시스템을 통해 도움을 받아 다음 날 바로 해결해오고, 그 다음 날 또 해결해오는 태도에 믿음이 생겼던 것이다.

또한 한미글로벌은 프로젝트 전 과정을 관리하는 역량을 키우기 위해, 글로벌 수준으로 일하는 '한미글로벌 웨이'를 만들었다. 한미글로벌 웨이는 업무 수행 방식, 커뮤니케이션 방식, 고객을 대하는 방식, 업무 혁신 방식의 4가지 분류에 따라 일하는 방법을 세세하게 기록하고 있다. 일하는 방식이야말로 그 일의 성공과 실패를 결정하는 핵심이라는 확신에서 시작한 방법으로, 일 잘하는 사람과 못하는 사람의 차이를 줄이고 한미글로벌 사람이라면 누구나 일을 잘할 수 있게 한 것이다. 구체적인 내용은 한미글로벌 홈페이지에서 직접 확인할 수 있다.

그러나 이러한 지식도 결국 사용하는 사람의 전문성에 의해 그 진가를 발휘한다. 업무 수행에 있어서는 무엇보다도 프로젝트적 사고가 우선이기 때문에, 먼저 업무 수행의 기본 절차부터 세세히 기록

■ 방법 1(시간관리 매트릭스)

	긴급함	긴급하지 않음
중요함	・입찰 ・마감이 임박한 프로젝트 ・시간이 촉박한 회의 준비	・자기계발, 건강 관리 ・계획 수립 ・인간관계 구축 ・재충전(진정한 휴식)

중요하지 않음	・끼어든 급한 일
	・중요하지 않은 전화,
	  우편물과 이메일 처리
	・각종 모임(인기 위주)
	・갑작스러운 방문
		・전화 잡담
		・인터넷 서핑
		・게임, 채팅 등 시간
		  낭비, 소일거리
		・지나친 TV 시청

■ 방법 2

1) 버릴 것과 파일 처리할 것	2) 도움 받을 것
3) 지시할 것과 전달할 것	4) 지금 당장 처리할 것

− 업무 수행 시 1상한(30%)과 2상한(50%)에 초점을 맞추어 시간을 할당한다.

[표25] 한미글로벌 웨이에서 설명하는 업무 우선순위 결정 방법

하고 있다. 업무의 모든 단계에서 어떻게 해야 하는지가 구체적으로 규정돼 있기 때문에 누가 업무를 맡더라도 한미글로벌 전문가답게 일할 수 있도록 하고 있다.

일하기 좋은 직장!
몰입하는 조직!

목표의식과 전문성을 갖춘 후에는 직원들이 업무에 충분히 몰입하게 해주어야 한다. 그러나 한국인의 업무 몰입도와 생산성은 OECD 가입국 중 최하 수준에 불과하다. 한미글로벌은 어떻게 이 문제를 슬기롭게 해결했을까?

김 회장이 예전 직장에서 말레이시아 파견근무를 할 때, 인상 깊은 일이 있었다. 두 딸이 당시 초등학생이었는데 두 아이가 모두 학교에 가고 싶어 안달하며 방학이 되면 개학하기만을 학수고대하는 것이다. 아이들에게 이유를 물으니 학교에 가면 재미있기 때문이라고 대답하는 것 아닌가. 이때 김 회장은 '직원들이 출근하고 싶어 안달하는 재미있는 회사를 만들고 싶다'는 꿈을 가지게 되었다.

한미글로벌은 창업 후 일하기 좋은 기업을 만드는 GWP(Great Work Place) 운동을 시작했다. 직장인들이 회사에 흥미를 잃는 이유는 다음 3가지였다. '회사가 왜 이렇게 나를 못 믿지?', '비전도 없는 회사, 다녀서 뭐해!', '일이 하나도 재미가 없네!'. 즉 관건은 신뢰, 자부심, 재미였다. 김 회장은 이 3가지 문제를 하나씩 해결하기 시작했다.

우선, '신뢰'를 위해서는 무엇보다도 커뮤니케이션이 핵심이라고 여겨 사내의 커뮤니케이션 채널을 32가지로 분류했다. 일방적인지 양방향적인지, 개별적인지 단체로 이뤄지는지, 얼굴을 보고 하는지 미디어를 통해 하는지 등 체계적으로 분류한 것이다.

'자부심'을 살리기 위해서는 가치관부터 살폈다. '엑설런트 피플 Excellent People에 의한 엑설런트 컴퍼니 Excellent Company 구현'이라는 비전 아래 미션과 핵심가치를 명확히 하고, 이 내용을 반복하여 강조했다. 또 명함 크기의 '가치 카드'를 만들어 항상 몸에 지니고 다니게 했다.

또한 한미글로벌은 독특한 사회공헌 활동으로도 유명하다. 설립 초기부터 전 직원이 사회공헌을 해온 데다, 2009년부터는 그동안 쌓인 사회복지 역량을 활용해 직접 사회복지법인 '따뜻한 동행'을 세우기까지 했다. 한미글로벌의 직원들이 직접 20억 원을 출자해 세운 이 법인은 한미글로벌의 운영 기반에 각종 협력기업들의 자원과 시민, 학생들의 자원봉사 기부, 또한 NGO의 사회복지 전문성을 결합해 운영된다. CM업의 전문 역량을 활용해 복지시설의 개·보수를 지원하는 것도 특징적이다.

가장 어려워 보이는 '재미'는 어떻게 풀어나갔을까? 업무가 많은 편이다 보니 재미 요소는 신뢰와 자부심에 비해 조금 떨어지는 게 사실이다. 그러나 한미글로벌은 모든 기업이 부러워할 만한 '장기간 안식 휴가제'를 갖고 있다. 직원은 10년 임원은 5년 근속 시 2개월의 안식 휴가를 누구나 갖게 되는데, 온전한 휴식과 가족을 위한 시간을 확보할 수 있어 이 휴가를 기다리는 재미가 꿀맛 같다고 한다.

이런 노력 끝에 한미글로벌은 8년 연속으로 '훌륭한 일터GWP 상'을 수상했고, 3년 연속으로 '일하기 좋은 한국 기업' 대상을 수상하는 등 명실공히 일하기 좋은 기업으로 자리매김했다. 한미글로벌의 GWP 지수만큼 매출도 쭉쭉 오른 것이다.

이렇듯 한미글로벌은 확고한 목표의식을 가지고 출발해, 조직 차원에서 개개인의 전문성을 다지고, 직원들이 몰입할 수 있는 조직문화를 만들어 성장하고 있다. 건설이라는 다소 딱딱하게 느껴지는 업(hardware)에서, 전문성에 기반한 소프트한 경쟁력을 발견하고(software), 사람들의 마음을 모아(peopleware) 성공한 것이다. 이렇게 다양한 가치로 무장한 한미글로벌은 사람중심 시대인 21세기에 가장 어울리는 기업이 아닐까?

감사의 글

책을 내기 위해 자료를 정리하고, 매출 등 경영 데이터 업데이트 및 해당 기업들의 변동 상황을 체크하면서 수많은 발품이 들었다. IGM 콘텐츠개발본부의 연구원들이 그 일등공신이다. 콘텐츠 전체 책임을 맡고 있는 윤희정 실장을 비롯해 이경민, 윤혜임, 오지영, 최지혜, 김현정, 최혜리, 신화영, 이하연, 안보령, 이나연, 김지유, 최미림, 조성진, 이진화 연구원. 이들의 땀과 노력이 이 책에 모두 담겨 있다.

무엇보다 대상 기업들의 도움이 컸다. 각종 데이터를 제공하는 것뿐 아니라 기업의 내밀한 이야기까지 가감 없이 들려준 CEO 및 실무 담당자들에게 감사드린다. 처음 프로그램을 시작할 때는 기업의 기밀이 외부로 새나가는 것을 염려하는 곳도 있었고, 자신들이 성공 사례로 외부에 알려지는 것을 극도로 경계하기도 했다. 무엇보다 CEO 본인이 조찬 모임에 참석해서 Q&A 과정을 진행해야 한다는 것을 부담스러워 하는 기업도 있었지만, 이 많은 번거로움을 무릅쓰고 본 연구에 물심양면 도움을 주신 분들께 감사의 마음을 전한다.

IGMP Plus 프로그램은 현재 진행형이다. 이 책이 발간되고 난 이후도 매월 새로운 기업 사례가 발표될 것이다. 앞으로도 숨어 있는 고수, 우리가 잘 알지 못하지만 배울 점이 많은 강소기업들을 더 많이 발굴하여 지속적으로 책을 발간할 것을 약속드린다.

그림 목차

[그림1] 락앤락 밀폐용기 15
[그림2] 락앤락 중국 상하이 법인 19
[그림3] 락앤락 중국 쑤저우 생산공장 19
[그림4] 쿠쿠의 전기압력밥솥 41
[그림5] 다이소 매장 내부 63
[그림6] 다이소의 물류센터 68
[그림7] 국순당이 직접 제작해준 한 영업점의 차림표 80
[그림8] 국순당이 운영하는 전통주 주점 백세주 마을 84
[그림9] 크리스털 메쉬 공법으로 제작된 스와로브스키의 파워 백 128
[그림10] 산리오의 대표 캐릭터 헬로키티 138
[그림11] 러쉬의 입욕제 스페이스 걸 161
[그림12] 크록스 신발 178
[그림13] 감성 마케팅으로 대표되는 듀오의 지면광고 265
[그림14] 휴맥스의 디지털 셋톱박스 308

표 목차

[표1] 락앤락의 T자형 확장 전략 22
[표2] 쿠쿠홈시스의 매출액과 시장점유율 28
[표3] 시장을 이끄는 리딩 브랜드로의 진화 47
[표4] 쿠쿠전문점 매출 비중 48
[표5] 다이소아성산업의 매출 추이 55
[표6] 막걸리 시장 규모와 국순당 주가 74
[표7] 한샘의 매출 및 영업이익률 102
[표8] 하림의 삼장통합 시스템 108
[표9] EXR 전략 캔버스 201
[표10] 패션그룹 형지의 연도별 매장 수 증가 추이 212
[표11] 사입 시스템의 구조 225
[표12] 오케이아웃도어닷컴의 제품 사이즈 표기 방법 228
[표13] 오케이아웃도어닷컴의 배송 중 재고 관리 방법 234
[표14] 알리바바닷컴의 매출과 순이익 242
[표15] 알리바바닷컴의 가치관 249
[표16] 중매 사업의 발전과 결혼정보업의 태동 256
[표17] 기간제 서비스 '클래식 서비스'로 다양한 만남 주선 261
[표18] 다양한 수준으로 고객의 경험을 관찰하는 메가스터디 278
[표19] 톱 강사들의 매출이 전체 매출에서 차지하는 비율 280
[표20] 오스템의 중국 시장점유율 297
– 출처 : 오스템 임플란트/동양종합금융증권 리서치센터, 2009
[표21] 사업 확장을 판단하는 4가지 요소 323
[표22] 벨킨의 리서치 과정 324
[표23] 할리데이비슨의 매출과 시장점유율 334
– 출처 : 할리데이비슨 글로벌, 2009
[표24] 혼다와 할리데이비슨의 판매량 비교 338
– 출처 : 스탠포드 대학교
[표25] 한미글로벌 웨이에서 설명하는 업무 우선순위 결정 방법 358

저자 소개

조미나

이화여대 경영학과에서 학사학위와 석사학위를 받았다. 경남대 극동문제연구소 정치외교학과에서 박사과정을 수료했다. IBS컨설팅그룹과 액센츄어 Accenture 컨설팅에서 컨설턴트로 활동했고, 청와대 업무혁신 비서관실 행정관을 역임한 바 있으며, 현재 IGM 교수로 재직 중이다. 저서로는 《대통령보고서》와 《가치관경영》 등이 있다.

신철균

카이스트에서 생산공학 석사학위와 동 대학원 정밀공학과 박사학위를 받았다. 삼성SDS 전략기획 및 (주)로열컨설팅 대표이사 등을 역임한 바 있으며, 현재 한국외대 산업경영학과 겸임교수와 IGM 부원장으로 재직 중이다.

권상술

서강대에서 경영학 학사, 석사, 박사학위를 받았다. 터보테크 경영지원실장, 사사연지적자본/리더십 센터장, 링키지 코리아 수석 컨설턴트를 거쳐 미래경영개발연구원 부원장을 역임했다. 역서로는 《러브 매니지먼트》, 《지적자본의 측정과 관리》 등 다수가 있다. 현재 IGM 교수로 재직 중이다.

김용성

서울대 컴퓨터공학과를 졸업하고 하버드대 최고위 협상교육과정을 수료했다. 삼성전자 마케팅부와 미국 상무성, 윌슨러닝 컨설팅 및 교육 사업부를 거쳐 휴잇코리아에서 리더십 컨설팅 책임자를 역임했다. 현재 IGM 교수로 재직 중이다. 저서로는 《경영지해》 등이 있다.

문달주

프랑스 파리 8대학에서 마케팅 석사학위와 박사학위를 받았다. 오리콤(주) 브랜드 전략연구소 소장, (주)빌트로 전무, 정부혁신브랜드위원회 위원 등을 역임했다. 현재 한양대 겸임교수와 IGM 교수로 재직 중이다.

이우창

서울대 조선해양공학과에서 학사, 석사, 박사 학위를 받고, 토론토 요크대에서 MBA 과정을 수료했다. (주)현대중공업 선박해양연구소 선임연구원과 요크 컨설팅그룹 컨설턴트, 한국능률협회컨설팅(KMAC) 전략그룹장을 역임했다. 현재 IGM 교수로 재직 중이다.

조훈현

미국 뉴욕대에서 이학 석사학위를, 컬럼비아대에서 교육학 박사학위를 받았다. 삼성SDS HR컨설팅센터 수석 컨설턴트, 한화 S&C 교육사업 총괄, 미국 미시선주립대 책임교수 설계부장 등을 역임한 바 있다. 현재 IGM 교수로 재직 중이다.

가치관 경영
전성철(IGM세계경영연구원 회장) 외 지음 | 18,000원

제대로 된 가치관 한 줄이 수억 원짜리 컨설팅보다 낫다! 이 책은 직원 모두의 생각을 모아 가슴 뛰는 미션과 비전, 핵심가치를 만드는 방법을 상세히 안내한다. IBM, 맥킨지, 교보생명, 국순당 등 가치관 경영으로 최고가 된 기업들의 쟁쟁한 사례를 통해 가치관 수립과 실천의 모든 것을 담은 책이다.

어떻게 최고의 인재들로 회사를 채울 것인가?
가재산 지음 | 16,000원

당신의 조직은 어떤 인재로 가득 차 있는가? '인재(人才)'인가, '인재(人材)'인가, '인재(人災)'인가? 이 책은 한국형 성과주의 인재혁신 전략인 'ABC 인재경영'을 소개하며, 조직원들의 성과와 능력을 상향평준화하여 조직성과를 끌어올리기 위한 비책을 제시한다. 대기업뿐 아니라 중소기업들도 벤치마킹해야 할 사례로 가득하다.

일본전산 이야기
김성호 지음 | 13,000원

장기 불황 속 10배 성장, 손대는 분야마다 세계 1위에 오른 '일본전산'의 성공비결. 기본기부터 생각, 실행패턴까지 모조리 바꾼 위기극복 노하우와 교토식 경영, 배와 절반의 법칙 등 '일본전산'의 생생한 현장 스토리가 우리들 가슴에 다시금 불을 지핀다.(추천 : 감동적인 일화로 '사람 경영'과 '일 경영'을 배운다)

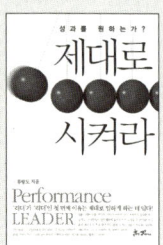

제대로 시켜라
류랑도 지음 | 15,000원

명쾌한 분석과 현실적인 지침! 대한민국 최고의 성과창출 전문가인 류랑도 대표가 말하는 성과코칭의 모든 것! 목표를 주지시키고, 일을 배분하고, 스스로 일하게 하는 방안이 7단계 로드맵으로 생생하게 펼쳐진다. (추천:CEO, 임원, 본부장, 팀장, 지점장, 파트장, 사수… 누군가에게 일을 시키는 모든 리더들을 위한 책)

우리는 강한 리더를 원한다
김성회 지음 | 15,000원

당신도 혹시 '착한 리더' 콤플렉스에 빠져 있지는 않은가? 그러나 부드러움만으로는 성과를 내지도, 부하를 키우지도 못한다. 강한 조직을 만들고 싶으면 부하를 쥐지도 말고 펴지도 말고, 쥐락펴락하라. 상황에 맞춰 팔색조가 되어 성과를 내는 '강한 리더'가 되는 필승 지침서. (추천 : '성과'와 '직원'을 모두 키우고 싶은 리더들을 위한 책)

함께 보면 좋은 책들

사자소통, 네 글자로 끝내라
이남훈 지음 | 15,000원

언제 어디서든 좌중을 압도할 수 있는 사자성어 140선! 《사기》, 《장자》, 《노자》, 《열자》 등 수천 년 동안 전해온 중국의 고전을 바탕으로, 결정적인 순간에 꺼내 쓸 말의 '필살기'를 담았다. (추천: 강의나 연설 등 말과 관련된 일을 업으로 삼거나, 다양한 사람을 상대해야 하는 이들이나 조직의 리더, CEO를 위한 책)

18분 : 인생을 바꾸는 시간
피터 브레그먼 지음 | 김세영 옮김 | 15,000원

우리는 왜 열심히 사는데도 성공하지 못할까? 〈하버드 비즈니스 리뷰〉 연재 사상 최고의 반응을 얻었던 18분 리추얼(ritual)! 하루 18분만 할애하라, 그 시간이 당신의 80년을 바꿔놓을 것이다! 이 책은 바쁜 하루를 살면서도 정작 '잘 살고 있는지' 확신하지 못하는 이들에게 주는 단순하지만 강력한 처방전이다.

비즈니스 씽커스
라이머 릭비 지음 | 박선령 옮김 | 16,000원

세상을 놀라게 하고 변화를 이끌어내는 아이디어는 어떻게 생겨나는가? 이 책은 비즈니스의 경계를 뛰어넘어 우리 삶의 모습까지도 송두리째 바꿔놓은 28명의 게임체인저들을 소개한다. 수많은 실패와 좌절 속에서도 탁월한 성취를 이뤄낸 사람들! 비즈니스의 망망대해에서 끌어올린 혁신적 마인드와 성공의 조건이 펼쳐진다.

멋지게 한말씀
조관일 지음 | 14,000원

자기소개, 건배사, 축사, 행사 진행, 프레젠테이션… 언제든 써먹는 '노래방 18번'처럼, 어느 자리에서든 당신을 멋지게 띄우는 '한말씀'의 기술. 첫마디 시작하는 법, 화젯거리 찾는 공식, 흥미진진하게 말하는 법 등, 대한민국 명강사의 '30년 한말씀 노하우' 총망라! (추천: 공적, 사적 모임에서 멋진 한말씀으로 돋보이고 싶은 사람들을 위한 책)

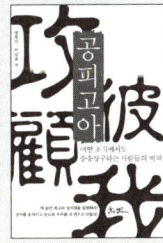

공피고아 : 어떤 조직에서도 승승장구하는 사람들의 비책
장동인·이남휘 지음 | 14,000원

회사에서는 일만 잘하면 된다고 생각하는 순간, 당신의 조직생활에 위기가 시작된다. 일을 제대로 하고 싶다면, 당신과 그 일을 함께할 '사람'을 먼저 배워라. 조직과 사람이 움직이는 원리를 관통하는 10가지 키워드와 명쾌한 대응전략! (추천: 가장 현실적인 '직장생활의 정공법'을 익히고 싶은 이들을 위한 책)